U0083157

基督教文化研究丛书

主编 何光沪 高师宁

四编 第2册

当代西方天主教相称主义伦理学研究

林庆华 著

花木兰文化事业有限公司

国家图书馆出版品预行编目资料

当代西方天主教相称主义伦理学研究／林庆华 著 -- 初版 --
新北市：花木兰文化事业有限公司，2018〔民 107〕
目 2+214 面；19×26 公分
（基督教文化研究丛书　四编　第 2 册）
ISBN 978-986-485-471-4（精装）
1. 天主教　2. 伦理学
240.8　　　　　　　　　　　　　　　　107011402

ISBN- 978-986-485-471-4

9 789864 854714

基督教文化研究丛书
四编　第 二 册　　　　　　ISBN：978-986-485-471-4

当代西方天主教相称主义伦理学研究

作　　者　林庆华
主　　编　何光沪　高师宁
执行主编　张　欣
企　　划　北京师范大学基督教文艺研究中心
总 编 辑　杜洁祥
副总编辑　杨嘉乐
编　　辑　许郁翎、王筑　美术编辑　陈逸婷
出　　版　花木兰文化事业有限公司
发 行 人　高小娟
联络地址　台湾 235 新北市中和区中安街七二号十三楼
　　　　　电话：02-2923-1455／传真：02-2923-1452
网　　址　http://www.huamulan.tw 信箱 hml 810518@gmail.com
印　　刷　普罗文化出版广告事业
初　　版　2018 年 9 月
全书字数　213894 字
定　　价　四编 9 册（精装）台币 18,000 元　　　

版权所有 请勿翻印

当代西方天主教相称主义伦理学研究

林庆华 著

作者简介

林庆华，1965 年生，广西岑溪人。四川大学哲学硕士、复旦大学哲学博士。曾任四川大学哲学系讲师，现为四川大学道教与宗教文化研究所教授、博士生导师，主要从事天主教哲学与伦理学研究，著有《当代西方天主教新自然法理论研究》等。

提　　要

　　相称主义（Proportionalism）是当代天主教影响最大的伦理学思潮，其倡导者率先回应天主教梵二会议(1962 ~ 1965 年)更新伦理神学的呼吁,他们提出了一种崭新的伦理方法论,这是天主教伦理学传统的"一场革命"。

　　相称主义提出并回答了关于伦理学基础的重大问题，其所关注的主要伦理论题有五个方面，分别是：双重效果原则的性质、功能和目的，无例外的道德规范的可能性，道德恶与非道德恶的区分，区分被意欲的后果与被预见的后果的道德重要性，内在地恶的行为的存在。

　　自相称主义产生后，它就得到了学术界（尤其是天主教学术界）的广泛回应，大多数人持赞同的态度，但也招致了不少人的反对，遭到了天主教新自然法学派和一些美德伦理学家的激烈批评。1993 年,天主教教宗若望·保禄二世（John Paul II）发表《真理的光辉》通谕，对相称主义进行了严厉的谴责和批判，认为相称主义与天主教传统道德观相违背。自此以后，作为一种伦理学思潮的相称主义就开始衰落了。但不管是赞成还是反对，相称主义都为我们这个时代留下了宝贵的伦理学遗产。

本书系教育部人文社科重点研究基地"四川大学道教与宗教文化研究所"项目成果

"基督教文化研究丛书"总序

何光沪 高师宁

　　基督教产生两千年来，对西方文化以至世界文化产生了广泛深远的影响——包括政治、社会、家庭在内的人生所有方面，包括文学、史学、哲学在内的所有人文学科，包括人类学、社会学、经济学在内的所有社会科学，包括音乐、美术、建筑在内的所有艺术门类……最宽广意义上的"文化"的一切领域，概莫能外。

　　一般公认，从基督教成为国教或从加洛林文艺复兴开始，直到启蒙运动或工业革命为止，欧洲的文化是彻头彻尾、彻里彻外地基督教化的，所以它被称为"基督教文化"，正如中东、南亚和东亚的文化被分别称为"伊斯兰文化"、"印度教文化"和"儒教文化"一样——当然，这些说法细究之下也有问题，例如这些文化的兴衰期限、外来因素和内部多元性等等，或许需要重估。但是，现代学者更应注意到的是，欧洲之外所有人类的生活方式，即文化，都与基督教的传入和影响，发生了或多或少、或深或浅、或直接或间接，或片面或全面的关系或联系，甚至因它而或急或缓、或大或小、或表面或深刻地发生了转变或转型。

　　考虑到这些，现代学术的所谓"基督教文化"研究，就不会限于对"基督教化的"或"基督教性质的"文化的研究，而还要研究全世界各时期各种文化或文化形式与基督教的关系了。这当然是一个多姿多彩的、引人入胜的、万花筒似的研究领域。而且，它也必然需要多种多样的角度和多学科的方法。

　　在中国，远自唐初景教传入，便有了文辞古奥的"大秦景教流行中国碑颂并序"，以及值得研究的"敦煌景教文献"；元朝的"也里可温"问题，催生了民国初期陈垣等人的史学杰作；明末清初的耶稣会士与儒生的交往对话，带来了中西文化交流的丰硕成果；十九世纪初开始的新教传教和文化活动，更造成了中国社会、政治、文化、教育诸方面、全方位、至今不息的千古巨变……所有这些，为中国（和外国）学者进行上述意义的"基督教文化研究"提供了极其丰富、取之不竭的主题和材料。而这种研究，又必定会对中国在各方面的发展，提供重大的参考价值。

就中国大陆而言，这种研究自 1949 年基本中断，至 1980 年代开始复苏。也许因为积压愈久，爆发愈烈，封闭越久，兴致越高，所以到 1990 年代，以其学者在学术界所占比重之小，资源之匮乏、条件之艰难而言，这一研究的成长之快、成果之多、影响之大、领域之广，堪称奇迹。

然而，作为所谓条件艰难之一例，但却是关键的一例，即发表和出版不易的结果，大量的研究成果，经作者辛苦劳作完成之后，却被束之高阁，与读者不得相见。这是令作者抱恨终天、令读者扼腕叹息的事情，当然也是汉语学界以及中国和华语世界的巨大损失！再举一个意义不小的例子来说，由于出版限制而成果难见天日，一些博士研究生由于在答辩前无法满足学校要求出版的规定而毕业受阻，一些年轻教师由于同样原因而晋升无路，最后的结果是有关学术界因为这些新生力量的改行转业，后继乏人而蒙受损失！

因此，借着花木兰出版社甘为学术奉献的牺牲精神，我们现在推出这套采用多学科方法研究此一主题的"基督教文化研究丛书"，不但是要尽力把这个世界最大宗教对人类文化的巨大影响以及二者关联的方方面面呈现给读者，把中国学者在这些方面研究成果的参考价值贡献给读者，更是要尽力把世纪之交几十年中淹没无闻的学者著作，尤其是年轻世代的学者著作对汉语学术此一领域的贡献展现出来，让世人从这些被发掘出来的矿石之中，得以欣赏它们放射的多彩光辉！

2015 年 2 月 25 日
于香港道风山

目

次

导　论

一、伦理神学的性质

伦理神学（moral theology）是基督教神学的一个分支。所谓神学，是对作为信仰对象的上帝，及与上帝有关的人类及其它事物之真理的系统理解和探究。神学又有哲理神学（自然神学）与启示神学、实证神学与系统神学之分。哲理神学（philosophical theology）通过理性推理和论证思考信仰问题，而启示神学（revealed theology）则根据上帝的启示谈论信仰的问题。实证神学（positive theology）通过阐释权威性来源（如圣经和教会重要文献）的完整意义理解信仰的真理。系统神学（systematic theology）则以理性的方法对信仰命题作批判性的思考与探究。所以，启示神学和实证神学侧重对"信仰事实"的思考和整理，而哲理神学和系统神学的重点是对信仰真理的理性分析或阐述。[1]

系统神学有两个分支，即思辨神学和伦理神学。思辨神学（contemplative theology），又称"信理神学"或"教义神学"（dogmatic theology），是以基督教世界观去理解实在，是根据基督教信仰建构起来的关于实在的学说。伦理神学是另一门系统的神学学科。跟思辨神学一样，伦理神学也对信仰真理进行反思，但其重点不在于陈述一种连贯的、综合的实在观，而在于探索应该如何按基督教信仰去生活（包括基督徒个人的生活和教会的生活）的原则，

---

[1]　本小节和下一小节摘自拙著《当代西方天主教新自然法理论研究》（香港：香港中文大学天主教研究中心，2008），第9-21页。

探索信仰对基督徒生活的意义。因此，伦理神学尽管有其抽象的理论方面，但从本质上说是一门实践的学科，其基本问题是，基督教信仰为生活提供怎样的指导。因而，思辨神学与伦理神学有很大的区别：第一，思辨神学试图解释上帝与世界和人类之间的关系，伦理神学则试图阐明人们应如何通过行动，并尽自己的职责去维持和发展这一密切的天人关系；第二，思辨神学主要讨论上帝已经做了什么和许诺做什么，伦理神学则讨论人们应该如何回应上帝，如何与上帝合作。所以，"伦理神学对启示或信仰真理的研究，是为了发现它对人类生活的意义，从信仰中人们寻找实践思维、选择和承诺的指导，发现基督徒生活的基本道德原则和具体的行为规范。" [2]

伦理神学又可以分为基本伦理神学（一般伦理神学）和特殊伦理神学。基本伦理神学（fundamental moral theology）是伦理神学的最根本部分，它探讨基督教的基本道德原则，这些基本原则指导和规范人类行为，是区分正确行为与错误行为的标准。特殊伦理神学（special moral theology）则把一般的道德原则应用到解决具体的道德问题中，由此而有性与婚姻伦理、经济伦理、社会和政治伦理、生命伦理、环境或生态伦理等研究领域。因而，基本伦理神学讨论的是所有生活的共同道德原则，特殊伦理神学则应用共同道德原则，讨论具体的生活和特定行为方面的伦理问题。需指出的是，在伦理神学的这两个组成部分中，基本伦理神学占有一个更为重要的地位，探讨道德原则比解决具体伦理问题更加基本。之所以如此，有两个主要理由。首先，对如何根据信仰生活的一般理解（基督教道德原则）为指导具体问题的解决提供了一个基本的方向，正确的道德原则是确保具体伦理问题得到妥善解决的前提。其次，教会在许多重大问题上的训导已经相当清晰，因而问题就不再是什么才是道德真理，而是理解这些道德真理的基础，并向他人解释这些真理。只有在理解基督教基本道德原则的基础上，具体的伦理问题才会得到更好的解决。

最后，必须把伦理神学与哲学伦理学（道德哲学）和教会法这两门学科区分开来。所有这三门学科都与基督徒的生活有密切关系，但它们却是性质不同的学科。第一，哲学伦理学的方法是理性的方法，其概念和论证必须被未听过或不接受信仰的人所理解。也就是说，哲学伦理学无需涉及上帝的启示和基督教信仰，也能对道德生活的性质和正确/错误行为进行判断。然而，当哲学伦理

---

2 Germain Grisez, *Christian Moral Principles*. Chicago: Franciscan Herald Press, 1983, p.6.

学的结论被伦理神学使用时，这些结论必须根据信仰真理所提供的观点来加以评价或改变。第二，教会法这一学科，研究的是教会权威为协调教会成员的共同生活而制定的规则及其实践应用。因此，教会法的规定只是一些规则，它们不是客观的道德真理。由教会制定后，这些规则仍然能够由教会加以改变。不过教会法对基督徒有道德上的约束力量，基督徒有义务服从教会法。[3]

二、当代天主教伦理神学的更新与相称主义的产生

梵蒂冈第二届大公会议（the Second Vatican Council，1962-1965，后面简称"梵二会议"）的召开，是天主教历史上最重大的事件之一。会议向天主教学术界发出了更新神学（特别是伦理神学）的呼吁。自此之后，天主教神学中托马斯主义传统占统治地位的局面开始改变。在基本伦理神学领域，由于方法论和观点的不同而形成了几个重要的、影响巨大的伦理学派别。[4]这些学派的形成，标志着天主教伦理学进入了一个一种信仰—多种伦理学共同存在和发展的新时期。

梵二会议发出了更新伦理神学的呼吁。为什么需要更新伦理神学呢？这是一个关系到当代天主教伦理神学如何更新，以及更新方向的重要问题。对这一问题的回答，可以先从梵二会议之前的古典伦理神学说起。

天主教特利腾大公会议（Council of Trent，1545-1563 年）后发展起来并持续到梵二会议的伦理神学，通常称为"古典伦理神学"。在这次会议之前，伦理神学对基督徒实践生活的反思与对信仰的神学反思是没有分开的。但公元第六世纪到九世纪出现的补赎书（Penitential Books），明显偏离了这一原则。严格说来，补赎书不属于神学著作，但却对伦理神学的发展产生了相当大的影响。这些著作不仅详细地列举了各种各样的罪，而且还提出了如何一一忏悔或克服这些罪的方式。作为忏悔者的必备手册，补赎书对塑造基督徒的道德观有着决定性的影响，这种道德观"强调个人的行为，把道德生活视为一件避免罪的事情，使道德反思集中于对各种形式的罪的细致分析。"[5]在特利腾大公会议上，为了确保教导清晰且一致的教义的连续性，教会建立了培养神

3　Germain Grisez, *Christian Moral Principles*, p. 7.

4　当代西方天主教最有影响的伦理神学思潮或派别有相称主义、新自然法理论、美德伦理学。

5　Richard M. Gula, *Reason Informed by Faith: Foundations of Catholic Morality*. New York: Paulist Press, 1989, p. 26.

父的神学院系统。结果，天主教神学研究从大学转到神学院，其神学思想受到培养神父的牧灵训导的严重影响，这又导致了道德训导与教会法和弥撒仪式规则有很密切的联系。道德训导、教会法和弥撒仪式规则的共同关注是，为各种在不同生活状态下被许可或被禁止的行为确定清晰的指南，也为确定若违背法律而应受的惩罚提供详细的指导。

特利腾大公会议特别强调对罪的忏悔。它要求基督徒根据其数量、种类和环境向神父忏悔所有的大罪。神父的任务则是确定忏悔者是否犯了罪，犯的程度如何。因而，伦理神学的首要重心是确定行为的罪性，探讨作为正确解决个案之基础的一般原则。为此目的，伦理神学就以手册的形式产生了，这些手册很好地满足了神父们的牧灵需要。特利腾大公会议的改革，一方面对于更好地培育基督徒的忏悔有很多好处，但另一方面，又助长了一种把伦理神学只限于研究大罪以及如何解决良心的怀疑等方面的倾向。

特利腾大公会议对天主教伦理神学的发展产生了极大影响，使伦理神学出现了两大缺陷：理性主义和法律主义。理性主义是西方 17 世纪的一种哲学方法，它深受当时自然科学和数学的影响。该方法强调概念的明晰性、原则的确定性和结论的准数学的证明。理性主义的方法并不适合于系统神学，但却被天主教神学家广泛采用，他们把信仰归结为少数几个原则并为之作辩护，而把信仰放到了一旁。同时，理性主义的方法倾向于规范的整理或道德的法典化，因而伦理神学的基本部分就几乎等同于对理解法典所必需的一般概念的研究。其结果是，伦理神学家基本上放弃了根据信仰的基本真理去理解基督徒生活的努力，以致伦理神学和信理神学被割裂了开来，"伦理神学家越来越忽视圣经和其它系统的神学反思的资源，如果援引它们，也只是想表明某一种类的行为违反了基督教的法典。"[6]正如天主教伦理学家古拉（Richard M. Gula）所说，"结果是一种独立和自足的伦理神学的逐渐发展"，伦理神学成了摆脱圣经、信仰和灵修的理性学科，"古典的罗马天主教伦理神学逐渐脱离了其它神学分支，并植根于在很大程度上能够为理性所认识的、客观的自然秩序的不变的观点之中。"[7]理性主义否认作为神学探究之基础的信仰真理的必要性，这导致伦理神学与其来源的脱离，从而使伦理神学成了一门纯粹以哲学或理性为基础的学科，成了一门哲学的伦理学。

---

6 Germain Grisez, *Christian Moral Principles*, p. 12.
7 Richard M. Gula, *Reason Informed by Faith: Foundations of Catholic Morality*, p. 27.

理性主义方法的采用，最终导致了伦理神学的法律主义倾向。法律主义的基本观点是，道德原则和规范相似于实在法，它们只是一套约束社会成员遵守公认标准的规则，是人们希望在一定社会中避免冲突、被接受或获得成功而必须遵守的准则。根据这一观点，道德原则和规范就不是客观的真理，而是一系列人为的主观规则。一般说来，人们都会服从这些规则，但这并不意味着这些规则是内在地值得服从的，相反，服从它们是为了功利的目的，功利的目的支配和指导着人们的行为。

天主教法律主义伦理学有如下几个特征。首先，它把人的道德义务归结为上帝法律的命令，上帝的法律则被理解为一整套强加给人的戒律。大多数法律主义者认为，上帝通过要求某些合适的行为，及禁止某些不合适的行为，来确定人类的道德义务。根据这种观点，不变的基本人性是判断行为道德性的标准，好的行为符合人性，而坏的行为违背人性。其次，法律体系包括一个维护自由的假设，即：不被禁止的东西就是许可的，有疑问的法律对人没有约束力。因此，我们可自由地做我们喜欢的事情，而道德义务却限制了这一自由。最后，人类立法者会把刑罚附加于法律之上，以促使人们守法。既然对破坏法律的刑罚不是错误行为的内在结果，那么"权威们就会为了政策的理由，或他们的愤怒或仁慈的推动，来强加、缓和或放弃刑罚"。[8]在法律主义者看来，更高的力量同样会使道德有附加的奖赏或惩罚。天堂或地狱就是上帝为使人们服从或不服从道德，而附加于其法律之上的奖赏和惩罚。如果遵守道德原则或规范，人们就配得进天国；如果违背它们，人们就要在地狱中受到惩罚。

法律主义对伦理神学及教会和基督徒的实际生活产生了相当恶劣的影响。第一，法律主义道德体系回避了基督徒的使命，也未能传达出基督徒生活的整体意义，"以法律主义的方式活动的道德学家会承认有基督徒的使命这样的东西，但他又认为这是灵修神学的关注，而不是他的关注。"[9]于古典伦理神学而言，其重点放在对义务的详细规定上，而没有根据基督徒的整个使命去阐明善恶的含义。第二，法律主义倾向于最低纲领主义。最低纲领主义的基本原则是，善的生活就是不违背法律规则的生活，或者人们应该做的行为仅

---

8 Germain Grisez, "Legalism, Moral Truth and Pastoral Practice", in T. J. Herron(ed.), *The Catholic Priest as Moral Teacher and Guide.* San Francisco: Ignatius Press, 1990, p. 111.

9 Germain Grisez and Russell B. Shaw, *Fulfillment in Christ: a Summary of Christian Moral Principles*, p.6.

仅是服从法律。因此最低纲领主义"强调为了避免大罪而必需的最低纲领。古典伦理神学的基本范畴不是善恶,而是许可和禁止。"[10]结果,法律主义几乎不鼓励人们过真正基督徒的生活,即出于爱的生活。第三,法律主义在个人的生活中留下了一个道德中立的领域,这是未被道德思考触及的领域。在天主教新自然法伦理学家格里塞看来,有许多实际的问题是不能诉诸于规则来回答的,如不能用法律规则来回答"我应该结婚还是做一名神父?"、"我应该从事这工作还是那工作?"这样的问题。因此人们会认为,这些选择没有任何道德的意义,与道德完全无关。这就导致了把生活分成两个领域,一个是道德起作用的领域,即由规则支配的领域,另一个是道德不起作用的领域,即规则不适用的领域。第四,法律主义导致了把道德真理比作教会法。伦理神学家的意见被认为是低级法庭的判决,而教会训导就好像是最高法院的判决。结果,教会可以随意改变其道德训导,犹如它是可变的法律而非不可更改的真理。这意味着,道德原则和规范不是客观的真理而是人为的规则。第五,法律主义使道德训导和牧灵工作成为一种行政性的活动。道德训导者的工作就是告诉人们应该做什么、服从什么或免除人们对某些规则的遵从。第六,在实际生活中,法律主义对有罪的人类来说颇有吸引力,因为"即使人们破坏了规则,他仍然能够希望逃避惩罚,因为违背规则有可能被宽恕,应得的惩罚就有可能被豁免。……并且,如果道德规范是法律,那么人的大部分生活就不会被它们触及,人们就可随心所欲地行事。当然,在少数情况下人的自由会受到限制,但是人们常常能够找到为所欲为的方式,而完全不会越过道德的限制。"[11]第七,法律主义会导致人们的反抗。大多数人会对"如果你想上天堂,就应该服从这些规则,不服从你就会入地狱"这样的说辞产生愤怒,甚至会拒绝接受教会的道德训导。

总之,从 16 世纪特利腾大公会议到梵二会议的古典伦理神学,"虽然展示了丰富的正确信息和值得称道的牧灵意义",但它们并不植根于美德或圣经之中,而是植根于"法律和道德义务的范畴"之中,这反过来又导致了"法律主义、道德最低纲领主义、伦理神学与灵修的分离以及基督徒成为'在基督耶稣内……上帝儿女'的使命之伟大尊严的丧失。"[12]

---

10 Germain Grisez, *Christian Moral Principles*, p.13.
11 Germain Grisez, "Legalism, Moral Truth and Pastoral Practice", in T. J. Herron(ed.),*The Catholic Priest as Moral Teacher and Guide*,p.113.
12 Mark S. Latkovic, "Moral Theology: A Survey". http://www.aodonline.org/aodonline-sqlimages/shms/faculty/latkovicmark/unpublishedwritings/Moraltheologyasurvey.pdf.

梵二会议前的一个多世纪，人们逐渐认识到古典伦理神学的上述缺陷。一些有识之士开始对古典伦理神学提出了批评和更新的建议。梵二大公会议接受了正确的建议，呼吁必须克服古典伦理神学的局限和缺陷，同时在伦理神学的更新方面树立了榜样。

梵二会议在一般神学特别是伦理神学方面提出了革新的建议和方向。梵二会议建议神学应该"在信德的光照和教会的指导下"来讲授，[13]神学生应该学会从神的启示理解天主教的教导，并以这些教导培育自己的灵性生活，同时还要把这些教导教给信友，同时在全世界宣扬它们。大公会议也指出，教义神学应该从圣经开始，应该考察其历史和发展，特别要在阿奎那思想的指导下思考和理解信仰的奥秘。梵二会议要求神学生们学习把永恒的真理应用于分析人的具体状况，愿学生们"在启示的光明中寻求人类问题的解答"，[14]从而在教义神学与伦理神学之间建立起一座桥梁。

在伦理神学的学术性研究方面，梵二会议提出了三项更新的要求。第一，伦理神学的更新要"与基督的奥迹和救恩史有更生动的接触"；第二，伦理神学"应受圣经更多的滋养"；第三，伦理神学应该"说明教友在基督内使命的崇高，以及他们在爱德内为世界的生命多结美果的责任。"[15]也就是说，伦理神学应该以基督为中心，应该把它建立在圣经之上并由圣经来加以丰富，应该强调基督徒属天圆满之使命的卓越性，同时也承认正是这一使命促使基督徒努力参与世界的建设，使世界变得更加美好。因而，伦理神学的更新，不是放弃公认的教会训导，而是在教会训导的指引下，展示伦理神学的基督学性质，展示圣经在天主教神学中的重要性及基督徒今生与来世之间的紧密联系。

在提出一般神学及伦理神学更新要求的同时，梵二会议本身也在伦理神学的更新方面树立了榜样。这主要表现在五个方面。第一，梵二会议要求所有基督徒必须为世界承担更大的责任，并与一切善良人士一起为世界和平与正义的实现而努力，从而为人类创造更加美好的生活环境。因此，伦理神学的范围就不再只局限于判断何为罪以及罪的程度，不再片面强调忏悔圣事的

13　《天主教梵蒂冈第二届大公会议文献》（下），上海：天主教上海教区光启社，1998，第347页。

14　《天主教梵蒂冈第二届大公会议文献》（下），第347页。

15　《天主教梵蒂冈第二届大公会议文献》（下），第348页。

培育。伦理神学的中心不再是讨论人的罪，而是探讨人的整体生活。第二，梵二会议使伦理神学开始了从古典主义向历史意识的过渡。古典主义倾向于以永恒、不可更改和不变的东西看待实在，通常运用演绎法研究伦理问题。因此梵二会议前的神学，一般都以在所有时间所有地方都是真实的前提开始进行探究，从这些前提推导出道德的结论。与此不同，梵二会议提出了一种历史意识方法，这种方法更强调个别、偶然和变化的东西，同时又保持与过去的连续性。与此方法相适应，神学所使用的方法是归纳法。在道德问题上，演绎法关注道德决定和结论的确定性，而归纳法则更关注新的处境和变化的条件。从以前占统治地位的古典主义，过渡到接受历史意识的方法论，是梵二会议神学最根本的变化之一。第三，梵二会议坚持认为神学研究必须克服信仰与日常生活的割裂。会议强调，圣经是全部神学的灵魂，要给予圣经在基督徒生活中一个非常重要的地位。梵二会议前的自然法理论强调理性和自然，以至于圣经仅是偶尔用来证明建立在自然法推理之上的结论的证明文本，因而圣经在伦理神学中的角色和作用被弱化了。自梵二会议后，人们认识到圣经在形成基督徒个人和团体的身份方面，以及描述基督徒的内心态度和美德方面具有重要地位。这就把信仰与日常生活、圣经与伦理神学联系了起来。第四，梵二会议重视人，强调人的首要性及人性的尊严，由此带来了伦理神学三个方面的变化：（1）我们不能只根据客观的外在行为来理解罪。其实，罪及罪的程度也取决于人的主观参与。伦理神学的首要重心应放在人自身而不是放在人的行为方面。（2）伦理神学重点研究人的道德成长和发展，这种成长和发展强调人的皈依，强调人心的根本改变和必要性。（3）强调作为主体和行为者的人，也使人们重新认识到美德在伦理神学中的角色。阿奎那特别强调美德在基督徒生活中的重要性，美德会影响人如何采取行动。但古典伦理神学强调的是罪和具体的行为，因而就忽视了人类美德的方面。第五，梵二会议鼓励天主教与其他基督徒及其它宗教展开积极对话，也与现代世界和文化及科学展开对话，这标志着那种只有天主教才是真正的基督教会的"惟我独尊"的观念的结束，也标志着天主教与世界隔绝时代的终结。这种普世主义精神深刻地影响着当代天主教伦理神学的发展。在 19 世纪晚期和 20 世纪早期，天主教会坚持托马斯主义是唯一正确的天主教神学和哲学，并抵制与其它当代方法的对话。梵二会议后，天主教哲学和伦理神学打开了大门，向许多不同的哲学方法学习并且使用这些方法。[16]从此之后，天主教伦理神学出现了前所未有的繁荣景象。

影响当代天主教伦理神学发展的另一个重大事件是，1968 年教宗保禄六世颁布了《人类生命》通谕。该通谕再次肯定了这一传统的学说，即：已婚夫妇故意避孕是不合法的，是一种内在恶。在阐述这一观点时，通谕首先提到了给教会有关性道德的训导带来严重挑战的现代情况。这些挑战主要有三个。第一个挑战是全世界人口的迅猛增加，这种情况使许多人害怕世界人口的增长会快于可获得资源的增长。第二个挑战是，人们对妇女的尊严及妇女在社会中的地位，对婚姻中夫妇之爱的价值及性行为与这种爱之间的关系有了新的理解。第三个挑战是，科学技术的巨大发展给予了人类理性地支配、组织和控制自然力量的能力，包括调节繁衍人类生命之法则的能力。通谕指出，这些现实情况产生了许多涉及到现存道德规范（包括调节人类性行为的规范）的有效性的问题。根据通谕，婚姻行为有双重目的，一是把丈夫与妻子联合起来，一是生育子女，这两个目的是不可分割的，以排除后一个目的来实现前一个目的就是不合法的。通谕再次要求人们遵守由历代教会所解释的自然法戒律，强调任何婚姻行为都必须保持其与传授人的生命的内在联系。

《人类生命》通谕所说到的自然法的一个重要戒律是，某些行为（例如人工避孕）是违背自然的。人工避孕之所以是违背自然的行为，是因为该行为侵犯了人的生命之善，因而是内在地恶的行为，任何环境都无法证明它是正当的行为。通谕强调，已婚夫妇必须承担起负责任父母的义务，即生育控制必须是慷慨的、谨慎的，只能利用生殖能力中固有的自然周期的方法：假如有充分的理由，无论是因为夫妇身体或心理的条件，或是外在的环境，使生育子女隔一段时期，这样的节制生育并不违反教会的道德原则。违背道德原则的生育控制方法是直接堕胎、直接中断已开始的生殖进行、直接绝育、以及在行夫妇性行为前或在进行时或在该行为自然结果的发展中做阻止生育的任何行为。

《人类生命》通谕的颁布，在天主教神学家中引发了很多回应与争议。在伦理最高原则的层面上，主要是有关自然法的性质和是否存在绝对道德规

---

16 参见 Charles E. Curran, *Moral Theology at the End of the Century*, Milwaukee, WI: Marquette University Press, 1999, pp.15-22. 也参见 Charles E. Curran, *History and Contemporary Issues: Studies in Moral Theology*, New York: Continuum, 1996, pp. 102-106.

范的争论。[17]首先，关于自然法性质的讨论。从神学的观点看，对自然法的讨论涉及到这一事实，即：天主教传统承认人的理性和神的启示是伦理智慧的两大来源。从哲学的角度看，关于自然法的争论涉及到人们如何理解"自然"和"法"的含义。在这一方面，有三种不同的理解。第一种是教会训导的理解。教会训导追随旧托马斯主义的解释，认为人的理性能够发现三个层次的基本人类倾向，即：与所有生物共有的倾向——寻求继续存在下去的倾向，与所有动物共有的倾向——繁殖和教育后代的倾向，人作为理性存在物的特有倾向——认识上帝和一起过社会生活的倾向。根据教会训导，人的这些自然倾向具有道德上的规范性，它们指导和制约着人的行为。第二种理解是天主教修正主义伦理神学家的理解。[18]这些神学家从两个角度反对教会训导的上述理解：（1）他们谴责《人类生命》通谕中所包含的自然法理论，认为此种理论是物理主义（physicalism）。物理主义认为物理或生物的东西具有道德上的规范性，它禁止人的理性干预这些物理或生物的过程。在修正主义者看来，物理的东西只是人的一个方面，如果为了整个人的好处，这些物理的东西是必须牺牲的。就是说，若是真正为人的利益着想，人就应当干预物理的进程。（2）修正主义者对自然法的理解不接受使本能的性质和目的成为道德标准的自然法本能论。他们认为，本能必须置于与人及婚姻关系的关系中来考虑。为了人或婚姻的好处，人们应该干预本能的目的。就此而言，人才是道德的终极标准。对自然法的第三种理解是格里塞和芬尼斯等新自然法学派的解释。[19]新自然法学派支持《人类生命》通谕中关于人工避孕的训导，拒绝一般托马斯主义的基本目的论，坚定维护实践理性在道德推理中的首要地位，认为存在一些任何时候都不可违背的基本人类善。总之，对自然法的讨论是以这三种不同的进路进行的，"有些人强烈辩护可以在阿奎那和教会训诲中发现的观点，有些人修改这种对自然法的理解，也有些人拒绝托马斯主义而提出一种不同的方法论。"[20]

---

17 此处的讨论，参见 Charles E. Curran, *History and Contemporary Issues: Studies in Moral Theology*, pp.107-109.

18 修正主义伦理神学即相称主义伦理学。

19 关于新自然法学派的伦理学，见拙著《当代西方天主教新自然法理论研究》（香港：香港中文大学天主教研究中心，2008 年）。

20 Charles E. Curran, *History and Contemporary Issues: Studies in Moral Theology*, pp.108-109.

　　《人类生命》通谕在天主教伦理神学中引发的第二个重要争论，是有关道德规范的存在与基础的争论，即关于"内在地恶的行为"的争论。这一争论是有关谴责人工避孕的道德规范之争论的发展和深化。（1）一方面，修正主义神学家指出通谕中的物理主义倾向，这种倾向把人的道德行为与行为的物理或生物结构等同，因此他们区分了道德的恶与前道德的恶（也称本体的或物理的恶）。在他们看来，只以行为的物理结构或生物方面来描述的东西没有道德上的规范性，即他们反对根据行为的物理结构来描述道德行为的对象。因此修正主义不同意教会在避孕、绝育、人工授精等问题上的训导，也不同意教会关于双重效果原则的观点。在天主教传统中，双重效果原则一直被用来讨论既有善果、又有恶果的行为。修正主义神学家发展出一种称为"相称主义"的道德理论。该理论声称，如果存在相称理由，人们就可以引起一个物理的或前道德的恶。也就是说，相称理由的存在，可以证明引起一个物理的恶或前道德的恶是正当的。（2）另一方面，格里塞等新自然法伦理学家则根据其基本人类善理论去谴责相称主义，从而坚定地维护教会训导的立场。

　　因而，《人类生命》通谕有关自然法和道德规范的学说，对后来天主教伦理学的发展及道德争论产生了非常巨大的影响。可以说，当代天主教伦理神学关于重大道德原则问题的争论，就是围绕通谕所引发的有关争论而展开的。事实上，相称主义伦理学就是在这样的背景下产生和逐渐形成的。

三、相称主义伦理学的发展及本书的基本框架和内容

　　相称主义（Proportionalism）是当代天主教影响最大的伦理学思潮。其主要倡导者有：德国法兰克福圣格奥尔基哲学与神学研究院（Sankt Georgen Graduate School of Philosophy and Theology in Frankfurt）基本神学教授彼得·卡诺尔（Peter Knauer，1935-）、德国明斯特大学（University of Münster）伦理神学教授布鲁诺·舒勒（Bruno Schuller）、罗马格里高利大学（Gregorian University in Rome）伦理神学教授约瑟夫·福克斯（Josef Fuchs,1912-2005）、比利时鲁汶天主教大学（the Catholic University of Leuven, Belgium）伦理神学教授路易斯·詹森（Louis Janssens，1908-2001）、美国乔治城大学肯尼迪研究院（the Kennedy Institute of Georgetown University）和圣母大学（the University of Notre Dame）基督宗教伦理学教授理查德·麦考密克（Richard A. McCormick，

1922- 2000)。相称主义者率先回应天主教梵二会议更新伦理神学的呼吁，他们提出了一种崭新的伦理方法论，这是天主教伦理学传统的"一场革命"。

1965 年，卡诺尔发表了著名论文"双重效果原则的诠释功能"，该文的发表标志着相称主义伦理学的诞生。在论文中，卡诺尔对双重效果原则做了新的解释，指出该原则的关键概念是"相称理由"，并界定了道德善、物理恶、道德恶、目的等重要概念的意义。后来卡诺尔还发表了另一篇重要论文"善的目的不证明恶的手段是正当的——甚至在目的论伦理学中"。该文指出双重效果原则是区分道德恶与非道德恶的基本标准，讨论了人们最初是如何得出行为本身是恶的这一判断的，分析了手段何时是恶的、不会被善的目的证明为正当的，还认为双重效果原则是改正与进步的原则。

福克斯通过其许多著作和论文而成为最有影响的相称主义者之一。他的最大贡献是特别关注道德规范的性质和地位。《人的价值与基督教道德》一书的重要论题包括基本自由与道德、人的道德与自然法道德。《基督教道德：道成肉身》讨论了圣经中的行为道德规范、行为的善与恶。《个人的责任与基督教道德》探讨了规范与责任、行为道德规范的绝对性、道德规范的应用、罪的世界与规范性的道德以及关于"恶"、"前道德的"和"道德的"等概念。《世俗领域中的基督教伦理学》重点分析了道德真理、"内在地恶的行为"以及"内在恶"与"论证的义务论方式"、"道德的"和"前道德的"恶与道德的"内在恶"之间的区分、道德的善与正确性。《道德要求与个人的义务》讨论的问题包括：道德神学中的绝对准则、关于人类行为的整体正确性的自然法、责任与价值、历史性与道德规范、关于道德正确性的规范及其功能，等等。福克斯认为，支配具体道德行为的无例外的道德规范，是不存在的。

詹森的一系列论文通过论述阿奎那的有关伦理思想而深化了相称主义的道德观念。"爱伦理学中的规范与优先性"讨论了形式的规范和具体的质料规范，并认为具体的质料规范是相对的、是受历史影响的，道德评价只有涉及整个行为才是可能的。"本体恶与道德恶"一文深入分析了阿奎那关于人类行为的结构与道德性的问题（意愿、意向与选择、外在行为、意愿的道德性、人类行为的道德性），在此基础上讨论了人类行为中的本体恶及本体恶与道德恶的区分及联系，特别分析了道德的具体的质料规范。论文"阿奎那与相称性问题"阐述了阿奎那有关相称与最终目的及特定行为的概念。"本体的善与恶、前道德的价值与负价值"一文讨论的重要论题包括：人的空间性和时间性、善与恶——价值与负价值、本体的善与恶——前道德的价值与负价值。"对阿奎那某些论证的道德理解"分析了四类人类行为，讨论了按错误的良心判断来实施的行为之道德性。"目的论与相称性——对《真理的光辉》通谕的思考"则解释了目的论与相称性、内在地恶的行为等概念，对相称主义作了有力的辩护。

舒勒在相称主义的历史上也占有很重要的地位。其重要论文和著作有："重新评价天主教思想中的双重效果原则"、"伦理规范的各种基础"、"直接杀人与间接杀人"和《整全的人》。舒勒对相称主义发展的主要贡献有三点。第一，把目的论和义务论这两大道德方法论引入相称主义的讨论中。第二，明确区分了善与正当性这两个概念。第三，在直接被意欲的后果与仅被预见或间接的行为后果之间作了区分。

麦考密克的相称主义建立在对卡诺尔、福克斯、詹森和舒勒的思想的继承和总结之上，可以说是相称主义的集大成者。其主要著作包括：论文"道德选择的含混性"、"对诸评论的评论"、《伦理神学评说，1965-1980》(论文集)、《伦理神学评说，1981-1984》(论文集)、《批评性的呼吁：对梵二会议以来道德二难问题的反思》。这些著作讨论的重大论题有：目的论与义务论、行为的规范或规则问题、自然法的动态性质、直接愿意与间接愿意、较小恶概念、双重效果原则、绝对道德规范问题。

总起来说，相称主义提出并回答了关于伦理学基础的重大问题，其所关注的主要伦理论题有五个方面，分别是：双重效果原则的性质、功能和目的，无例外的道德规范的可能性，道德恶与非道德恶的区分，区分被意欲的后果与被预见的后果的道德重要性，内在地恶的行为的存在。[21]

自相称主义产生后，它就得到了学术界（尤其是天主教学术界）的极大回应，大多数人持表示赞同的态度，但也招致了不少人的反对，遭到了天主教新自然法学派和一些美德伦理学家的激烈批评。1993 年，天主教教宗若望·保禄二世（John Paul II）发表了《真理的光辉》通谕，对相称主义进行了严厉的谴责和批判，认为相称主义与天主教传统道德相违背。自此以后，作为一种伦理学思潮的相称主义就开始衰落了。但不管是赞成还是反对，相称主义都为我们这个时代留下了宝贵的伦理学遗产。

---

21 Christopher Robert Kaczor (ed.), *Proportionalism: For and Against*.Milwaukee: Marquette University, 2000,p.10.

本书除"导论"外，共分六章。"导论"部分先分析天主教伦理神学的性质，接着简介当代天主教伦理神学的更新及相称主义伦理学产生的背景。第一章讨论相称主义伦理学的开创者卡诺尔对双重效果原则的重新阐述，特别探讨其对"相称理由"概念的分析。第二章讨论舒勒的相称主义，内容包括：道德规范与道德判断理论、直接行为与间接行为的区分、对双重效果原则的再思考。第三章讨论福克斯的相称主义伦理学，主要包括关于道德规范的绝对性问题、内在恶问题、关于无例外的道德规范问题、人的历史性与道德规范问题、以及道德规范的起源及其功能和局限性问题。第四章讨论詹森的相称主义思想，涉及他对阿奎那人类行为论的分析、本体善与本体恶、道德恶、道德规范及其特征等方面。第五章讨论麦考密克的思想，重点放在其有关相称理由、直接与间接的区分、道德规范等三个方面。第六章"分析与评价"，主要阐述天主教其它伦理学学派对相称主义理论的批判，由此展示相称主义伦理学的历史地位及其意义。首先是新自然法学派对相称主义的批判，内容涉及相称主义的理论前提、论证及批驳，特别是对相称主义否认绝对道德规范的观点的批驳。接着讨论天主教美德伦理学对相称主义理论的评判，主要分析了宾凯尔斯以及阿什利对相称主义的批判。

第一章　彼得·卡诺尔

彼得·卡诺尔（Peter Knauer，1935-），德国法兰克福圣格奥尔基哲学与神学研究院（Sankt Georgen Graduate School of Philosophy and Theology in Frankfurt）基本神学教授，天主教相称主义伦理学的创立者和奠基者。卡诺尔的主要著作有论文"双重效果原则的诠释功能"和"善的目的不证明恶的手段是正当的——甚至在目的论伦理学中"。其最重要的伦理学贡献，是对天主教传统伦理神学中的双重效果原则（principle of double effect）作了新的阐释。

第一节　双重效果原则新释

在"双重效果原则的诠释功能"一文中，卡诺尔开门见山地指出，双重效果原则在伦理神学手册中处于一种边缘性的地位，而实际上，该原则是所有道德的基本原则，是一个为所有道德判断提供标准的原则。该原则所要回答的问题是，导致或许可伤害在道德上是否是恶的，或者在某一特定情形下，许可或导致恶是否能被证明为正当。[1]

一、双重效果原则：旧的表述与现代表述

1. 旧的表述

对双重效果原则的重新阐释，卡诺尔是从中世纪天主教神哲学家阿奎那的有关观点开始的。据卡诺尔，双重效果原则首先是由阿奎那在为暴力自卫的许可性作辩护时表述的：

---

1 Peter Knauer, "The Hermeneutic Function of the Principle of Double Effect", in Christopher Robert Kaczor(ed.), *Proportionalism: For and Against.*Milwaukee: Marquette University, 2000,p.25.

"我回答道，必须说，没有什么东西可以阻止一个行为有两种效果，其中只有一种效果是在意向之中的，另一种效果则是在意向之外的。但道德行为是根据所意欲的东西，而不是从意向之外的东西获得其种类，因为正如以上说法所表明的那样，后者是意外的。

所以，从自卫者本人的行为中会产生出双重的效果：一是对其自己生命的保护，一是杀死攻击者。在其中保护自己生命是被意欲的这类行为，并不具有不合法性，因为每一个人尽其所能保护自己的存在是自然的。

但是，出于善良意向的行为是能够成为不合法的，如果该行为与目的不相称的话。因此，如果某人在防护自己生命时使用了比所需更大的暴力，这就是不合法的。但是，如果他适度抵抗暴力，这就是合法的防卫。"[2]

卡诺尔对阿奎那上述论断做了分析。他首先指出，"效果"概念在此处的使用并不与通常所谓的"原因"相关，而是在一般的意义上使用的；可以把它理解为"方面"会更为准确。

卡诺尔特别要求人们注意第三段。据他的解释，这段话实际上指出了道德过错的唯一一种可能性。阐述思路是这样的：人们犯罪时所寻求的是真正的善，但从整体情况看，他的行为是与真正善不相称的。因而由此产生的恶（不管它是否被渴求）客观上就属于该行为的一部分，是"被意欲"的东西。在阿奎那的本文中，"被意欲的东西"这一表述可以有多种理解。于伦理学而言，伤害是能够"被意欲的"，即使行为者不愿意它产生，或根本不考虑它。而在杀死袭击者的例子中，效果是可以在道德意向之外的。

关于"道德性的根源"的传统学说，卡诺尔要求人们注意以下的说法。根据阿奎那，道德行为是由行为的目的决定的。在上述引文中，他说道德行为是由"被意欲的东西"决定的。初看起来，"被意欲的东西"并非指"行为者的目的（即行为者的动机）"，而指"行为的目的"，"行为的目的"就是"被意欲的东西"。对于行为的目的，不应把它理解为只是外在的效果，即能够被描述的结果。在伦理学中，行为的目的指被意愿和意欲的行为本身。可以举古典伦理神学的经典例子：施舍者以救济穷人的需要为行为的目的。施舍并不只是物理的行为。通过捐赠者的意向，它就成了道德行为。外在的行为是钱从这一个人的手转到另一个人的手。这一行为是支付购买物的款项，还是

---

2 Thomas Aquinas, *Summa Theologica*(后面简称"ST"),II-II,q.64,a.7.Translated by The Fathers of the English Dominican Province. New York:Benziger Brothers, 1947.

赠送礼物？是把钱借给另一个人吗？是偿还债务吗？是贿赂吗？事实上，行为是什么取决于转移金钱的人意愿该行为客观上成为什么。这不是他随意宣称的问题，而是他实际意图的问题。

行为者的动机，被认为是第二个"道德性的根源"，但据卡诺尔的理解，我们不可把行为者的动机仅仅等同于行为者的道德意向。行为者的动机——外在的目的，指的是行为者将其第一行为与之联系起来的行为。因此，人们可能会为了获得税收好处而施舍。第一行为的行为者的动机是与第二行为的行为目的有联系的，事实上二者是相同的。如果人们做一个单一的行为而没有把它与另一行为联系起来，他就只有行为的目的，准确地说，就没有行为者的动机。

除行为的目的和行为者的动机外，道德性的另一个根源是行为的环境。环境的唯一作用是从量上决定某一行为。根据行为的目的，不管所偷的数量是大还是小，偷盗就是偷盗；但罪过的严重性取决于数量。如果偷盗与破门而入有联系，那么这一事实就不是另一种环境的增加，而是行为目的本身的改变。

在卡诺尔看来，把行为的目的和行为者的动机分为外在的物理行为和内在的意向，在完全同一个行为中，是不能得到坚持的。单独纯粹的外在事件和心理上的意向，在道德上都是不可理解的；只有二者客观的关系（两者在完全同一个行为中都有作用）才是可理解的。这一结论意味着，行为目的的道德性质，取决于这一关系是一致关系，还是冲突的关系。

2. 现代表述

双重效果原则的现代表述非常简洁："只有当其行为的恶果本身不是被意欲的，而是间接的、可由相称理由证明是正当的时候，人们才可以许可恶果。"[3]

在卡诺尔看来，双重效果原则的现代表述在几个方面与阿奎那的表述存有差别。首先，阿奎那要求行为符合其目的（行为与目的相称），现代的表述则要求行为的正当需有"相称理由"。卡诺尔相信，如果可以确认这两个要求实际上指同一个意思，那么，双重效果原则就会得到正确的理解。其次，阿奎那也认为，不可以直接产生恶。根据他的观点，所产生的恶必须是意外的（附带的），即必须在意向之外。卡诺尔的看法是，对"意向之外"这一术语

---

3 Peter Knauer, "The Hermeneutic Function of the Principle of Double Effect", in Christopher Robert Kaczor (ed.), *Proportionalism: For and Against,* p.29.

的通常解释，是在直接或间接的物理诱因的意义上来理解"直接—间接"这对概念；但这种解释是有问题的。在他看来，只有当许可或导致恶果有一个"相称理由"时，该恶果才不是"被直接意欲的"。在此，卡诺尔所谓恶的"间接导致"和行为的"相称理由"，是指完全相同的要求。因而，双重效果原则可以恰当地表述为：只有当人的行为有一个相称理由时，他才可以许可行为的恶果。最后，所有伦理学的客观性均取决于"相称"的确定。"相称理由"不是专断的理由，不等于"环境中的严重理由"。如果把"相称的"等同于"严重的"，就会在伦理学中导致混乱。

二、双重效果原则的多种表达

双重效果原则之现代表述中的关键概念是"相称理由"。卡诺尔指出，这一概念也可以在传统伦理学的其它各种不同篇章中发现："在他人罪中的合作"、"内在恶与外在恶"、"肯定性与否定性的法律"。

1. 在他人罪中的合作

卡诺尔解释说，在他人罪中的"形式的"合作，在任何情况下都是绝对禁止的。如果有相称理由，"质料的"合作则是许可的。但若缺乏相称理由，在他人罪中的质料合作就会成为形式的合作，因而是被禁止的。由此可见，有无相称理由，对于判断某一合作行为的许可性来说具有决定性。

根据卡诺尔，如果我有相称理由许可该恶或与该恶合作，那么该恶对我来说仍然是间接的。我只是在质料上参与其中，而我行为的形式内容不同于该恶，因而，我的行为实际上是善的。但是，如果我的行为缺乏相称理由，我就是直接地、从形式上为了他人利益而导致或许可恶，我自己就是有罪过的。这样，为了他人利益而许可或导致恶，就会成为道德的恶。简言之，"形式的"—"质料的"这对概念，从根本上说，与双重效果原则之现代表述中的"直接的"—"间接的"是完全相同的。

2. 内在恶与外在恶

根据一般的观点，有些行为是"内在地"恶的，因此是普遍被禁止的。也有些行为，它们只是"外在地"恶的，即：如果有相称理由，这些行为就是许可的。但是如果没有相称理由，它们就是"内在地"恶的，在任何情况下都是绝对禁止的。当没有相称理由证明许可或导致外在恶是正当的时候，这时就会成为内在的恶行。卡诺尔断言，这是一个对当代伦理学具有特殊意义的论题，表明"道德上恶的"与"内在地恶的"是同义的表述。

如何判断哪些行为是道德上恶的呢？行为是否存在相称理由是判断的标准，"一旦确定了行为的理由是否相称，该行为的道德性质也就会跟着得到确定"。[4]例如，谋杀，从定义上说，在于导致人的死亡而又没有相称理由。如果同样的外在行为（如导致人的死亡）有相称理由，那么在道德上，该行为从一开始就会不同于谋杀，它或者是自卫，或者是为了保卫共同体的合法的正义行为。

3. 肯定性法律和否定性法律

按传统的理解，否定性法律（如"不可杀人"、"不可撒谎"），在任何时间、在任何环境下都具有约束力。也就是说，它们不存在任何例外，是普遍有效的法律。但也存在着与否定性法律相符合的肯定性法律，如"应尊重和保护人的生命"、"应说真话"。与否定性法律不同，肯定性法律只是"常常，但并不总是"具有约束力。相称理由可以证明不遵守这些法律是正当的。如果缺乏相称理由，要证明不遵守这些法律为正当就是不可能的。在这种情况下，正如否定性法律一样，肯定性法律也"常常，且总是"绝对的。

卡诺尔分析说，否定性法律事实上已包含在肯定性法律之中。否定性法律只是把肯定性法律应用于这样的情形，在这些情形下，免除不遵守没有相称理由。完全不遵守肯定性法律就等于违反其否定性的形式。要注意的是，在它们的义务力量方面，肯定性法律比否定性法律要强大。如果缺乏相称理由，否定性法律就总需遵守，而对于肯定性法律来说，人们对它们的遵守是无条件的。以一个医疗决定为例。有一种建立在目前对细胞的认识之基础上的治癌疗法，这种疗法会对血液带来干扰。导致这种干扰，如没有相称理由，将会给病人的健康带来损害，因而是违反否定性法律的内在恶。但是，如果该疗法可以改善病人的总体健康状况，那么，医生就会许可地接受随之而来的、不可避免的恶作为代价。他有相称理由使他导致恶的行为成为"间接的"。他的行为是对肯定性法律（即必须关心病人的血液健康状态）的合理的不遵守。医生的行为表明，肯定性法律是与否定性法律一致的。医生虽然被豁免

4　Peter Knauer, "The Hermeneutic Function of the Principle of Double Effect", in Christopher Robert Kaczor (ed.), *Proportionalism: For and Against*, p.33.

不用直接遵守肯定性法律，但这法律仍然是有效的。他有责任寻找更好的解决方案。关于这一责任，肯定性法律的内在精神控制着否定性法律。如果可以发展出一种更好的治疗方法，被许可的东西就会变得不再适用。

在卡诺尔看来，上述例子也表明，在伦理学中，什么东西才是不可更改的自然法，"在伦理学中，只有寻找从总的现实整体看是最有可能的解决方案的责任，才是不可更改的。最好的解决方案不可能像在一个目录中那样被预先确定；它们必须在一定会有发展的肯定性责任的动态之中发展出来。在这一发展中，只有对直接许可或导致恶的禁令才是不可更改的。"[5]因此，否定性法律和肯定性法律就构成了另一个由双重效果原则支配的领域。与否定性法律相对应的是，无论如何都绝对禁止直接导致或许可恶。间接导致或许可恶就好比不遵守肯定性的法律，在这里，不遵守肯定性法律是可以由相称理由证明为正当的。相称理由显然指遵守另一种更具强制力的肯定性法律。在现存条件下，该肯定性法律和否定性法律都同时得到遵守。人的责任是寻找能够遵守这两种法律的可能性。

由上可以看到，"在他人罪中的合作"、"内在恶与外在恶"、"肯定性与否定性的法律"这些说法中，都可以发现双重效果原则的结构：由于有相称理由，导致或许可物理恶在道德上就是许可的；如果没有相称理由，该行为就是道德上恶的。

三、对传统双重效果原则的条件的分析

根据天主教道德传统，双重效果原则包含着几个不同的条件：第一，行为本身不能是恶的。第二，行为的恶果不是人们实际上想要的东西，因而不可以直接意欲恶果。第三，恶果不可以先于作为手段的善果，即：恶果不可以是为了达到一个好的目的的手段。第四，允许或引起恶果应该有"相称的理由"，这是最重要的一个条件。这一小节讨论前三个条件，后面再专门讨论第四个条件。

在卡诺尔看来，对于上述有关双重效果原则之条件的分析，存在一个严重的异议。第一个条件表明：只有当某一行为本身从一开始就不是恶时，对该行为的进一步道德考察才能继续进行。只有当行为本身不是恶时，才会产

---

5 Peter Knauer, "The Hermeneutic Function of the Principle of Double Effect", in Christopher Robert Kaczor (ed.),*Proportionalism: For and Against,*p.33.

生允许或引起损害可由相称理由证明属正当这一问题。如果行为本身一开始就是恶的，它就决不可能由相称理由证明是正当的。假如这样，双重效果原则的传统表述所支持的就是义务论：有些行为本身是恶的，不取决于对其他因素（包括行为结果）的考虑。因而传统认为存在着内在的恶行为。这是卡诺尔所反对的看法。卡诺尔表明，某一行为，只有当它许可或引起损害而又没有相称理由证明其为正当时，才是恶的。一旦确定了这一点，双重效果原则就再不能适用了，"一个其本身是恶的行为，只是由于（前道德的）恶被引起或被允许又没有相称理由这一事实，才会存在；……这样一个其本身是恶的行为，不可能由后续的使它朝向进一步的一个行为而证明是正当的。在这样的一种情况下，双重效果原则就无法被再应用；这是由该原则的第一个条件所排除的。"[6]因而卡诺尔完全不考虑传统双重效果原则的第一个条件。

　　接着，卡诺尔对第二个条件（不可意欲恶果本身）和第三个条件（恶果不可以先于作为手段的善果）的含义做了分析。在他看来，第二个条件的意思是说，使一个暂时完美的行为朝向一个其本身是恶的进一步行为，也是不被允许的。如果这样做，第二个行为本身也会变成恶行。也就是说，尽管暂时完美的行为由于其自己的对象而不是恶的，但它会因为另外的行为动机而变成恶的。第三个条件所强调的恰好是相反的情况：其本身是恶的行为朝向本身仍然是完美的第二个行为，因而做此行为不仅是为了自身的缘故，而且也允许第二个行为出现。在这种情况下，第二个行为本身也变成恶的行为，不是因为其本身，而是因为第一个行为朝向第二个行为。其对象本来是完美的行为，由于这一事实，即：它成了在前的其本身是恶的行为的动机，而成了恶的。因此，根据第二个条件，如果使一个完美的行为朝向一个其本身是恶的进一步的行为是不允许的，那么，第三个条件就禁止使一个其本身是恶的行为朝向一个原本是完美的进一步的行为。第二和第三个条件可总结如下：善的手段不证明一个恶的目的是正当的，善的目的也不证明一个恶的手段是正当的。

　　所以，整体来说，双重效果原则前三个条件表明，只有在这三种方式下，即由于其本身、由于其朝向另一个本身也是恶的行为、由于使另一个本身是恶的行为朝向它，一个行为本身才是恶的。

6　Peter Knauer, "A Good End Does Not Justify an Evil Means-Even in a Teleological Ethics", in *Personalist Morals: Essays in Honor of Professor Louis Janssens*, Joseph A. Selling (ed.).Leuven: Leuven University Press, 1988, p.85.

第二节　相称理由

卡诺尔特别强调双重效果原则的第四个条件，即：允许或引起恶果应该有"相称理由"。他认为这是最重要的条件，是判断某一行为道德性质的最根本准则，"一个行为之所以被禁止，是因为被允许或被引起的损害实际上没有相称理由"，[7] "允许或引起损害（即损毁一种前道德的价值）并不是道德恶，当且仅当它被相称理由证明为正当的；相反，如果允许或引起损害没有相称理由，它就是道德恶。"[8]

一、相称理由

卡诺尔指出，"相称理由"这一表述，决定着其它所有概念的意义。如果缺乏相称理由，在罪中的质料合作就会成为形式的合作，外在的恶就会成为内在的恶，肯定性法律就会以无条件的否定性法律出现。前面已经阐明，导致或许可恶但又没有相称理由，就是一种道德上恶的行为。根据这种理解，一方面，如果一个行为没有相称理由，恶就不再是在行为者意向之外的东西，相反，它构成了行为的道德内容，是行为的目的或内在的对象。另一方面，如果存在相称理由，许可或导致恶就会成为间接的行为，因而客观上就不再是道德意向的对象。在卡诺尔看来，相称理由如同被直接意愿的东西，它单独就可决定行为的整个道德内容。当存在或不存在相称理由时，许可或导致物理恶就是间接的或直接的。例如，自卫就是一个很好的例子。从外在看，自卫与谋杀行为是一样的，因为二者都使用致命的武器。只有当攻击者的死亡在自卫中有一个相称理由时，这二者的道德区分才会得到确认。因而，自卫的相称理由在于保护人自己的生命免受攻击。此时，自卫属于正当的行为。

那么，行为的理由什么时候才是相称理由呢？卡诺尔指出，每一个行为，即使它是道德上恶的行为，都会有一个去做它的理由。只有觉得某一事物或其某一方面有价值的情况下，人们才会意愿该事物。人的意志可以积极意愿善，也可以拒绝善。因而，每一个行为的理由是一种现实的善。小偷之所以偷盗，只是因为他希望有钱使用。甚至出于对道德法的纯粹仇视而行动的人，他也会追求一种现实的价值，尽管是以一种错误的方式去追求。但在卡诺尔

7　Peter Knauer, "A Good End Does Not Justify an Evil Means-Even in a Teleological Ethics", in *Personalist Morals: Essays in Honor of Professor Louis Janssens*, p.84.

8　Peter Knauer, "A Good End Does Not Justify an Evil Means-Even in a Teleological Ethics", in *Personalist Morals: Essays in Honor of Professor Louis Janssens*, p.73.

看来，对于一个要成为道德上善的行为来说，它总是追求一种价值，因而总是拥有一个理由，这是不够的。还需要的东西是，这理由必须是相称的。与什么"相称"呢？卡诺尔说，这一问题通常可以这样来回答：所实现的善必须与作为交换而接受的恶相当，而且善必须多于恶。

对于上述观点，卡诺尔举了若干例子来加以说明。例如，学生会渴望学到尽可能多的东西。只有当他间或中断他的学习时，他的这一追求才会成功。如果他太过于专注其学习的目标，以致于损害了自己的身体健康，也许在很短时间内他就可以达到中等以上水平，但总的成绩只会更差。在极端的情况下，他会因过度忙于学习而患病，导致无法完成任何事情。因而他最终会背离自己的目的。

再如，发展中国家的政府有提高其人民生活水平的计划。这一目标只有通过持续的工业化才会达到，而持续的工业化要求广泛地放弃立竿见影的成就。如果不是这一规划而是行政机关使用警察部门强迫直接分享物质财富，那么，这确实可以提高人民的生活水平。但这种方法很快就会导致经济的破坏。在追求立即实现目标时，人们会忽视可能性的总体条件，因而会背离目标本身。在这一例子中，特别可以清楚地看到的是能被称为两种价值的反馈效果或相互作用的东西。一方面，生活水平的提高要求工业化。工业化不是比更好的生活水平更高的价值——这种比较的可能性已被否定，相反，如果要达到更高的生活水平，工业化就具有最大的紧迫性。另一方面，如果不同时开始提高人民的生活水平，工业化就不可能得到实现，因为饿着肚子的工人无法去发展工业。

根据卡诺尔，上述例子可以证明，"不明智的因而不道德的行为最终都是自相冲突的，它们在于果子未成熟就想从树上摘果子的过度欲望。目标脱离了其恰当的条件。人们追求善，却忽视了最大可能地实现该善的条件。旧的伦理神学语言对这一事态作了描述，它认为不道德的行为是违背自然、反自然的行为。当实在的一部分脱离其内有关系时，实在本身就会遭到破坏。如果人们为了这样一种善付出代价，这种善与善本身是不均衡的，而是与它相冲突的，且会使最大可能地实现作为一个整体的善变得不可能，那么，他就是不负责任地导致了损害。当反自然这一表述在伦理学中使用时，这并不指只是在前道德的、物理的意义上违背自然的物理恶。所指的是所导致或许可但又没有相称理由的物理恶，即：在此行为中，所追求的价值与实现该价值的方式之间，实际上存在着长久的冲突。"[9] 行为的理由是否相称，绝对不是主观专断的。如果行为与理由之间最终有冲突，那么行为的理由就不会是相称理由。由此可见，相称理由指的是行为与其理由之间的恰宜性关系。一个行为从长远看、从整体情况看与所追求的价值相一致，那么行为的理由就是相称的理由；如果一个行为从长远看、从整体情况看破坏所追求的价值，那么行为的理由就不是相称的理由，"从与整个现实情况的关系看，当行为与其自己目的的最完满实现有冲突时，该行为就是不道德的。短期价值的"更多"是以长期看同一价值的'更少'实现为代价的。"[10]

二、理由与目的

到目前为止，卡诺尔一直是在特定的意义上使用"目的"一词的，"目的"等同于"理由"，也可用"意向"来代替。此外，"目的"也有另一种意义，指一种确定的具体事实。例如，一伙银行抢劫者有进入银行库房盗钱的目的。以这伙劫匪是否使用最恰当手段实现其目的来衡量此种行为的道德性，那是很荒谬的。卡诺尔指出，他说行为与其目的的一致时，所谓的目的不指一种具体的事实，而指一个特定事实中使该事实值得追求的东西，即该事实的善良理由。如果行为的目的指行为的理由，那么，抢劫者追求的价值是想变得富裕起来。因此，此处的问题就是，从长远看，破门而入抢劫从整体上看是否会导致财富的最大实现，或者这是否会与这一目的的实现相冲突。

不过，卡诺尔强调，如果目的被等同于理由来使用，它仍然不是伦理学的概念。因为，做善行和恶行都有这一意义上的理由，此时理由意味着一种价值。最坏行为的理由决不会是一种恶，而总是一种善，即事实上值得追求的东西，即使此善是一种表面的善。所以，卡诺尔指出，当在此意义上理解理由或目的时，就还没有弄清楚行为道德性的根源。

根据卡诺尔，在道德的意义上，行为的目的是"被意欲的"东西，是行为者的动机。目的和动机这些表述均指行为的理由。在这种道德意义上，理由就不再是被单独考虑的，而是在它与行为本身的关系中被考虑的东西。一方面，如果行为的理由是一种相称理由，那么在道德意义上，它就是行为的目

---

9 Peter Knauer, "The Hermeneutic Function of the Principle of Double Effect", in Christopher Robert Kaczor (ed.), *Proportionalism: For and Agains,*.p.36.

10 Peter Knauer, "The Hermeneutic Function of the Principle of Double Effect", in Christopher Robert Kaczor (ed.), *Proportionalism: For and Against,*p.37.

的。既然行为的理由完全等同于行为的目的，这样，最终伴随的恶，就不属行为的目的。行为目的是单纯的善。另一方面，当行为的理由不是相称理由，因而从整体情况看，它与行为存在冲突时，行为的目的就是由随之而来的恶果构成的。在抢劫银行的例子中，主要的恶果是在抢夺他人钱财时给他人带来了损害。从道德的意义上说，抢劫银行时的这种损害是被意欲的东西，尽管劫匪只以自己变得富有为目的。这里就提出了善的目的与恶的手段的关系这一问题。

第三节　善的目的与恶的手段

天主教伦理神学传统的一个重要观点，是强调存在着恶的行为本身，这些行为是无例外地被禁止的，我们永远都无法证明其属正当。因此，如果坚持伦理神学传统的观点，就必须接受"善的目的不证明恶的手段是正当的"这一基本原则。支持这一原则的立场通常称为"义务论"。根据义务论立场，会有这样一些行为，对这些行为的道德评价不取决于其结果，这些行为本身就是恶的。但也有很多天主教伦理学家，他们反对"善的目的不证明恶的手段是正当的"这一原则，而提倡一种目的论。目的论主张，一个行为的道德善性或恶性，最终仅仅取决于该行为的结果。根据这一立场，如果一个行为所追求的好处多于所引起的坏处，那么该行为就是善的。

卡诺尔是目的论的支持者。但他对目的论的理解，却不同于上述给出的解释，他试图通过对双重效果原则的分析来解释自己的立场。下面我们就分别考察他在两篇论文中的解释。

一、恶的手段与善的目的

卡诺尔在"双重效果原则的诠释功能"一文中指出，他对双重效果原则的解释，与关于意愿的学说所给出的通常解释，有很大的不同。他说，如果一种恶是被意愿之善的进一步的物理结果，或者至少不先于被意愿的善，那么，行为的许可性就取决于被该行为所意欲的东西。如果所许可或导致的恶，只是作为一种结果或一种伴随物随应实现的善而来，那么该行为就是许可的；否则就是不许可的。但是，如果恶在物理上先于被意愿的善，因而是实现该善的手段，那么它就是被直接意愿的，这会使整个行为成为恶的行为。在这种情况下，双重效果原则可用另一个原则来替代，即：善的目的不证明恶的手段是正当的。

根据卡诺尔，"善的目的不证明恶的手段是正当的"这一原则与双重效果原则之间的对比，牵涉到一种逻辑的错误。前一个原则中，已经假定了手段是道德上恶的。因而，"只有在道德判断已经作出的情况下，该原则才是适用的；在属于道德恶的手段中，是不会发现新东西的；恶已被确定。"[11]与此不同，在双重效果原则中，道德判断尚处于被确定的过程中。也就是说，对某一行为的善恶性质尚待作出判断。可见，这两个原则在其适用性方面是不同的。在卡诺尔看来，"手段是道德上恶的"意味着，使用手段的理由不是相称的。单凭认为手段牵涉到物理恶这一点，不足以证明该手段就是道德上恶的。情况很可能是，许可或导致这种恶，由于相称理由的存在，而仅仅是间接的。假设从整体上看，目的是以一种相称的方式来追求，那么，由此目的所决定的手段（手段也有助于最有可能地实现目的），就可以证明接受作为代价的物理恶是正当的。当然，必须让人们确信，这一代价可能是最小的。在这一意义上，我们可以认为目的决定手段的性质的准则是正确的。

在卡诺尔看来，"善的目的不会证明恶的手段是正当的"这一原则，可以按下面两种意义中的一种来理解。第一，行为的理由是善良目的。目的，不管其本身是多么重大和善良，如果不是指相称理由，就不能证明在实现目的过程中许可或导致物理恶是正当的。不仅从短期看，而且从整体看，行为都必须与所追求的价值相一致。第二，手段本身是这样一种恰当的行为：无需涉及进一步的目标，就可以确认该行为拥有充分的理由。如果这一理由不是相称理由，那么从道德上说，该行为就是不可以做的，即使它与另一个行为相关，这另一行为实现的也是善良的目的。手段最终会与行为相冲突。

卡诺尔指出，还存在这样一些情况：在这些情况下，导致或许可恶先于实现目的，而行为并不因此就成为道德上恶的。恶可以由相称理由来证明是正当的；虽然行为的原因在物理上是直接的，但在道德的意义上，它却不是直接的。例如，只是武力的攻击，一个危险的堡垒可能不会受损，但在堡垒外面的设防地区，还有无辜的人质，他们会在攻击堡垒这一行为的恰当目的得到实现之前就失去生命。在传统伦理学中，只要没有别的途径避免恶，攻击行为就是许可的。这里，关键问题不是，恶（即人质在攻击期间会死去）会随所追求的善而来，或者会先于所追求的善，而是，恶是以什么方式被意

---

11 Peter Knauer, "The Hermeneutic Function of the Principle of Double Effect", in Christopher Robert Kaczor (ed.), *Proportionalism: For and Against*, p.41.

愿的。如果恶是直接的，即：如果行为是以行为没有相称理由、因而是以不负责任的方式意愿的，那么，该行为就是道德上恶的。纯粹物理的事件是与善或恶的道德描述无关的。完全同样的手段在一个方面能够是一种价值，或者能够导致一种价值的实现，同时在另一方面也能够是一种物理恶。如果许可或导致恶有相称理由，那么，被意愿的就只是手段的好的方面。物理上恶的效果方面，在道德上仍然不属于被意欲的东西。

在卡诺尔看来，当"直接的"、"间接的"这些范畴与纯粹物理的范畴相混淆时，难解的细小区分就会被引入伦理学之中。摘除患了癌症的子宫是许可的，即使其结果是子宫内的胎儿会丧失生命。但是，一些神学家说，仅摘除胎儿是谋杀，因为子宫是可以被治愈的；他们认为胎儿的死亡是作为一种手段来使用的，因而是被直接意愿的。也就是说，如果一种解决方案既包括胎儿的死亡，又包括整个子宫的摘除及随后的不孕，那么这种方案据说就劣于只有胎儿丧失其生命。

关于宫外孕的情况，可以确定的是，如果不尽早摘除胎儿，孕妇和胎儿都会死去。这时不摘除胎儿是不道德的。对任何医生来说，这一点都不需要作出证明。人们公认，直接杀人是被禁止的。但在卡诺尔看来，一些道德学家不正确地假定，为着挽救母亲的生命而摘除胎儿是直接杀人。从定义上说，在没有相称理由的情况下，否定性法律（不可杀人、不可撒谎、不可夺取他人财物），只有作为对这些物理恶（死亡、错误、损失财物等等）的直接的许可或导致的禁止时，才是可理解的。只有确定了行为的理由从整体上看不是相称的情况下，才可确定行为确实是违背了诫命（即某一行为是谋杀、撒谎、偷盗）。没有相称理由，物理恶就总是被直接意愿的，做此恶是道德上恶的。

二、善的目的不证明恶的手段是正当的

关于恶的手段与善的目的的关系，卡诺尔在其另一篇重要论文"善的目的不证明恶的手段是正当的——甚至在目的论伦理学中"中也有论述。前文已经指出，双重效果原则的第三个条件是，恶的效果不可以是达到善的目的的手段。在卡诺尔看来，这是一个不太精确的表述，会导致各种不同的含混性。例如，毁灭一个人本身是恶的行为，但因血液中毒，为了保存性命，而截掉一条腿，在道德上则不能认为是毁灭，而是一种医治疾病的行为。可以

这样说，失去一条腿是损害，是手术的一个被引起或可接受的恶果。显然，截肢是挽救生命的手段。因此，根据双重效果原则的传统表述，截肢是使用恶的手段去达到善的目的，所以是不应禁止的。作为挽救人生命的必要手段，截肢是许可的。

根据卡诺尔，双重效果原则第三个条件的更精确表述应该是：人们不可以通过一种本身是恶的手段来达到一个好的结果。该表述强调，为了达到好的目的，使用道德恶的手段是被排除的。道德上恶的行为，不会因其朝向一个本身不是恶的进一步行为，而变成正当的。卡诺尔进一步指出，该表述也显明了行为的对象与行为者的动机这两者之间的区分。所谓行为的对象，指的是行为的恰当的客观内容。如果一个行为，在其中一种前道德的损害是被允许或引起的，有相称的理由，那么该相称理由就构成了在道德上无可谴责的行为对象。然而，如果被允许或被引起的损害不被相称理由证明为正当，那么对该损害的允许或引起，就必须由行为的对象来补充。可见，"相称理由"概念不应仅仅是"严重的、重要的理由"，而应该从行为最终不与其追求的价值相冲突这一意义上来理解。

一个行为除了自己的对象外，还包括行为者的动机。而要实现行为的动机，也需有其自己对象的进一步行为。第一个行为的动机只不过是第二个行为的对象。"善的目的不证明恶的手段是正当的"意味着，本身是恶的行为后来不可能被这一事实证明为正当的，这一事实即：还要用该行为来实现其本身是完美的更进一步的行为，而且，第二个行为本身也会因为参与了手段的恶性而成为恶的行为。反之亦然。如果人们以完美的第一个行为来实现本身是恶的第二个行为，那么第一个行为也会成为恶的行为，只要它有涉及到第二个行为的动机。

因此，对于"善的目的（第二个行为的善的对象）不证明恶的手段（其本身从一开始就是恶的对象的先前行为）是正当的"这一原则，所说的手段本身就是一个独立行为，只是该行为还指向暂时完美的第二个行为。例如，如果医生截去病人的腿是为了挽救其生命，那么如果医生在毫无必要的情况下也截腿，那么这就只能是恶了。因此，当额外的情况出现，表明手术有必要，该行为就可以称为"损毁"。也就是说，如果截肢只是为了挽救病人的生命，该行为就是被允许的恶（前道德的恶）。但它作为手段，其本身并不是恶，因此它本身不是带有自己动机的独立行为。相反，它只是一个整体行为（即挽救生命）的一个部分。虽然许可或引起的损害（失去腿）作为一种手段，先于并服务于挽救生命这一目的，但双重效果原则的第三条件在此并不适用。为了适用，允许或引起损害就应该是一个独立的行为，即没有挽救生命的这一目的也会被意欲的行为。所谓单独、独立行为的统一性，在于这一事实：人们做此行为有充分的动机。因此，只有当手段是一个有其自己充分动机的行为时，它本身才是双重效果原则中所意谓的恶的手段。在这种情况下，双重效果原则的第三个条件就不再适用。

第四节　与双重效果原则相关的几个问题

一、整体性原则与道德法的例外

当代天主教伦理神学中的整体性原则，是一个可与双重效果原则作对比的原则。后者与证明不许可的行为为正当相关，而前者则可以证明一个行为（如为了挽救整个人的生命而摘除一个患病的器官）是正当的。在卡诺尔看来，整体性原则实际上与双重效果原则并无本质的区别。后者不仅与消极许可恶有关，而且也与积极许可相关。具体地说，行为本身可能会导致或产生恶；此恶不是直接的，除非意愿它没有相称理由。例如，医疗上必要的截肢，作为摘除器官的手术，在道德意义上是被意愿的，这种说法是不正确的。被意愿的，只是摘除从整体看妨碍健康的东西。这种妨碍是迄今为止仍有用的身体器官，这一点对道德判断来说是非本质的，因为相称理由可以证明接受失去器官是正当的。为了最终保护各器官，首先就要确保人的存在本身。如果有相称理由，就可以证明摘除一个患病的器官是正当的，这一手术并非是损害有机体，损害作为一个整体的有机体总是不许可的。

根据卡诺尔，上述例子可以用来澄清"目的"的三种含义。在手术中，除了截除病人的肢体外，医生不会想到任何东西。截除肢体是医生意愿的具体事情，此行为是"被意愿的效果本身"。不过行为的道德性并不是据此确定的。截除肢体是一种维持健康的措施还是对病人的损害，不能在可被描述的具体事实中来确认。这必须考察医生截除病人肢体的理由。截肢行为的最终目的是为了病人的健康。但单凭这一点，也不能确定截肢行为的道德性质。心理学意义上的善良意愿，不能确定一个行为在道德上是善的。要确定一个行为的道德性质，必须考察做此行为的理由是否是相称理由。在特定情形下，如果从整体看，一个行为是解决问题的最有可能的方案，那么我们就可以说，该行为是道德上善的。因而，在截肢的个案中，从道德的意义上，被意欲的东西不是截去肢体，而是想恢复病人的健康。应除去的障碍曾经是有用的肢体，在道德的意义上，这不属于被意欲的东西，它不是被直接意愿的。如果截除肢体的理由不是相称的（例如，如果以一种会导致更小损失的方式来实现健康目标是可能的话），情况则不同。此时，截肢会与目的的最有可能的实现相冲突。在这种情况下，在道德的意义上，截除作为身体一部分而起作用的肢体，就是被直接意愿的。

在卡诺尔看来，上述例子是极富启发意义的。在通常关于物理行为与意向之间的区分中，无论任何行为，都是以意向来归类的，分为意向内的行为和意向外的行为。但是，在心理学及前道德的层面上，这种归类实际上是不可能的。例如，假设血液中毒可以通过注射新的血清来治愈，健康目标就不要求截除中毒的肢体。如果医生希望进行截肢，他事实上是因为某一别的理由（如避免巨额花费）而这样做。但是对于这一新理由，还必须问：它是否是一个相称理由。从上述例子可以看出，许可医疗上必要的截肢，并不是禁止损害人身的例外，相反，在道德的意义上，这不是截除肢体的行为，而是治愈病人的行为。

按卡诺尔的看法，道德法的其它例外，也可以用类似的方式来加以澄清。例如自卫和死刑。传统道德中一直坚持，如果没有其他方法来保护自己，就可以导致侵犯者的死亡。同样，死刑在某些情况下也具有合法性。当代许多道德学家也认为，诫命"不可杀人"应在允许某些例外这一意义上来理解：可以杀死罪犯，不公正的侵犯者不再有生存的权利。但对卡诺尔来说，这种看法并没有说服力。如果人们能够以其他方法保护自己及其他可能的受害者，那么他就不可杀死侵犯者。被判处死刑的罪犯没有生存的权利，这也是一种错误的看法。如果人们擅自击毙一个即将被执行处决的人，那就是谋杀。执行死刑判决不是直接杀人，所以不是谋杀，因为对于人类共同体来说，不存在其他合理自卫的可能性。因而执行死刑的行为目的，就只是共同体的自卫。卡诺尔并不认为人们一直会满足于这种解决方案。人们的义务仍然是尽可能地寻找更好的解决方案。在某些历史处境下死刑是许可的这一点，并不意味着，死刑从根本上说是绝对许可的。

二、双重效果原则与伦理相对主义

从上面的论述可以看到，双重效果原则肯定，只有在具体行为中确定了某一行为的理由是否相称的情况下，道德判断才是可能的。导致或许可有联系的物理恶是间接的，还是直接的、因而是道德上恶的，就取决于此。对行为的理由是否相称这一问题的回答，取决于严格的客观标准，而不取决于纯粹主观的、甚至是想像的善良意向。如果一个行为的理由是相称的，它就是道德上善的；相反，如果行为的理由不是相称的，它就是恶的。

一些批评者提出异议说，卡诺尔的伦理学是一种伦理相对主义。伦理相对主义不承认存在着普遍的道德标准，认为道德判断需要根据具体情况来作出。卡诺尔认为这一指责是不公正的。他尝试证明，传统伦理学的基本洞见表明，如果一个行为最终隐含着自相冲突，因此而成为不合理的，那么，该行为就是道德上恶的。内在恶的这一标准是一个普遍的、无条件的、客观的、非相对的规则。一个不道德的行为是追求短期的价值，但从整体情况看，这个不道德的行为会破坏此短期的价值。卡诺尔相信，这一标准是精确的，不可更改的。为此，他明确反对境遇伦理学。境遇伦理学断言，只有在具体的特定处境下，才能对一个行为作道德判断；根据永远有效的、普遍的抽象规则来作道德判断是不可能的。卡诺尔的观点如何会给人一种伦理相对主义的印象呢？主要的理由是，批评者并没有充分注意到，对相称理由概念的理解，不同于通常的理解。只要一个行为有"严重的理由"，它就是许可的，这并不是卡诺尔的意思。在卡诺尔那里，相称理由不同于严重的理由，这一点上面已有论述。

在卡诺尔看来，人们已经预先假设某些行为（如谋杀、不贞、恨恶上帝等等）是道德上恶的，这样就再无必要去作进一步的证明，这一点事实上是正确的看法。例如，如果已确定一个行为是谋杀，那么就可确定该行为是道德上恶的。但如何确认一个行为是谋杀呢？卡诺尔强调，单靠可描述的物理事实是不够的，正如阿奎那说，道德行为是由行为中被意欲的东西来定义的。卡诺尔一直在设法确定"直接"概念与"相称理由"概念具有内在的关联，"如果是从行为者的直接诱因或直接注意的意义来理解'直接'概念，那么对他的观点的理解就是错误的。如果当真断言行为的道德描述取决于行为者是否将其注意力集中在善良意向上，那么这就是最坏的相对主义。"[12]

---

12 Peter Knauer, "The Hermeneutic Function of the Principle of Double Effect", in Christopher Robert Kaczor (ed.), *Proportionalism: For and Against*, p.49.

然而，在某种意义上，卡诺尔会为伦理学中的客观相对主义作辩护。在他看来，不存在能够预先作出的判断，相反，道德判断取决于特定事件实际上是什么。例如，特定的行为是否是恨恶上帝，就不能被预先知道；这要求人们去作考察。情况也许是，恨恶指向的是人们拒绝事奉的虚假的上帝偶像。同样，看到杀死侵犯者的人也会说"不可杀人"。杀死侵犯者不是上帝诫命意义上的直接杀人。上帝诫命"不可杀人"是不可改变的绝对道德准则。

三、关于或然论

在讨论肯定性法律与否定性法律之间的区分时，卡诺尔肯定，以最有可能的方式去实现价值（善）这一肯定性义务，是最根本的。只有当行为与自己的目的有冲突时，直接许可或导致恶才是被禁止的。否定性法律是特定情况下对肯定性法律的应用。或然论（Probabilism）就是建立在对这种关系的理解之基础上的。它主张，人们之所以不可阻止一个可能是善的行为，只是因为，他不敢确定该行为实际上是否是善的。只要人们不敢确定一个行为是道德上恶的，就可确定它也许是道德上善的，在此行为中就隐含着实现该善的肯定性义务。由于实现该善的肯定性义务的优先性，如果妨碍这一行为，那最终就是不负责任的。

或然论的道德体系包含卡诺尔所解释的双重效果原则。可以举关于作医疗决定的例子来说明。医生有义务尽快地确定他计划的治疗方法实际上是否是最有可能的；但一项决定如此紧迫，他不可能等很长时间，医生来不及理解从理论上说是最好的治疗方案，病人就会死去。如果医生能预先知道什么是最有可能的治疗措施，他就有义务使用该措施而排除其他所有的方法。但在实际情况下，由于时间紧迫，医生必须把实现理想方案暂时放在一旁，要允许他使用显然具有最小风险并能提供最大成功可能性的解决问题的方案。也就是说，他可以用顾及事情整体的最有可能的方式治疗病人。对病人健康的关心，不是证明医生进行长久调查研究时让时间流逝是正当的相称理由。这样的行为是不负责任的。真正的责任是根据相互关联的整体而作出最有可能的选择。

第二章　布鲁诺·舒勒

布鲁诺·舒勒（Bruno Schuller，1925-2007），德国明斯特大学（University of Münster）伦理神学教授，天主教相称主义伦理学的重要代表人物。其主要著作有："重新评价天主教思想中的双重效果原则"、"伦理规范的各种基础"、"直接杀人与间接杀人"和《整全的人》。舒勒相称主义主要涉及天主教伦理学与义务论和目的论、直接行为与间接行为、双重效果原则的再阐释等方面。

第一节　道德规范与道德判断理论

根据舒勒，规范伦理学的基本问题是，行为的什么属性使得该行为是道德上正确的？其关注的重点是如何客观评价某一行为的正确性或错误性，"作为一门神学或哲学的学科，其目的在于为据之行为得以评价的道德规范的有效性提供最初的理解。"[1]

一、义务论与目的论[2]

这里先解释舒勒关于义务论和目的论的三种理解,接着讨论舒勒如何联系传统天主教伦理神学应用这些理解，最后分析在天主教传统内所理解的目的论与义务论之间的基本区别如何取决于对道德行为的定义。

1　Bruno Schüller, *Wholly Human*, Peter Heinegg(tr.). Washington, D.C.: Georgetown University Press, 1986,p.191.

2　这一节及下一节的部分分析参考了 Todd Salzman 的专著 *Deontology and Teleology: An Investigation of the Normative Debate in Roman Catholic Moral Theology* (Leuven: Leuven University Press, 1995)所作的讨论。

1. 义务论和目的论

从宽泛的意义上，舒勒把伦理学分为义务论和目的论两类，并分别从三种含义对其作了概括。（1）义务论是与目的论相反的理论。义务论主张，行为不应仅据其结果而被判断为道德的或不道德的。总存在这种情况，某一行为，不论其处于何种环境下，不论其结果如何，总是正确或错误的。而目的论则认为，一个行为的正确与否，总是由其产生的善或恶的后果决定的。（2）目的论认为，行为的正确性仅由仁爱原则决定，而义务论则认为，行为的正确性不仅由仁爱原则决定，而且也由其它原则（如公正或正义）决定。两者之间的争论点是，"应把公正和公平视为爱的特殊体现，还是，视为与爱的原则一起支配人的道德上正当行为的独立原则。"[3]（3）取决于其如何界定正确行为与内在价值之间的关系，规范伦理学可分成两类体系。如果行为的正确性完全由其结果的内在价值来决定（行为功利主义），或由规则的内在价值来决定（规则功利主义），那么这种伦理体系就被称为目的论。此体系中的基本规范是内在善的标准，而正当、义务和责任则是附属规范。另一类伦理体系认为，行为的正确性并不完全由其结果的内在价值来决定，或根本不由这种价值来决定。这种伦理体系被称为义务论。义务论伦理学的基本原则跟目的论伦理学的基本原则不同，它主张行为的正确（我们应该做的事情）并不完全取决于善。

舒勒把目的论和义务论应用于分析天主教道德传统之前，也区分了温和的义务论和严格的义务论。他指出，规范伦理学讨论中的争议要点是，是否只有行为的结果决定其道德正当性。根据对这一问题的回答，可以有三种不同的立场：（1）所有行为的道德正当性仅由其结果来决定；（2）所有行为的道德正当性总是但并不仅仅由结果来决定；（3）有些行为的道德正当性绝对不取决于结果。第一种立场称为纯目的论或功利主义。第三和第二种立场称为义务论。舒勒分别把义务论的这两类理论称为温和义务论和严格义务论。温和的义务论者相信他们必须接受某种形式的目的论或结果主义，但不接受传统认为不管结果如何都存在着绝对错误的行为这一观点。那么是什么把温和义务论与纯粹目的论区分开来呢？这一问题的答案，可以在舒勒对义务论和目的论如何应用于天主教道德传统的思考中找到。

---

3 Bruno Schüller, "The Double Effect in Catholic Thought: A Reevaluation",in *Doing Evil to Achieve Good,* Richard McCormick and Paul Ramsey (eds.). Chicago: Loyola University Press, 1978,p.168.

舒勒指出，传统天主教伦理神学分为两类，一为纯义务论，一为目的论。义务论认为，首先，有些行为因其非自然性就是道德上错误的；第二，有些行为因缺乏神的许可必须被视为错误的。在目的论中，仁爱原则是所有其他伦理原则从属于和从之推导出来的基本原则，公正和公平原则应包含在爱这一基本原则中。

像大多数神学家一样，舒勒也承认温和的义务论和纯目的论（结果主义或功利主义）之间的区分只是学术上的兴趣，认为当遇到具体的道德决断时，这样的区分毫无实际的意义。但是，他也承认区分温和义务论和目的论是必要的。温和义务论对比两个、三个、甚至更多不同的伦理原则，这些原则没有一个可归结为另一个。而基督教传统的目的论，则接受"爱人如己"这一基本诫命包含了所有其他原则，如公正和公平原则。所有这些其他原则从"爱"这一单独原则中推导出来，并不与爱的原则相冲突。

2. 义务论/目的论对行为的评价

舒勒指出，在天主教规范伦理学领域，自大约1964年以来，道德神学家关注的主要问题是针对"有些行为其道德正确性与其结果无关"这一主张。传统认为，有些行为，不管其结果如何，都可确认为是内在地错误的。在讨论中，舒勒使用"义务论规范"对此加以表述。在他看来，天主教传统坚持两类不同的义务论规范："（1）某一行为之所以被相信是不正当的，是因为它阻挠自然的（上帝给定的）官能的目的性……（2）某一个行为被认为是道德上不正当的，是因为实施该行为没有必需的授权"。[4]需要注意的是，义务论规范只是传统确定的所有伦理规范和规则的一小部分。禁止的行为包括讲假话、自杀、杀害无辜者、婚姻的不可拆散性，以及违背自然本性的性行为，如手淫和人工避孕。

第一，据自然目的方面来论证。从自然目的方面的论证，适用于言语以及身体及其器官，特别是性行为。传统的论证如下：上帝已经确定了某些明确的目的，任何阻挠这些目的或与这些目的相冲突的行为，都是道德上该受谴责的。因此，例如，言语的目的是传递真理，这是上帝确定了的，目的是使人们可以彼此交往和沟通。不诚实会阻挠这一特定的目的，因而是不允许

---

4 Bruno Schüller,"The Double Effect in Catholic Thought: A Reevaluation",in *Doing Evil to Achieve Good:*,Richard McCormick and Paul Ramsey (eds.). Chicago: Loyola University Press, 1978,p.169.

的。但在舒勒看来，这一推理是目的论的，"这种信念从其表现看实质上是目的论的。它之所以最终是义务论的规范，仅仅是因为，拥护它的人诉诸于上帝至高的智慧，以表明自然目的是不容怀疑的。人类的言语必须是真实的，即使这会给他人带来严重的损害。"[5] 自然目的论论证的问题是，它并没有考虑竞争价值的可能性。因而根据这一立场，即使讲真话会导致暴露受害者，使其可能受到困扰，因而会导致比撒谎所引起的恶更大的恶，我们也必须讲真话。舒勒指出，在讲真话会引起更大恶的情况下，就有必要考虑各种后果并权衡竞争的价值，即讲真话或保护生命。慎重的考虑表明，讲假话不仅可以保护最大的价值（即生命），而且事实上，讲假话在这种处境下也是人的道德责任。因而，舒勒限制了对"自然目的"的理解，"就我们人类认为某些自然目的是真实且合用的而言，我们看到造物主的智慧在他们身上工作也是完全合理的。然而，在个别情况下对这些自然目的表示尊重的程度，取决于人们是否认为它们应优先于其他潜在的竞争价值。如果人们可以作选择，那么作出这样的判断就是上帝赋予人的判断能力的自然目的。"[6]

第二，从恰当权威而来的论证。证明义务论规范为正确的第二个论证，源于这一假设：有些行为不能由人类来证明为正当，而只限于上帝的确证。自杀就属于这种情况。只有上帝才是生和死的主人，人自由地选择结束其生命，是不正当地侵犯了上帝的特权。此处本质的问题是，上帝是否实际上掌控个人的生命，或者，通过某些给定处境下的伦理命令，上帝是否给予个人某种权力结束自己的生命。由于这一义务论论证有内在的问题，所以，神学家们最终诉诸目的论的考虑来论证反对自杀的正当性。例如，考虑到人类的自然目的，如与上帝的友谊。自杀阻挠了这一目的，因此是被禁止的。

关于传统伦理神学中上述两个义务论论证，舒勒指出，"如果我们更严密地考察天主教传统的规范伦理学，……我们就会发现，它完完全全是目的论的伦理学。这似乎是尽可能多地缩小留给义务论规范的本已很小的空间。在它通过诉诸于神所指定的自然目的而得出义务论规范的地方，其论证的基础

5　Bruno Schüller,"Various Types of Grounding for Ethical Norms", in *Readings in Moral Theology, No. 1: Moral Norms and Catholic Tradition*, Charles Curran and Richard McCormick(eds.). New York: Paulist Press , 1979, p.187.

6　Bruno Schüller,"Various Types of Grounding for Ethical Norms", in *Readings in Moral Theology, No. 1: Moral Norms and Catholic Tradition*, Charles Curran and Richard McCormick(eds.). New York: Paulist Press , 1979, pp.187-188.

从根本上说就是目的论，即使在此过程中会产生错误。把第二类论证转换为目的论论证思路的努力，尤其具有启发性的意义。这些努力，不仅清楚地表明目的论方法对天主教伦理神学家来说是何等的可爱，而且也会使人们注意到这种可能性，即：经更严密、更仔细的重新考察，我们就会发现，初看起来具有义务论的所有特征、但接着看又是未建立在结果之上的传统伦理规范，只有以目的论为依据，才是合理的。"[7]

第三，对义务论规范的"限制性解释"。为了澄清其立场，舒勒提出了对义务论规范的"限制性解释"。所谓限制性解释，指一种传统伦理神学家使用限制义务论规范以支持目的论的方法。舒勒认为，尽管应用于上述列举的行为规范（即关于讲假话、自杀、杀害无辜者等等规范）是根据义务论来证明为正确的，但实际上它们却源于目的论的考虑。对义务论规范的"限制性解释"坚持认为，"不论结果如何，都视为错误的行为，要对其结果进行限制性定义。"[8]为此舒勒考虑了道德传统所坚持的撒谎的绝对错误性这一点。他提出的问题是，在存在冲突义务的情况下，当说真话会对社会或个人带来更大的损害时，人们仍有道德义务说真话吗？传统承认这种情况的可能性，承认可以合理使用模棱两可的断定以掩饰真相。凭着这样的允许，义务论禁令的范围就缩小了，因而便支持了目的论的思考。

二、道德规范

1970 年，舒勒在两篇论文（第一篇题为"什么伦理原则是普遍有效的？"，第二篇题为"伦理规范的各类不同基础"）中讨论和分析了天主教传统有关道德规范的问题。

1. 普遍有约束力的规范和有条件的规范

在第一篇文章，舒勒先确立了两类伦理规范的存在：（1）有普遍约束力的规范：这些规范是绝对的，可应用于所有人，任何环境；（2）原则上有约束力的规范，但容许在具体情况下有例外，因而是有条件的规范。

7　Bruno Schüller,"Various Types of Grounding for Ethical Norms", in *Readings in Moral Theology, No. 1: Moral Norms and Catholic Tradition*, Charles Curran and Richard McCormick(eds.). New York: Paulist Press , 1979, p.188.

8　Bruno Schüller,"The Double Effect in Catholic Thought: A Reevaluation",in *Doing Evil to Achieve Good*, Richard McCormick and Paul Ramsey (eds.). Chicago: Loyola University Press, 1978,p.171.

其中第一类规范有三种情况：（1a）同义反复，如"不可不公正地对待他人"。（1b）给予某种实践的或道德的指导的规范，如"应全心全意爱上帝"。（1c）综合的或复合的原则，如"所有讲假话都是撒谎，因而在道德上都是错误的"、"任何人工干预性交繁殖的行为都是道德上禁止的"。第二类伦理规范在原则上是有约束力的，这些规范承认价值是有可能发生冲突的，人们应该根据环境情况在这些竞争的价值之间作出最佳的选择。例如"你必须保守秘密，除非这样做会给社会和个人带来更少的善或更多的恶"。这样的规范，在有更重要或更高价值处于危险的情况下，会允许有偶然的例外。

舒勒的看法是，第一类的综合规范（1c）常常允许例外，因而属于第二类规范，第二类规范存在偶然情况。他以这一假设作为论证的出发点：任何伦理规范都只能是"较大的善应予优先"这一更普遍规范的具体应用。关于允许有偶然情况的综合规范，舒勒给出了归纳论证和理论论证来支持他的假设。第一，归纳论证。舒勒指出，归纳论证依靠经验并通过对人类共同经验的分析而常被认为是"普遍的"规范，是"有例外的"。这意味着，经验表明，某些绝对规范（如禁止调节生育的避孕行为、禁止撒谎），属于有条件限制的原则。在两个或更多价值有冲突并相互排斥的情况下，我们的道德责任，是选择较大的或更基本的价值。因此，人工避孕是被禁止的，但除实施人工避孕可以更大地确保婚姻目标和家庭的整个稳定性外。关于撒谎，任何虚假的话在道德上都是错误的这一普遍原则，不能解释说真话会违背你保守秘密的义务因而会产生更大的恶这一情况。撒谎被证明是两恶之较小者而是正当的，因而在道德上是不应受责备的。

第二，理论论证。支持允许有例外的综合规范的第二个论证，是理论论证。在舒勒看来，与他人或我们自己有关的行为，既不是绝对善的，也不是绝对恶的，而只是相对地善的或恶的。在这种意义上，我们的行为中就存在着冲突的和竞争的（前道德的）价值和负价值。而且，价值必须在与其他竞争的价值的关系中来考虑，以确定应优先选择哪一种价值。优先选择最基本的价值，在天主教道德传统中是共同的原则。人们必须根据"避免更大的恶"或"只有当为了相称地更大的善而有必要的情况下才可以引起恶"这些基本的原则去生活。

2. "符合自然本性"：两种不同的解释

舒勒在其第二篇论文（"伦理规范的各类不同基础"）中指出，传统的天主教伦理神学根据两种不同论证形式表述道德规范。两种形式都依赖"符合自然本性"这一概念，但对这一概念的理解是不同的。

第一类论证把"符合自然本性"和"符合理性"视为同义词。在舒勒看来，尽管人类的善由若干价值（如健康、友谊和知识）构成，但只有一种绝对价值，即人的拯救。"人的拯救"之所以是绝对的价值，是因为它是人的存在的圆满，因而不能为了别的价值而牺牲此价值。也正因为如此，具体的道德规范取决于处于危险中的价值的特殊处境。如果面对两种价值冲突的处境，那么实现较大价值、避免较大恶的规范就应当予以优先考虑。应予以优先考虑的规范确保绝对价值的实现，即确保人的拯救的实现。对于舒勒来说，对在特定处境下予以优先考虑的规范的确定，取决于行为的结果。"符合自然本性"行动，就是使用理性作为一个指导原则，以实现拯救这一绝对价值。在此意义上，"符合自然本性"行动，就是"符合理性"行动。"符合理性"行动会实现人类的最终价值，即人的拯救。

在第二类论证中，"符合自然本性"和"违背自然本性"是被矛盾地使用的。这由舒勒对三段论推理的使用而得到证明：（1）大前提：违背自然本性的任何行为都是道德上恶的；（2）小前提：讲假话或人工避孕是违背自然本性的；（3）结论：讲假话或人工避孕是道德上恶的。 舒勒的观点是，在大前提中，"违背自然本性"意指"不合理性的"。在小前提中，它指一种相对的负价值。结论是，引起负价值是不合理性的。然而，这是一种无效的推理，因为我们常常引起负价值以实现较大的价值，在某些情况下这是应做的最合理的事情。讲假话或人工避孕只是相对的负价值；我们是否能下结论说这些行为是不合理性的、不道德的，只能通过考察所引起的负价值来决定。就是说，这要考虑和计算价值和负价值来加以确定。

由此可见，"符合自然本性"这一表述可以有两种理解。第一，它与符合理性同义。在特定处境下应做的最合理性的事情，取决于处于危险之中的不同价值。应予遵从的规范是实现人类最基本价值（即人类的拯救）的规范。根据理性行动，就是按照人的自然本性去行动。如何才是符合自然本性的行动，需由权衡此行为的各种结果及这些结果的价值和负价值来确定。第二，"符合自然本性"（或"违背自然本性"）是相对于"理性"（或"不合理性"）和相对价值（或负价值）来使用的。既然我们的行为都包含价值和负价值，那么做包含负价值的行为就不可能是不合理性的，因为这样做符合我们的自然本性。通过三段论推理，舒勒揭示了"符合自然本性"的第二种理解中的矛盾，并把它限制于第一种意义。行为的结果在行为的道德评价中起着根本的作用。就此而言，舒勒接受一种目的论的伦理体系。

三、善的目的与恶的手段

目的论伦理学主张，善的目的可以证明恶的手段是正当的。对于这一主张，义务论持反对态度。舒勒认为，之所以如此，是因为，目的论和义务论对目的与手段之间的关系有不同的看法。

为了明确二者的看法，先要了解达到目的的"手段"的意思。一般的观点认为，就其用来为了其后果的缘故，手段是一个后果的原因。在舒勒看来，关于这一观点，选择"原因"和"后果"这些词汇来确定手段的含义显得有些仓促。他认为可以考虑以"条件"取代"原因"和"后果"会更为恰当。他指出，在某些情形下，如果状态 b 的产生是随着状态 a 而来，a 是 b 的条件，那么状态 a 就是达到一种状态 b 的手段。

从价值论的角度看，如果要明确手段的含义，就需要考察价值概念。所谓价值，一般的定义是，"某物具有有用性"。意思是说，某物之所以有价值，只是就它合适于作为达到一个目的的手段而言。但需要指出，价值的实现、不实现或遭破坏，也具有达到目的的手段的性质。简言之，尽管所有有用的价值都属于能够作为达到目的的手段的那类东西，但不能反过来说，作为达到目的的手段的、善的任何东西，都因此必须视为仅仅是"有用的价值"。

因而，根据舒勒，如果我们把"手段"理解为"有用的价值"，那么"恶的手段"就是一个自相矛盾的表述。这样，就很清楚，达到善的目的的东西也只能是善，而不可能是恶。那么，"恶的手段"是什么意思呢？舒勒指出，它是一种状态 a，这种状态会导致状态 b，状态 b 必须被视为某种善的东西，状态 a 本身则必须被视为因某一理由而是恶的。所以，"善的目的可以证明恶的手段是正当的"就意味着，为了实现某一善的东西而使用某种恶的东西，在道德上可证明为正当的。此处，"恶的"或"恶的东西"有两种截然不同的意义，指道德恶或指非道德恶（如疾病、痛苦、贫穷、过错）。

一方面，如果"恶的手段"指道德上恶的手段，那么，"善的目的可以证明道德上恶的手段是正当的"这一命题本身，就包含着一个形式上的矛盾，因为"一种行为是道德上恶的手段"这一陈述，与"一种行为从道德观点看不可能被证明为正当"这一陈述，它们的意思相同。就此而言，"道德上善的目的可以证明道德上恶的手段是正当的"，实际上就不是错误的，而是无意义的命题。

另一方面，如果"恶的手段"指非道德恶，而且是使用恶的手段去追求善的目的，在这种情况下，可以说"善的目的可以证明恶的手段是正当的"吗？舒勒指出，毫无疑问，不管是从义务论上还是从目的论上来考虑，我们都认为这一点是明显的，即：医生被授权甚至有责任把身体痛苦这恶施加到病人身上，因为这是成功的治疗所必需的。在这种情况下，非道德的善——人的健康，作为目的，可以在道德上证明引起作为必要手段的非道德恶（身体痛苦）是正当的。如果一种非道德恶是实现道德善的条件，则引起该恶就可以由善的目的证明为正当的。

第二节　直接行为与间接行为:确立规范的目的论进路

一、区分"直接"与"间接"的重要性

舒勒指出，天主教伦理神学传统教科书对第五诫"不可杀人"的讨论表明，区分直接杀人与间接杀人具有非常重大的意义。例如，决不能证明直接自杀是正当的，但人们可以证明间接自杀在某些情况下——为了一个相称善——是道德上正当的。这一点同样适用于杀死无辜者的情形。只有当杀死无辜者被看作是间接杀人时，它才是允许的，为了一个相称善甚至是被命令的。如果杀人行为是直接的，那么在所有情况下，这都会被认为是不正当的。可以看到，在传统神学中，直接与间接的区分，是判断行为道德性质的重要依据。在传统确立规范的方法中，这一区分具有重大的道德重要性。

不过舒勒也指出，伦理神学只可在为某些种类的行为确立规范时使用直接行为与间接行为的区分。这些行为有：诱导他人犯罪（积极的丑闻）、在他人的道德缺陷中合作，还有这些行为：自杀、杀死无辜者、各种避孕干预。传统伦理神学把这些行为都归类为内在地恶的行为，即从本性说是道德上恶的行为。这一看法显然有各种不同的理由。诱导他人犯罪及在他人的罪中合

作，为什么应视为本性上恶的，理由是很明显的。就人们诱导他人犯罪或在他的道德恶行中合作而言，他的做法肯定了道德恶，推动了他人做这恶，或与他人一起做了这恶。以此方式肯定恶并引起该恶，只能是道德恶。在这里，行为内在的不道德性，源于被意欲的行为（犯罪）结果之道德上恶的性质。

伦理神学从不同的角度确定自杀及使用人工避孕方法在本性上是道德恶。它们各自的结果，即个体的死亡或婚姻行为的不育性，其本身不是道德恶，而是非道德恶。因而，根据被意欲行为的结果，我们不容易理解自杀或使用避孕方法在本性上是道德恶。在舒勒那里，在这些情形中，伦理神学并不是根据行为的结果来确定规范，而是根据行为的某一特殊属性来予以确定。自杀之所以不被允许，是因为它的发生没有得到必需的授权（人类行为者没有合法的权利）。避孕性生育控制的内在不道德性则源于这一事实，即：这些方法违背了自然，会使婚姻行为产生不育的后果。因而，确定每类行为的规范的依据是不同的。可以说，"不可诱导他人犯罪或参与他人的罪行"这一规范性句子，应视为是分析的禁令，而"自杀及使用避孕方法总是被禁止的"这一句子，则是综合判断的表达。在分析的禁令和综合的禁令这两种情形中，人们必须区分直接与间接，这涉及到对道德恶的不同态度。

二、直接与间接诱导他人犯罪：对道德恶的态度

舒勒从分析词义的角度展开他对具体道德规范的解释。他指出，只有当人们确切地知道"诱导"一词是何意思时，他才会理解"不可诱导他人犯罪"这一规范性句子的含义。根据舒勒，伦理神学虽然解释了"诱导他人犯罪"的意义，但他强调对于这种解释不应简单地加以重复，相反应尝试重建问题并对其予以思考，透过这一问题及思考，伦理神学最终能够对这一概念作出准确的解释。他认为，人们必须对自由行为之所有可预见的结果（包括积极的和消极的结果）负责任，这是一种共识。从对人类责任的这种理解出发，人们就可以尝试给"诱导他人犯罪"定义如下："诱导他人犯罪意味着作出这样一个自由的决定，根据这一决定，人们就可以预见它以他人犯罪为结果。"根据这一定义，禁令就可描述为："你不可作出这样一个决定，根据这一决定，你知道它会以他人的道德错误为结果。" [9]

---

9 Bruno Schüller,"Direct killing/indirect killing", in *Readings in Moral Theology, No. 1: Moral Norms and Catholic Tradition*, Charles Curran and Richard McCormick(eds.). New York: Paulist Press ,1979,p.141.

显然可以看到，根据上述定义，人们不能把行为的消极结果排除在行为者所需承担的责任之外。如果消极的结果是一种罪，即使这是他人的罪，人们也是无法改变的。罪是一种绝对的非价值，他人的罪和自己的罪都是绝对的非价值。所以，人们必须无条件地避免罪。人们不能证明容忍道德上恶的事情属于正当。此处，"无条件地避免罪"这一表述，并不意味着无条件地希望罪不存在，而是指，人们下定决心要避免所有会以任何方式有助于罪产生的东西。但是如果这样，人们一定又会转回到他知道是不可接受的禁令，即：不可作出这样一种自由的决定，根据这一决定，人们就能预见这会导致他人犯罪。这是一个难题。

舒勒指出，许多年来，人们一直致力于解决上述难题。关于道德行为者对待道德恶的自愿态度，他们把为了恶的积极渴求、意向、行动与允许、容忍、接受某样东西为附带后果这二者区分开来。罪是绝对的非价值，因此要求人们，任何情况下，都不可以任何代价积极地渴求或意欲它。假如这样，人们若有相称地严重的理由而许可罪，这就完全违背了上述要求。在舒勒看来，解决难题的这一方式，虽然有点费解，但有一点还是必须坚持的，那就是：对待道德恶的态度，区分意欲的意志与单纯许可的意志是必要的，"人们必须引入一种容忍的或许可的意志，对于这种意志，我们能够说：在某些条件下，即使面对罪这一绝对的非价值，许可这种态度在道德上也是正当的、允许的，甚至是命令的。"[10]

因此，我们可以看到，诱导他人犯罪，因其本性而必定会被认为是道德上恶的。传统伦理神学认为"诱导他人犯罪"指这样的行为，这种行为以他人犯罪为其预见的和意欲的结果。如此描述的行为是直接诱导他人犯罪。如果某一行为会导致他人犯罪，但这又仅仅是允许他人犯罪，那么，这种行为在某些条件下就能被允许，甚至是义务的，此种行为称为间接诱导他人犯罪。

三、对非道德恶的态度

舒勒指出，前述的讨论表明，许可的意志和间接的行为，只有对道德恶来说才是伦理上有意义的。对待诸如过失、痛苦、疾病和死亡等非道德恶的态度，意欲与允许、直接与间接的区分并不适用。跟应无条件地避免的绝对

---

10 Bruno Schüller,"Direct killing/indirect killing", in *Readings in Moral Theology, No. 1: Moral Norms and Catholic Tradition*, Charles Curran and Richard McCormick(eds.). New York: Paulist Press ,1979,p.142.

负价值不同，非绝对的、相对的负价值只应有条件地予以避免或防止，"应避免一种相对负价值的条件是这样的：该负价值不与另一相对但应优先选择的价值，或与一种绝对的价值，竞争性地同时出现。"[11]疾病应予避免，但不是不惜任何代价去避免。例如，如果某种疾病会花掉一个人所有的积蓄来买药和治疗，并因此而使其家庭负担巨大，那么此病就不应避免。

在舒勒看来，对于必须实现一种优先价值而言，可以允许人们引起一种相对的负价值，有时候甚至有义务引起这一负价值。在这种情况下，所引起的负价值是间接的后果，只是作为行为的附带效果才是被允许和接受的。例如，人们一般会认为，出于纯粹教育的目的而打倔强小孩的人，他的意图并非是想以故意用打的方法让小孩痛苦；他只接受打小孩的这一后果为附带效果。人们得肯定，强迫隔离某个伤寒患者的健康警察，其意图只是想防止伤寒病的暴发；警察仅允许或容忍对病人的隔离。按通常的说法，在这些情况下，引起恶是服务于一个善良目的，是达到此目的的必要手段。但是，关于对手段的使用，它是从意欲的意志开始的，是直接的行为。渴求某一目的，就会渴求实现此目的所必需的手段。这种说法清楚地表达了人们对道德恶和非道德恶所持有的不同态度。为了重大的善，人们仅可以许可道德的恶，或只是间接引起它，但他可以故意渴求和直接引起非道德的恶。

因此，天主教传统伦理神学认为，某些会导致非道德恶的行为是道德上允许的，并不要求以不应意欲该后果为条件。舒勒列举了一些例子来说明这一点。人们可以揭露他人的隐秘缺陷，甚至可以损害他的名声或声誉，以防止自己或第三方受到相称地严重的损害。人们可以通过违背誓言而失信，如果这是他使自己摆脱"相称地严重的"恶的唯一途径的话。不守承诺，对于作出承诺者来说，都是一种恶。但是，如果守承诺会给人带来更大的损害，会威胁或损害社会的共同利益，那么，人们就必须终止应守承诺的义务。

四、在他人的道德恶中合作

在舒勒看来，当我们考虑"在他人的道德恶中合作"这一经典论题时，就会碰到我们在"诱导他人犯罪"这种情况所遇到的完全一样的问题。事实上，不允许在罪中直接合作这一点，是从直接合作的定义推论出来的。所谓

---

11 Bruno Schüller,"Direct killing/indirect killing", in *Readings in Moral Theology, No. 1: Moral Norms and Catholic Tradition*, Charles Curran and Richard McCormick(eds.). New York: Paulist Press ,1979,p.143.

直接合作，意指人们不仅同意他人在道德上遭到反对的行为，而且也参与了该行为的实施。但是，还存在这样一种情况，即：人们不同意他人的不道德行为但又帮助他实施该行为。对于这种情况，所涉及的人并非完全不同意恶的行为，否则他就会不惜任何代价地抵制在此行为中的合作。天主教伦理神学对此种情况的回答是，在某些条件下，接受他人的犯罪为行为的消极性附带后果，这在道德上是正当的。

根据舒勒，为了证明质料合作的正当性，人们就得借助未被意欲的行为结果或间接的结果这一范畴。人们是提供质料的合作还是拒绝质料的合作，这对他人的罪行毫无影响，而仅对该罪的恶果有影响。例如，受到拿着已上膛手枪的劫匪之威胁的银行出纳员，他面对两种抉择：让自己被枪杀，或把钞票交给劫匪。出纳员的决定，不会对劫匪的罪过有任何影响。从道德上看，谋杀是比抢劫更严重的罪行，因而出纳员必须阻止谋杀，而允许抢劫，所以可以把钞票交给劫匪。把钞票交给劫匪，这并非因为出纳员这样做会减轻劫匪的道德罪过，而是因为银行遭受的金钱损失，与人生命的损失相比，是一种较小的非道德恶。劫匪的道德罪过的程度，是由他决定杀人这一点确定的。出纳员的选择不可能减轻劫匪道德罪过的程度，只可减少劫匪决定去犯的非道德恶的数量。所以，在这样的情况下，出纳员为了保护其自己的生命，就可以意愿损失银行的钞票。人们不可把银行的损失看作出纳员的选择所产生的消极性后果，其实那仅是其行为的附带效果。只要一种相对的负价值的产生是服务于某一相称地重要的目的，我们就可意欲该负价值为行为的结果。

第三节　直接行为与间接行为：确立规范的义务论进路

上文已经表明，诱导他人犯罪或在他人的罪过中合作的内在不道德性，源于在这些行为中所意欲的结果。舒勒指出，到此为止，确立规范的方法是目的论的方法。但他又认为，关于自杀、杀死无辜者及使用人工避孕，情况则有所不同，因为这些行为的结果属于非道德的恶，是相对的负价值。所以，根据行为的结果，我们就不能即刻说明这些行为为什么是内在地恶的，它们为什么在所有情势下都是必须禁止的。也就是说，天主教伦理神学并不使用纯粹目的论的方法去确立这些行为在每一种情况下的规范。它要把滥用权利（杀人、自杀）或违背自然（人工避孕）这些进一步的特征（这些特征是不能从行为结果本身立即推导出来的）归属于这些行为。人们可以期望自己的死亡，如果他这样做是为了一种不会招致反对的动机的话。同样，也可允许人们希望婚姻行为因相称的理由而事实上不孕育生命。但是，人们不可通过自己的行为来促使这些后果的任何一种后果产生。不可意欲能被合理期望的东西为其行为的后果这一点表明，舒勒这里不是从目的论上来确立规范，而是从义务论的角度来确立规范。义务论理论认为，存在着这种形式的伦理命题：在某某情况下，不管其结果如何，某某种类的行为总是正确的（或错误的）。这就导致了这样的综合禁令：不管在一个个别的情况下这可能会产生什么后果，你都不可自杀。所以，即使你知道你能因此而挽救另一人的确切死亡，你也不可自杀。

舒勒强调，他在这里并非要证明确立规范的义务论方法是否令人信服。依据他的看法，这种方法当然没有说服力。不过此处他提出的问题是，"正是在伦理神学对之使用义务论规范的行为存在疑问的地方，伦理神学为什么会认为自身必须以一种道德上相关的方式去区分直接效果与间接效果呢？"[12]为了分析这一问题，舒勒以禁止杀人的义务论禁令为例：不可自杀或杀死无辜者。他指出，这一禁令的实践重要性，取决于"杀死"一词在这种语境中应如何理解。"杀死"可以理解为明知而故意导致自己或他人的死亡。在舒勒看来，这一答复会把问题转到"导致"一词。从目的论的观点看，该词实际上指人对自己生命或他人生命的责任。人们可以给出这一定义：导致一个人的死亡，就是作出一个自由的决定，人们知道，该决定会引起他自己的死亡或他人的死亡。而且，对于如此理解的杀人，人们能够以作为受造物的人无权作这样的决定这一理由，来使用义务论的规范。初看起来，这的确很有道理。能够决定一个人是活下来还是遭受毁灭的人，实际上就是生与死的主人。人们通常会把此看作是盗用神的特权。因而杀人禁令就可表述为：决不可作出这样一个决定，你知道此决定会导致你自己的死亡或他人的死亡。然而，这一杀人禁令的结果，在大多数人看来，是不可接受的、矛盾的。

为了证明这一点，舒勒举了几个自杀及杀死他人的例子。有一个人，因厌烦生活，而切了手腕。另一个人，把救生艇上的最后一个位置让给了另外一个人。还有一个人，他照管瘟疫罹难者，并意识到他不久就会染病而死去。

---

12 Bruno Schüller,"Direct killing/indirect killing", in *Readings in Moral Theology, No. 1: Moral Norms and Catholic Tradition*, Charles Curran and Richard McCormick(eds.). New York: Paulist Press ,1979,p.147.

根据"杀死"一词的公认定义，即：行为主体据之而知道其结果是自己死亡的决定，所有这些情况都是自杀行为的例子。或者可举其他一些例子。有一位医生实施颅骨切开术，以挽救一位母亲的生命。另一位医生，不实施颅骨切开术，他知道他的决定意味着母亲的死亡。还有一位医生，对孕妇实施子宫切除术，这是因医学上的理由（子宫患癌症）而得到准许的。根据"杀死"一词的公认定义，这三种情况，都属于杀死无辜者的例子。如果人们想在这里应用这一原则，即：人们不可自杀或杀死无辜者，那么，上述例子中所描述的所有行为就应断定为道德上禁止的。但这似乎是十分荒谬的。尤其不可接受的是这种看法：不管是医生为挽救一位母亲的生命而实施颅骨切开术，还是他知道这会导致母亲的死亡而不做颅骨切开术，这都是没有任何区别的，因为在任何一种情况下，他自己都犯了被禁止的杀人的罪过。

舒勒在此提出了一个问题：人们如何才能既可避免不可接受或矛盾的结果，而又持守义务论的规范？在回答这个问题时，必须更精确地定义通常认为是不公正的杀人行为，不能以这一术语来理解一切会导致死亡的自由决定。首先必须对可预见的死亡后果的不作为这一自由的决定，从不合法的杀人行为中排除出去。杀人与任由死亡之间的经典区分就是这样产生的。只有杀人才通常被认为是不正当的，但任由死亡则不是。当然，人们必须为他作出任由他人死去的决定负道德上的责任，但从根本上说，这一决定可以得到道德上的正当性确证。如果该决定是因相称理由（由于严重地相称的理由）而作出的，那么这就是许可的，甚至是义务的。因而我们应该拥有的态度（而且该态度是人们普遍具有的）是：医生不可能有义务以任何代价并通过所有可获得的方法，去延长一个身患绝症的病人的生命。

根据上述讨论，舒勒提醒我们注意下面两点：（1）做和允许可能会产生同样的后果：人的死亡；但从道德上来判断，它们是截然不同的。伦理的重心会从自由决定或从人生命的价值，转向一种中间的立场，即：转向为达到确定的后果而采取的不同方式。关于这一点，关键的一个问题是，人的生命是该挽救还是该丧失。这是通过做某事情而发生，还是通过"允许"某事情发生而产生的问题，此处并没有作出伦理上相关的区分。（2）既然"允许死"已从不正当杀人行为的范畴中排除了出去，那么，人们就为它提供了使用目的论规范这一可能性。死亡，作为一种非道德恶，这里要从它与另一种同时出现的恶的关系来理解。如果死亡被理解为较小恶，那么，对能够推迟或阻止死亡的所有事情的不作为，在道德上就是许可的。这一观点是很重要的，因为"允许死"已从被禁止的范畴中排除了出去，所以，义务论的杀人禁令就会变得更加合理。

还有一个问题是，意欲一个人的死亡为自愿希望的不作为之结果，这是否是道德上许可的。"不作为"和"许可"两词的密切关系，会导致这一假定，即：源于不作为的死亡只有作为被许可的死亡，作为未被意欲的死亡，才是要负道德责任的行为。在舒勒看来，这一假定并不证明是正确的。只有当人的死亡属于道德恶意义上的绝对恶时，才有必要诉诸于许可（间接意愿）概念以确立其道德的合法性。

天主教伦理神学不仅把"许可死"从义务论规范所支配的杀人行为中排除了出去，而且，对于会导致死亡的行为，它也作出了精致的区分。一般的情况有可能是，除人的死亡外，某一行为还会产生直接的附带效果，如治愈一个人的重大疾病。治愈疾病的手术，同时会导致病人的死亡。如果我们允许一个行为由其结果来规定，那么，具有双重后果的行为，就是有问题的：具有治疗手术之性质的行为，也是具有杀人性质的行为。从伦理神学的观点看，作为一种治疗手术，行为的规范是从目的论上予以确立的，在大多数情况下，该行为在道德上是许可的，甚至是义务的。然而，作为一种杀人行为，它必须被看作是道德恶，人类行为者似乎没有合法的权利这样做。这里的问题是：人们是否可以决定实施这个行为——此行为既是道德上许可的又是禁止的。传统伦理神学的答复是，人们可以实施该行为，但其条件是，人们只可意欲治疗的效果，只可许可死亡。因此，这种杀人行为（间接行为）并不在不容许例外的禁令之范围内，相反，因有相称理由而是道德上正当的行为。

上文已经说过，对道德恶的态度，导致了直接行为与间接行为之间的区分。在舒勒看来，如果人们把杀死无辜者不视为内在地恶的行为，如果他在此行为中看到了对某一价值（此价值尽管是基本的，但仍然是一种非道德恶）的否定，并尝试从此出发确立规范，那么，他就不必接受这一区分。关于这一点，可以用伦理神学家用来解释自卫杀人的不同方式和手段，来加以说明。他们都认为自卫中的杀人是道德上正当的。但是，值得注意的是，有些人是因为认为这种杀人是间接的才视它为道德上正当的，也有些人甚至认为在自卫情况下直接杀人也是允许的。这种情况可以通过对义务论的杀人禁令的不同说法来作出解释。有人提出这一看法：作为私人的个人，在任何时候都不可以杀死任何人，甚至不可杀死不正义的侵犯者。因此，在他们看来，只有当自卫中的杀人能被理解为间接杀人时，才可证明它是道德上正当的。也有些人把义务论禁令限于杀死无辜者，但根据定义，不正义的侵犯者不是无辜的。因此，杀死他并不在义务论禁令之范围内。所以，没有必要把杀死不正义的侵犯者解释为间接杀人。

　　对道德恶的态度致使间接效果这一范畴成为必要这一点，涉及双重效果学说。在此学说中，行为的消极性结果要么被视为道德恶本身，要么被视为是被意欲的。这一点，可以从双重效果学说的一个要求很清楚地看出来，该要求是，善果与恶果都一定是同等直接地出自该行为。如果善果来自恶果，那么该行为就是禁止的，因为善良目的不会证明恶的手段是正当的。恶的手段只能意味着一种道德上恶的行为。既然非道德恶往往可以作为行为的效果被意欲，那么，若善的后果与此恶相称，该后果是同时出现还是稍后出现，那是伦理上无关的。例如，对于种疫苗的情形，免疫的积极性效果只会从消极性行为——人为引起的感染——而来。伦理神学家不会说种疫苗是一定不允许的，因为善良目的不会证明恶的手段是正当的。从这一点我们就可以确定，只有在行为的效果本身（与他人一起犯罪）或意欲行为的结果（无辜者的死亡）被认为是道德恶的地方，人们才必须借助间接效果这一范畴。舒勒说，"直接与间接的区分，是以类似于行为与许可的区分之方式，与杀人禁令有关的。如果间接杀人被排除在义务论禁令的范围之外，那么这一禁令的适用范围就会很小，因而就会变得更为合理。这样，间接杀人就是由目的论规范来处理的，也就是说，它可由相称善证明是正当的。所以，只有就间接杀人使自身限于支持从目的论上对规范予以确立的意义上，从义务论上对规范予以确立才是可接受的。"[13]

　　舒勒指出，伦理神学会以与上述完全同样的方式对人工避孕措施作出判断。如果人们已决定对孕育生命的东西（如医学上的治疗）不作为，那么婚姻行为就能够是不孕育生命的行为。对于这种不作为的决定，道德规范是从目的论上予以确立的。这同样适用于属间接避孕的行为。只有对于直接使用人工避孕的措施，规范才可从义务论上来确立，即：人工避孕被认为是"违背自然的"。

---

13 Bruno Schüller,"Direct killing/indirect killing", in *Readings in Moral Theology, No. 1: Moral Norms and Catholic Tradition*, Charles Curran and Richard McCormick(eds.). New York: Paulist Press ,1979,p.151.

　　根据舒勒，如果可以证明确立杀人与生育控制的规范之义务论方法不可能得到坚持，因而必须代之以确立规范的目的论方法，那么，像以前那样继续在不作为、间接行为与直接行为之间作出区分，这就是无用的。无论是不作为问题还是行为问题，都必须使用目的论规范的原则。如果人们断定避孕因其被认为是"违背自然"而不能予以禁止，那么他在此种情况下所放弃的就是义务论的规范。"即使人们认为确立杀人与生育控制的规范之义务论方法是错误的，他也不得不赞赏导致有关具有双重效果的行为之学说的发展之精致创造性，这种精致创造性所服务的无疑是一种优越的目的。有关具有双重效果之行为的学说尽可能地限制了义务论规范的范围，而赞成目的论的规范。"[14]不过，这一点无法阻止确立规范的义务论方法在某些情况下会暴露其极高可疑性。舒勒指出，正如道尼（R.S.Downie）和伊丽莎白·特尔弗（Elizabeth Telfer）在其著作《尊重人》中所说："如果义务论者是正确的话，那么，在一个特定场合履行某种义务，就会使世界成为一个比如果不履行此义务而是的世界更坏的世界，这在理论上是可能的。有人可能会争辩说，履行义务这一事实一定是意味着会带来某些好的结果。不过即使我们同意履行义务这一纯粹的事实本身是好的，但情况仍然有可能是，履行义务后的世界总状况会比如果不履行此义务而是的世界更坏。如果这是义务论者解释道德规则的结果，那么，他的解释就一定会被作为规则崇拜的坏例子而为人们所拒绝。"[15]

　　关于道尼和特尔弗的上述观点，可以举一个医生的例子来说明。一个医生，他必须为一个因子宫患肿瘤的妇女在其怀孕到第四个月时施行手术。因为情况复杂，医生发现自己最终必须面对以下的抉择：要么连同婴儿一起把子宫摘除，要么摘除婴儿而挽救子宫。他决定赞同第二种抉择。此抉择的结果是，该妇女（她尚未生育小孩）仍然可以怀孕生育。后来，正如医生本人所说的，有位伦理神学家告诉他，客观地说，尽管医生的行为是出于好意，

14　Bruno Schüller,"Direct killing/indirect killing", in *Readings in Moral Theology, No. 1: Moral Norms and Catholic Tradition*, Charles Curran and Richard McCormick(eds.). New York: Paulist Press ,1979,p.152.关于舒勒对双重效果学说的详细讨论，见后面第四节。

15　R.S.Downie and Elizabeth Telfer,*Respect for Persons*.转引自 Bruno Schüller,"Direct killing/indirect killing", in *Readings in Moral Theology, No. 1: Moral Norms and Catholic Tradition*, Charles Curran and Richard McCormick(eds.), New York: Paulist Press ,1979,pp.152-3.

但其行为却是错误的。医生可被允许摘除已妊娠的流血的子宫，但不可中断妊娠以挽救子宫。第一种抉择是为了挽救母亲生命而堕胎，这是不允许的；但第二种抉择却是许可的。因此，医生会挽救妇女的生育能力。

对此例子，舒勒评论说，就非医学人士能够理解医生所施行的手术而言，这实际上必须视为直接杀人以挽救母亲的生命。认为直接杀死无辜者是内在恶的人，他也会说，这样的杀人行为，不管其结果如何，在任何情况下都是必须避免的。女人永远无法怀上小孩及婚姻无子女，都不是源自人们以其义务为理由而拒绝直接杀死他人的最坏的（非道德）恶。使用杀人的义务论规范也就是指，有这样一些情况，坚持义务比不履行义务会导致更大的非道德恶。

不过，舒勒强调，人们不可过高估价上述最后一种断定，因为它并没有驳倒义务论规范。在义务论者看来，在任何情况下，人们都应该无条件地认为根据义务行动的道德价值必定高于源自根据义务行动的非道德恶。只要神学家认识到道德价值的无条件性，他在这一点上就不可能反驳义务论者。只有在人们能够表明为证实义务论规范而提出的理由不正确时，例如，如果人们能够确立所谓使用人工避孕"违背自然"不可能具有伦理上的规范性，那么，他才能驳倒这些规范。甚至"不可诱导他人犯罪"这一规范（该规范纯粹是建立在目的论之基础上的），也显然必须与"不管其结果如何"这一条件一起予以考虑。这些结果能够是非常严重的；因为这一规范也肯定，人们不可试图使他人违背其错误的良心。服从良心，即使是服从错误的良心，也总是道德上正确的。

从前面的讨论和分析，可以得出如下结论：第一，如果人们单凭目的论来确立规范，那么，只有并且只有当行为的结果本身在道德上是恶的时，直接行为与间接行为的区分才是伦理上有意义的。第二，如果人们部分根据目的论，部分根据义务论，来确立规范，那么，人们仍然可以使用在其规范是从义务论上予以确立的行为之情况中的区分。这样做，人们就能获得一个很大的好处，那就是，他能够避免确立规范的这种方式之许多表面上看无法容忍的结果。[16]

---

16 Bruno Schüller,"Direct killing/indirect killing", in *Readings in Moral Theology, No. 1: Moral Norms and Catholic Tradition*, Charles Curran and Richard McCormick(eds.). New York: Paulist Press ,1979,pp.154-5.

第四节　对双重效果原则的再思考

　　任何人类行为或不作为之道德正确性或错误性，都由双重效果原则所决定，这是卡诺尔的观点。舒勒指出，"这是一个极为新颖的原创性论点；但也是一个极易被质疑的观点。所谓的双重效果原则，至少作为一套系列阐述的原则，似乎是天主教伦理神学的专属财产。其目的是为某些结构相对复杂的行为提供道德评价。"[17]在舒勒看来，依据目的论，双重效果原则，除那些涉及导致他人犯罪的行为外，在某些领域也是极其重要的。前面三节其实已经对舒勒有关双重效果原则的讨论作了较为深入的阐述。此节特别涉及其在"重新评价天主教思想中的双重效果原则"这一重要论文中的分析，虽然观点和表述有些重复，但这可以让我们对该原则有一个更深刻、更清晰的理解。

一、对传统观点的解释

1. 对传统义务论的限制性解释

　　舒勒指出，伦理学家们一般将道德规范理论分为两类：（1）目的论理论（功利主义，结果主义）和（2）义务论理论。目的论理论坚持任何行为的道德正确性仅由它的结果决定，而义务论认为至少有些行为的道德性质不仅仅由它的结果决定。在舒勒看来，这种区分在逻辑上非常完美和简洁。不过，还需进一步做些区分。至少关于义务论理论，可以区分为两种观点：（2a）任何行为的道德正确性总是、但不仅仅总是由它的结果决定，这是弱义务论。（2b）至少有些行为的道德性质完全不由其结果决定，这是强义务论。舒勒指出，传统的天主教神学坚持（2b）型强的义务论，认为有些行为不管其结果如何，在道德上都是错误的。但近来越来越多的天主教伦理学家怀疑甚至否认其自己的传统是正确的。相当多的人只将纯粹的结果主义（1）视为唯一选择，而忽略了弱意义上的义务论理论。舒勒注意到了纯粹的结果主义（1）与弱目的论（2a）的区别。

　　弱目的论理论也可表述如下。过去的方法中，决定一个行为是否正确只有一个原则，即仁慈原则。而在当代的方法中，如果一种伦理学将"仁慈"理解为博爱意义上的"爱"，那么这就是一种目的论，因为此理论已接受了摩

---

17 Bruno Schüller,"The Double Effect in Catholic Thought: A Reevaluation",in *Doing Evil to Achieve Good,* Richard McCormick and Paul Ramsey (eds.). Chicago: Loyola University Press, 1978,p.165.

西十诚中的"爱人如己"命令。传统天主教神学家一般主张，作为道德原则的公义和公平能由爱的诫命来解释，即公义或公平的最终基础在于爱、仁慈和善行。在舒勒看来，天主教神学家们会认为，在评估一个行为的结果时，我们必须使用公义和公平原则。如此一来，有争议性的问题仅在于，在评判人的行为在道德上是否合宜时，公义和公平，应作为爱的特殊媒介，还是作为独立的原则，来与仁慈原则相结合。

伦理神学传统认为，有一些行为，它们的道德错误性与其结果根本无关。在舒勒看来，这个看法，会带来一个不易解决的问题，即："爱的伦理"如何能够认为任何对人类有害或使人痛苦的行为在道德上是错误的。在此，舒勒介绍了义务论规范的表述，并用这种表述去理解无论结果如何都被认为是正确或错误的行为或不作为。据他的介绍，传统天主教神学将义务论规范分为两类。（1）一种行为之所以被视作不正当，是因为它妨碍了自然的（上帝赐予的）目的性。因此大家都认为撒谎应被禁止，因为它与人类语言的自然目的相悖；避孕应被视为错误，因为这违背了性交的自然目的。（2）一种行为被视作道德上不正当，因为做此行为没有必需的授权。自杀是不正当的，因为只有上帝才有权赐予生命，夺去生命。以前的伦理神学家们意识到义务论规范会产生一些特别问题，为此他们使用了一种"限制性的阐释"。

在舒勒看来，在最重要和最有争议的事情上应用双重效果原则，可以服务于对目的论规范的限制性阐释。他通过例子来解释在实践中怎样进行阐释会比较合适。假设无论结果如何，撒谎都是不对的。但如果我们的责任是要保守一个重要的秘密，或避免其他人受严重伤害，而撒谎是唯一的手段，这样就会产生问题。天主教传统伦理神学强调撒谎永远的不正当性，但又认为，撒谎绝不是保守秘密的唯一必要手段。舒勒希望这个例子能清晰地表述如何对义务论规范进行限制性的阐释。不论结果如何都被视为错误的行为，要对其结果进行限制性定义。

2. 重建义务论：行为与不作为

舒勒通过重建源于义务论杀人禁令的问题，以使其观点变得更加合理。杀人禁令是，"不可自杀或杀害无辜者。"这条禁令在实践中的范围取决于"杀害"的含义。舒勒指出，"杀害"应覆盖我们一般认为总得对自己和他人的生命负责的所有领域。为此他将"杀害"定义为"某人作出决定，人们可预见该决定的后果是自己或别人会死去。"[18]该定义似乎适合于义务论对杀死的判定,因为就此定义而言,它否认了人作为受造物拥有作如此决定的权利。任何人若决定使人的生命存留或死去,这就扮演了掌管生死的上帝的角色。也可以认为,这样的决定侵犯了创造者的特权。如果接受这个定义,禁令就可表述为:"不可作这样的决定,你可预见该决定的后果是自己或他人的死亡。"但如此阐释的禁止杀人禁令会使大多数人觉得难以接受,甚至会持反对态度。

一些我们为何自杀或杀死别人的例子可以证明以上的阐释。例如对生命的厌倦使某人服用过量安眠药。另有一人将救生船上最后的位置留给了别人。还有人护理得了传染病的人,即使他知道他自己会因染病而死去。如果我们接受以上对杀死的定义,这些例子都属于自杀,即有人作了决定,他知道这个决定会带来自己的死亡。再例如,为了挽救一个母亲的生命,一名医生为其实施开颅术。另一名医生不做开颅术,尽管他知道他的不作为会引起这位母亲死亡。还有一名医生出于治疗需要,对一个孕妇实施了子宫切除术。根据前述定义,这三个例子都是杀死无辜者的案例。如果我们运用义务论不可杀人的禁令来对其作出评判,所有这些行为在道德上均会遭到谴责。

舒勒的问题是,我们既要防止诸如此类难以接受的结果,但又要坚持义务论规范。他提出,必须窄化杀死概念的含义,它不应表示每个可预见到某人的死亡的自由决定。他将杀死看作一个过程事件。根据这一定义,我们就必须排除任何能挽救生命的不作为的决定。如果这样,就要对杀死和任由某人死去作出区分。只有杀死才无论结果如何都是不正当的,而任由某人死去则不是。当然,如果我们决定任由某人死去,那也必须为此负责。我们必须提出可以证明我们的决定属正当的理由。因此,例如,一名医生并无道德上的义务来想尽办法,不计代价地延长一个无法治愈的病人的生命。

自由的作为与自由的不作为,即使它们的结果完全一样(死亡),却会以截然不同的方式作出评价。作为与不作为肯定有别,但表面上看,区别在于导致某个结果的技术方法。唯一在道德上相关的是结果,即一个人是死还是活,而产生后果的技术本身作为达到目的的单纯手段,似乎并无任何道德上

---

18 Bruno Schüller, "The Double Effect in Catholic Thought: A Reevaluation", in *Doing Evil to Achieve Good.* Richard McCormick and Paul Ramsey (eds.). Chicago: Loyola University Press, 1978,p.172.

的意义。"我知道，进一步省察，我们发现我们必须坚持作为与不作为的区别在道德上的重要性，至少在一些很重要的事情上。我不敢否认我们这样做是对的，即使我并不能为我们为何这样做是对的给予一个满意的解释。"[19]

在天主教传统观点中，只有杀死无辜者才是不管其结果如何都是错误的。相对而言，任由人死亡不应从义务论角度来评价，而要看其结果。与其他冲突的非道德恶相比，作为非道德恶的死亡，有时证明是较小的恶。在这种情况下，对延迟或防止一个人的死亡不采取行动，也是被允许的，甚至是义务的。进一步的问题是，任由死亡发生的决定，是否必然意味着是有意促成死亡。也许任由死亡这个概念有点模糊，因此最好谨慎使用。试想我们决定任由某人死亡，因为我们觉得死亡对他有益。至少在这种情况下，任由死亡发生似乎暗示了期盼和意欲死亡，即认为死亡对人有好处。

3. 对双重效果原则的解释

在分析了作为与不作为的区别后，舒勒尝试对双重效果原则进行解释。例如，子宫切除术对一个女人来说同时具有双重效果：母亲的生命得以保全，婴儿的生命遭受破坏。就一个行为根据其结果来判定其性质的意义上说，所实施的子宫切除术是具有双重性质的行为，即该行为拯救生命的同时也杀死生命。若依据其第一种性质，从其结果来看，该行为在道德上是正确的。若依据其第二种性质，则不管其结果如何，该行为在道德上都是错误的。如果考虑到这一普遍的观点，即：虽然杀害无辜者是决不许可的，但在某些情况下无辜者可以被允许死亡，那么人们就会倾向于得出结论说：在给定的条件下不应该实施子宫切除术。这一结论似乎是与此条原则相一致的，那就是，肯定性的法律总是有效的，但并不是在每种情况下都有效；否定性的法律总是有效的，并且所有情况下都有效。

舒勒指出，天主教伦理神学家对严格主义的结论所带来的悲惨结果深感忧虑，于是他们采取了在义务论禁止杀人的禁令与目的论的考量之间找寻妥协之法。事实上，在所给定的情况下，子宫切除术既是救命的措施也是杀人行为。一个外科医生决定实施切除术，仅仅因为这是一个治疗措施。当然，他也完全知道，这个同样的行为会导致胎儿的死亡。但既然他选择这样的行

19 Bruno Schüller, "The Double Effect in Catholic Thought: A Reevaluation",in *Doing Evil to Achieve Good*, Richard McCormick and Paul Ramsey (eds.). Chicago: Loyola University Press, 1978,p.173.

为仅仅因为这是挽救母亲生命的唯一方法，人们可以说，这名外科医生意欲采取治疗措施，而就其会杀死婴儿而言，他只是许可或容忍这个行为结果。就某一行为是被故意欲求的而言，被称作"直接愿意"；就其仅被许可而言，则称作"间接愿意"。直接杀人与间接杀人的区别也在此。义务论禁令限于直接杀人，而间接杀人则被看作是由其结果所决定的，即如果可以由相称的重大理由证明为正当的话，间接杀人就被认为是正确的。

伦理神学家通常以细微差别的方式来处理这些事。他们说一个行为有双重效果，一个好（善）的，一个坏（恶）的。他们规定，某些行为，如果恶果仅仅是被容忍的，而不是被意欲的，而善果是如此地重要，超过恶果的话，那么诸如此类的行为在道德上就是正确的。对于这种表述方式，舒勒认为这可能会使人产生误会。准确的表述应该是，不是构成恶果的恶不应被意欲，而是引起恶的行为（或作为行为所产生的结果的恶）不应被意欲。根据传统，舒勒可以证明期待一个人死去在道德上是正当的，因为这对他会有很大的好处。相同的理由可以让人们或许有权任由他死去。在这种情况下，人们是故意让他死亡（即意欲他死）。从传统义务论观点看，只有意图做一个会导致无辜者死亡的行为才是被绝对拒绝的。这样的理由显而易见。杀人行为之所以被认为是道德上错误的，不是因为其结果，而是因为它被无权这样做的人所实施。

因此，舒勒认为，说一个行为有双重道德性质，比说一个行为有双重效果，会更为恰当。可以假设，我们无法想象行为在某些方面既没有善果，也没有恶果。如果从字面意思看，双重效果原则可适用于任何人类行为。实际上，这个原则适用的是非常特殊的行为。这些行为既可以从义务论，也可以从目的论来评价。这些行为不管其结果如何都被认为是错误的，但根据其结果看又被认为是正确的。所提出的问题，不是怎样衡量其善果和恶果，而是如何产生善果而又不做不论其结果如何在道德上都是错误的行为。这可以解释伦理神学家们为什么极力表明双重效果原则会与否认通过善的目的来证明道德上恶的手段属于正当的其它原则相一致。他们主张，如果行为，就其可以从义务论角度进行评价而言，与其作为达到目的的手段的善果有关，那么双重效果原则将不能适用。

由上分析可以看到，双重效果原则"使义务论规范的范围变窄，相应地使目的论考量被认为是正当的领域扩大了。若往此方向再进一步，义务论规范就会变成目的论规范。"[20]假设杀人行为根据其结果进行道德上的判断，那么双重效果原则就失去了其作用。就此而言，以上分析的子宫切除术也会完全不同。行为的各个结果，如果单独考虑的话，则证明该行为的道德性质的假设可以被推翻。杀人行为被假定是错的，救人行为被假定是正确的。在特定情况下实施的子宫切除术，这个行为的道德性质依赖于这一问题：从公平的角度看，其善果是否更可取。如此一来，子宫切除术在道德上就是无争议的。首先需要确定的不是行为者的意图，或善果与恶果之间的精确因果关系。因果关系自身似乎缺乏任何道德上的意义。既然双方冲突的价值在性质上是非道德的，那么，善果不能证明道德上恶的手段为正当这个原则就不适用。行为者的意图已暗含在对子宫切除术的目的论的判断中。在所假定的情况下，无论何人有意实施这个手术，事实上是做了道德上正确的事情。这就是舒勒对所谓的双重效果原则进行阐释的部分尝试。

二、对麦考密克有关思想的评论

麦考密克是美国相称主义的主要代表人物，其思想是多方面的（后面第五章将讨论）。舒勒对其中以下两个方面作了评论，即直接与间接、意欲与许可。

1. 直接与间接

麦考密克试图证明直接杀人与间接杀人的区别具有重大道德意义。在其论证中，他举了一个英美道德哲学的经典例子，即"暴民与法官之案"：为了避免另外五个无辜者死亡，"不得不作出结论说，法官应该处死那个无辜者"。麦考密克指出，初看起来这是个可怕的结论。法官这样做，就是鼓励非正义，从长远看会导致更多的生命受到伤害。但如果一个无辜者的死亡是"附带的"，问题就会不一样。在这件事上，直接杀人的长期后果与间接杀人的后果是不同的。因此，在道德上看，区别直接杀人与间接杀人具有很重要的意义。

舒勒首先对此例进行了一些评论。在他看来，麦考密克没有选择一个特别好的例子来表达他的特别观点。无法想象，法官怎能通过间接杀死第六个无辜者之类的方式来拯救五个无辜者的生命。按舒勒的看法，这个例子是为

---

20 Bruno Schüller, "The Double Effect in Catholic Thought: A Reevaluation",in *Doing Evil to Achieve Good*, Richard McCormick and Paul Ramsey (eds.). Chicago: Loyola University Press, 1978,p.176.

了让人关注杀人与任由人死亡的区别在道德上是重要的这个事实。他认为不是这个例子有价值，而是这个结论，不管该结论是否随这个例子而来。在目的论者看来，我们必须考虑长远的后果，这是理所当然的。同样，没有目的论者会怀疑，如果行为的长远后果不同，对它们道德性质的判断也应不同。因此舒勒同意麦考密克的这一观点，即：直接杀人和间接杀人的道德性质，应根据其不同的长远后果来作不同的判断。

然而，在舒勒看来，麦考密克实际上改变了一个有争议的问题。传统神学认为，杀害无辜者根据其结果至少表面上看是道德上正当的。但是如果杀死无辜者是错误的，因为上帝没有给人这个权力，那么结果就不会重要。因而，传统神学只会问，这个设想的行为是否应被视为未被授权。毫无疑问，如果这个行为被视为间接杀人，那么，该行为就并非未被授权。在此背景下，传统神学显然承认，必须假设两种杀人行为有完全一样的结果。如果第一种行为是直接杀人，第二种行为是间接杀人，那么对它们道德性质的判断就应完全相反。

根据舒勒，如果转向争论颇多的绝育情形，上述问题就会愈发清晰。在多次通过剖腹产分娩后，一名妇女如果再怀孕将是非常危险的。这个危险可以通过输卵管结扎或者子宫切除来避免。考虑到不同结果，因为输卵管结扎没那么危险，更会选择这个方式。但是传统神学会毫不犹豫地拒绝这种方式。其理由是，在给定的情况下，输卵管结扎是直接的绝育，因而不管结果如何，都是错误的。相对而言，子宫切除很可能被视作间接绝育。因为子宫已是一个病重的器官。但是因为子宫切除是间接绝育的行为，即使它比输卵管结扎有更大危害，却被视为正确的。对舒勒来说，这个例子清楚地证明传统神学持有以下观点：只考虑其结果，一个行为（a）或许比另一个行为（b）更可取。尽管如此，如果未被授权或者与官能的自然目的相悖，行为（a）就是错误的，而行为（b）如果既有授权也与自然本性不相悖，就是正确的。

舒勒总结说，从以上例子可以看出，"根据传统，将直接杀人、直接绝育与间接杀人、间接绝育区分开的界线会划出一个领域，义务论的考量会坚决反对所有目的论考量。现在，一旦义务论考量无条件地屈服于其目的论对手，从前的界线就毫无意义了。"[21]这就是舒勒要作出的论点，这与麦考密克的观

21 Bruno Schüller, "The Double Effect in Catholic Thought: A Reevaluation", in *Doing Evil to Achieve Good,* Richard McCormick and Paul Ramsey (eds.). Chicago: Loyola University Press, 1978, p.178.

点有所不同。麦考密克认为结果主义的正确性是理所当然的。但尽管如此，他还是相信以前传统神学观点的某些部分仍是道德上重要的。

对此，舒勒认为麦考密克的观点从表面看是合理的。在大多数情况中，义务论者和目的论者都一致认可哪种行为是正确或错误的，即使他们在怎样解释一个行为的对与错时无法达成一致看法。至于天主教传统伦理神学，如果仔细考察，其义务论论证在性质上基本上说是目的论的。杀人、死刑、在战争中杀人，都明显服从于目的论标准的评判。如果仅将杀害无辜者看作总是错误的，那么这种限制很明显已是目的论推理的结果。因此，要证明麦考密克的观点是正确的并非不大可能。

舒勒指出，麦考密克的上述观点可分为两个来陈述：第一，不是在所有情况下，但仍在一些情况中，尽管所有其他的相关因素相同，直接杀人和间接杀人会导致极为不同的长远后果。第二，长远后果在某种程度上可分别归因于杀人的直接性和间接性。如果第一种陈述为真，那么也许暗示了第二种陈述也为真。无论如何，知道怎样精确解释直接杀人为直接、间接杀人为间接会具有极为不同的长远后果这一事实，是很重要的。舒勒担心麦考密克的理论对此很难作出解释。既然他肯定不总是而只是有时从结果方面看间接杀人区别于直接杀人，他就必须承认并非单独间接杀人本身，而是与某个因素有联系的间接杀人，解释了结果对于判断行为道德性质的重大意义。

为了证明上面第一种陈述，麦考密克上述引证了有关正义战争的学说。根据此学说，在任何情况下都不可直接杀害平民，但他们若被间接杀死，在道德上则是许可的。麦考密克相信，直接杀死平民的错误性是依据目的论来加以认定的。他论证道："在战争中直接袭击平民，这样做无论多么有效和重要，比起我们通过直接袭击平民能拯救的生命来说，从长远来看，将会引起更多的暴力，对人的生命会带来更多的破坏。"[22]

舒勒认为他没有理由反对麦考密克上述有关正义战争的学说及其目的论基础的看法。问题在于，这一学说是否证明了第一种陈述，舒勒对此表示怀疑。他指出，正义战争可以被看作集体自卫。为什么我可以证明只有在自卫或保卫他人的过程中我可以伤害、甚至杀死攻击者而不可以伤害或杀死非攻击者是正当的，舒勒觉得这样的提问很奇怪。理由是，如果伤害或杀死未袭

---

22 Bruno Schüller,"The Double Effect in Catholic Thought: A Reevaluation",in *Doing Evil to Achieve Good,* Richard McCormick and Paul Ramsey (eds.). Chicago: Loyola University Press, 1978,p.179.

击我的人，我就不是在自卫。杀死一个侵略者和杀死一个非侵略者在定义上就会有根本不同的结果。这同样适用于区分战斗人员与非战斗人员，战斗人员被认为构成事实上的侵略者，而非战斗人员被认为是非侵略者。杀死战斗人员与杀害非战斗人员从定义上看其结果是根本不同的。

关于平民或非战斗人员，所提出的问题是，如何证明在道德上属正当的防卫中杀死实际上并未参与侵略的人是正当的。只有在伤害或杀死平民中人们才可能成功地反抗侵略者而保卫自己，如果这样，挽救某些平民的生命，就涉及到事实上不可能有效地抗击侵略者而保卫自己。在这种情况下，杀死平民或许在道德上是许可的。此种情况涉及到间接杀人的合理性。

舒勒指出，麦考密克以下面的方式描述了间接杀死平民："袭击敌人的战争武器，即使一些平民（无辜者）会在此过程中被悲惨地、令人遗憾地杀死。"[23]在舒勒看来，这种描述是模糊的。假设一个军团，只有通过杀死一些平民，才能获得有利的战略位置，这个位置可以抵抗敌人迫在眉睫的袭击。舒勒认为，根据传统标准，在这种情况下杀死平民是直接的。问题是，如此情况下杀死平民是否是错误的。对于将杀死平民视为间接这种情况，麦考密克没有进行任何详细的分析。舒勒确信，如果我们考虑各种具体情况，将双重效果原则应用于分析这些情况，我们所得到的结论会跟在某些外科手术案例中得到的结论一样不合情理。舒勒假设，我们使用传统标准去区分直接杀人和间接杀人，那么通过使用极具破坏力的武器，士兵们就可以经常将直接杀人转化为间接杀人。如果他们只使用手枪和机关枪，为了能抵抗敌人迫在眉睫的袭击，他们就被迫先杀死一些平民。要是他们能用大炮，他们很可能会说他们的行为当下是抵抗敌人的袭击和杀死一些平民。

根据麦考密克的说法，直接杀死平民意指"以杀死平民作为一种手段，可以彻底击败敌人，削弱敌人战斗的意志。"舒勒认为，如果他正确地理解这个描述，就会承认这种杀害平民的方式在道德上是应受谴责的。但他还不能确定这样的方式会让他认为是错误的，因为它牵涉直接杀死平民。在舒勒看来，这似乎只是诸多敲诈中的一种，与德国纳粹挟持人质、政治绑架极为相似。假设在反抗非正义的侵略者时，伤害他们的父母、妻子、孩子和朋友们，即使这些人并没参与侵略，这样的行为也是错误的。

---

23 Bruno Schüller,"The Double Effect in Catholic Thought: A Reevaluation",in *Doing Evil to Achieve Good,* Richard McCormick and Paul Ramsey (eds.). Chicago: Loyola University Press, 1978,p.180.

舒勒指出，正义战争的规则关乎如何对待平民，最好通过正当防卫的适度性这一原则来解释。该原则的意思是说，在保护自己或他人抵抗非正义的侵犯时，并不允许做比有效抵抗侵犯所必要的更多的伤害。如果接受此原则，我们就可得出结论：也许100宗杀害平民的案例中，有99宗不仅是不必要的，而且事实上，根据传统标准，杀害平民同时也是间接杀人。

舒勒另一方面又指出，以杀死平民作为削弱敌人士气的手段又另当别论。和其他的敲诈方法一样，这种手段在某种程度上本身就是错误的。舒勒认为，在此处麦考密克的看法"爱的伦理学的确关注效果，但也一定关注效果怎样产生"同样适用。麦考密克将对直接和间接杀死平民的不同道德判断作为他第一种陈述的证明：在其他因素都相同的情况下，直接和间接杀人或许有不同的长远后果。毫无疑问，在战争中直接和间接杀死平民具有明显不同的后果；但有些因素是不同的。直接杀人或者根本不必要，或者是敲诈的手段；间接杀人有时是必要的，且不是敲诈的手段。此外，正当防卫的适度性原则似乎最适合于解释若给定了这些不同之处为什么要对直接杀人和间接杀人作不同的判断。

舒勒认为，由于麦考密克没有成功地证明他的第一个陈述（即，在有些情况下，即使所有其他相关因素相同，直接杀人和间接杀人也会带来不同的长远后果），因而就没有太多的兴趣讨论他的第二个陈述，因为第二种陈述只有在第一种陈述为真的情况下才会有意义。另一方面，麦考密克花了很多篇幅来确立第二种陈述。他争辩道，在定义上，直接杀人意指意欲的意志，间接杀人仅是许可的意志。如果真是如此，这个区别有时就会与行为的结果相关，因此就会与其道德性质相关。对于"意欲的意志和许可的意志的区别完全是本质上的……，在涉及他人的道德恶（罪）地方"这一点，我们不可能有任何合理的怀疑。因此，麦考密克认为，在涉及非道德恶时也必须表明直接与间接的区别。舒勒不承认该推论的正当性，麦考密克因而担心他不会"足够认真地考虑意图对人类行为之意义的真正贡献。"[24]

2. 意欲与许可

在涉及到非道德恶时，麦考密克尝试解释意欲的意志（willing）和许可的意志（permiting）的区别。他解释说，与仅许可的意志相比，意欲的意志与恶

---

24 Bruno Schüller, "The Double Effect in Catholic Thought: A Reevaluation",in *Doing Evil to Achieve Good,* Richard McCormick and Paul Ramsey (eds.). Chicago: Loyola University Press, 1978,p.182.

的存在有更紧密的关系。就是说，比起许可的意志来说，意欲的意志更愿意恶存在。稍后麦考密克又表明，这种解释容易引起严重异议。一个异议是，"一个甚至通过意欲恶也要实现善的人，更会愿意恶存在，但那仅仅是因为他更愿意善存在。"此外，在涉及道德恶（罪）的地方，"意欲的意志与许可的意志的区别完全是本质上的……"，道德恶（罪）与非道德恶差别极大。[25]舒勒同意麦考密克的说法，除通过阐明意欲与许可之间的区别外，双重效果原则的意义是无法解释清楚的。尽管成功的希望不大，舒勒还是在此尝试阐释这个重大的道德原则。

舒勒首先介绍了大多数伦理神学家一般不谈的一个区别，即：道德上善的与道德上正确的、道德上恶的与道德上错误的之间的区别。他认为这一区别相当重要。假设一名医生，仅因纯粹自私的抱负所激发，而发明了一种新的治疗设备，他预见这会对无数遭受病痛折磨的人很有益处。如果根据其结果评价这名医生的成就，当然会与爱的诫命的要求相一致。但根据假设，这名医生不是出于对邻人的爱而行动。出于爱的行为是道德上善的行为。全然无私地做有益于所有人的事情，是道德上正确的。因此，纯粹出于自私的行为，在道德上是恶的，但是尽管如此，由于它带来好的结果，在道德上却是正确的。

在舒勒看来，保罗的行为-称义概念也以这个区别为前提。从定义上说，行为-称义是一种罪，即道德上恶的。尽管如此，犯罪者还是努力做道德法所要求的行为，且事实上做了这些行为（还债、避免谋杀，等等）。由公正的爱所驱动的人，只会选择做他认为道德上正确的行为。不过他也许会作出错误的判断，误把事实上错误的行为当作正确的行为。他的意图是想做正确的事情。尽管有这个意图，他的行为虽然在道德上是善的，同时却也是道德上错误的。上述所举例子中的医生，肯定非常清楚他的工作在道德上是正确的。但他决定那样做不是因为这是道德上正确的，而是因为这样易于促进他个人自私的利益。不管怎样，其行为的道德正确性并未被减弱。由此舒勒得出第一个结论：行为者的意图，是判断其行为之道德善性或恶性的基本因素，因而跟行为的道德正确性或错误性无关。

---

25 Bruno Schüller, "The Double Effect in Catholic Thought: A Reevaluation",in *Doing Evil to Achieve Good,* Richard McCormick and Paul Ramsey (eds.). Chicago: Loyola University Press, 1978,pp.182-3.

舒勒指出，上述结论似乎只有对于那些导致非道德的价值和负价值的行为来说才是真的。另有一类不同的行为，直接涉及道德价值和负价值的实现的行为。在此特别令人感兴趣的是那些易导致他人做正确或错误事情的行为。面对这类行为，人们不可避免会显露自己基本的道德态度。除非考虑行为者的道德态度，否则这些行为就无法作道德上的评价。舒勒提出的问题是，选择易导致他人犯罪的行为是正确，还是错误的？如果接受传统神学的看法，那就必须"视情况而定"。一方面，如果人们是为了激起别人做错误的行为而作选择，这当然是错误的。但如此一来，这个选择的行为本身在道德上也是恶的，因为赞同他人的错误行为在道德上是恶的。另一方面，如果满足两个条件，做引起他人犯罪的行为就是正确的。第一，如果人们只是许可，而不是意欲引导他人犯罪。第二，如果有相称理由许可他人犯罪。但是，假如做引起他人犯罪的行为是正确的，那么这在道德上就是善的。因而，我们对直接涉及道德价值和负价值之实现的行为，显然就无法作出任何道德上的评价，除非将行为者的基本道德态度考虑在内。

此处舒勒要回答的主要问题是，如果意欲和许可涉及道德价值和负价值，那么它们彼此有怎样的关系。在他看来，出于公正之爱的行为与出于纯粹自私的行为，暗示了行为者最基本的、因而最全面的意图。由于这一整体的意图，每个具体行为或不作为在道德上分别是善或恶的。正如道德上的善与恶是相互排斥的，这两个整体的意图也是一样。若不反对自私，人们就无法赞同公正的爱。从定义上看，自私和公正的爱是对立的终极目的。人们要么决定选择具有公正的爱的生活作为目的本身，要么决定无条件地拒绝它。

如前所述，根据传统神学，反对道德恶与许可或容忍道德恶并无矛盾。所谓许可，意思是说，人们允许别人自由地赞同道德上恶的生活方式，即"决不可意欲，但即使人们这样做，也不许阻止"。舒勒声称他找不到理由怀疑这种说法没有道理。要阻止别人将自私作为他生命的总原则，就只有完全禁止他做决定的自由。要达到此目的，很可能只有通过杀死他这一方式。这种极端方法的功效很成问题，"存在对最终选择的神学解释。如果这是真的，那么通过杀死一个人，人们就只会把他置于早期的最终选择的处境中。因而显然，人们似乎无法阻止其邻人选择不道德的生活的决定。"[26]

---

26 Bruno Schüller, "The Double Effect in Catholic Thought: A Reevaluation",in *Doing Evil to Achieve Good*,Richard McCormick and Paul Ramsey (eds.). Chicago: Loyola University Press, 1978,p.185.

　　舒勒进一步指出，如果真如此，那么前面给出的许可犯罪的定义就不适用于任何人。只有全能的上帝造物主才可以说他"许可道德恶"，即，他绝不会意欲道德恶，也不会去阻止人们意欲道德恶。因而，许可道德恶的行为，在某种程度上超出人的理解。可以这么说，任何对该行为的进一步分析都应视为猜测。压制人类作决定的自由，毫无疑问会阻止他决定选择自私的生活，但同时也阻止了他选择具有公正的爱的生活。因此赞同道德善，就意味着赞同实现这个可能性的必要条件，即人作决定的自由。这后一种赞同，反过来又涉及到可以用这种作决定的自由产生不道德的东西，这在某种程度上是可以容忍的。总之，赞同道德善（绝对否定道德恶）涉及到肯定作为其必要条件的作决定的自由，意味着容忍作为可能产生的道德恶。

　　在舒勒看来，上面的分析似乎与传统有关引诱他人犯罪的行为的学说相矛盾。不过传统并未清晰地区分道德恶和道德错误，它更多讨论的是罪。因而，如果上面的分析是合理的话，那么就可下结论说，当传统谈到"引诱他人犯罪的行为"时，就得把"罪"理解为道德上错误的行为。

　　为何人们会做错误的行为，可以设想各种理由。大致有四类理由：（a）在过了道德上正直的生活之后，他或许想改变想法，自由地决定为自私让路（自由决定的行为）。（b）既然他已经让自私成为其生活的总原则，他也许就会选择道德上错误的行为，因为这对他自己的自私利益有用（选择的行为）。（c）他会做道德错误的事情，因为它误以为这是正确的。（d）他会以道德上错误的方式行事，而无需对这样做负责任。

　　按舒勒的分析，上述 b.c.d，大概解释了人们容易做或者肯定会做道德上错误的事情的理由。这三种情况中，最初没有任何一种情况会带来道德恶。但接纳不道德的生活方式，这错误的生活已表明道德恶的存在。只有在情况 a 中，才真正表明道德恶的起源。如前所述，恰好是这样的情况难以预见，却能确定。除这一情况外，如果把罪理解为"道德上错误的行为"，那么讨论引诱他人犯罪的行为显然就是有意义的。从目的论角度看，一个行为，如果引起的伤害多于不可避免的伤害，就是错误的。因此，一个会导致他人犯罪的行为，是通过其他行为者而引起不必要伤害的行为。这种伤害，对所有受影响的人来说，在性质上是非道德的。就此而言，引诱他人做错误行为是导致非道德恶的行为。这样就很容易理解，为什么避免非道德恶或者带来非道德善，是许可他人犯罪的相称理由。

关于这一方面，舒勒认为还有一个重要问题需要思考。这个问题是，只是许可，而不是意欲他人错误的行为，到底是什么意思。假设有人选择了一个行为，仅仅是因为他认为这会引诱他人做错误的行为。他这样做，显然是赞同此错误行为。毫无疑问，因赞同此错误行为而引诱他人做错误的行为，相当于意欲他人做不道德的行为，此行为的道德恶是显而易见的。

舒勒指出，对于赞成道德错误来说，只有一个选择是可以设想的，即不赞成。因此，许可他人做不道德的行为，意味着不赞成这种行为，也不阻止这种行为。虽然无法阻止他人决定选择非道德的生活（恶），但我们可以阻止他人做不道德的行为。在舒勒看来，我们很容易理解，为什么在某些情况下不赞成错误行为，但却允许错误行为，甚至不要阻止错误行为。有些人反对不必要的伤害，但他不愿意阻止其他人引起不必要的伤害，因为如果阻止的话，情况可能会变得更糟。舒勒认为，通常来说，不阻止与"不实施阻止行为"的意思相同。但传统是在一个更宽泛的意义上来使用此表述的。有意做会引起他人犯罪的行为，也被认为是不阻止他人做错误行为。因而，作为与不作为之间的区别，无论多么重要，与人们是否允许他做错误的行为这一问题无关。

由上可见，赞成道德正确的行为，反对道德错误的行为，许可他人做错误的行为，从根本上说是相同的道德态度。就此来说，许可他人做错误的行为，就不仅是正确的，而且是善的。只要不阻止错误行为的理由是相称理由，即避免更大的危害，那么反对错误行为与不阻止错误行为是一致的。于舒勒而言，用传统措辞表达的双重效果原则，可以适用于对刚才所分析的行为的道德评价中。这些行为会造成两种后果：第一，避免非道德的恶，产生非道德的善；第二，会引诱他人做错误的行为，即，导致多于必要的伤害的行为。只有当他人的错误行为仅被许可时，引起他人做错误行为的行为，才是道德上无可非议的。

据舒勒的分析，如果把双重效果原则应用于分析既是杀人同时又是救人的行为，问题就会变得令人困惑。诚然，这种情况带来的结果属于非道德的价值，即其中一个结果是人的死亡。从传统义务论的观点看，我自己的杀人行为是错误的行为。但如果只有做错误行为才是意欲或许可错误行为，那么要应用意欲和许可错误行为之间的区别是如何可能的呢？说我只是许可我自己的错误行为，这是说不通的。正如传统所说的，如果我只是许可我自己导致别人的死亡，那么，假如我行为的善果被认为大于他人的死亡，那么这里根本就不会存在错误的事情。

按舒勒的看法，"意欲他人做错误行为是错误的"这个命题，从分析来看为真。若如此，我们就不可能对故意杀人的行为作确切的道德评价。行刑者不会把杀死杀人犯意欲为其行为的后果，但此意图不会损害他行为的正确性。因而，如果故意杀害无辜者被视作绝对错误的，那么这个行为的错误性，就不能从导致死亡（一种非道德恶）的意图中推导出来。就是说，"故意杀害无辜者是错误的"这个命题，是一个综合命题。传统伦理神学通过表明这一行为未被上帝授权来解释其错误性。

由此可见，传统神学在意欲与许可人的死亡之间所作出的精确区分，是很重要的。此处舒勒回到了之前所举的例子。假设一名医生，他打算为一个孕妇实施子宫切除术。他很谨慎，问自己怎样确定他实际上只是许可，而不是意欲这个手术导致胎儿的死亡。也许他会对自己说："如果不用引起胎儿的死亡，就可能挽救母亲的生命，我就打算做这个手术。"尽管这种表述很真诚，却使他的问题很开放。一个实施穿颅术的医生或许也会说："要是能挽救母亲的生命，而又不会带来胎儿死亡这一进一步后果，我就会这样做。"传统神学家会一致认为，这后一名医生以意欲杀死胎儿作为挽救母亲生命的必要手段。在做子宫切除术的案例中，母亲的生存与胎儿的死亡，可以说是手术的并行效果。因此医生可以消除疑虑，他并不意欲使杀死胎儿作为达到目的的手段，因为在给定的条件下他实际上不能这样做。同时，因为若他知道如何不杀死胎儿就能挽救母亲的生命，他就会打算做这个手术，这时，他就可以肯定他并未意欲杀死胎儿为目的。因此他确立了两个前提允许他得出这样的结论：事实上他只是许可手术引起胎儿的死亡。根据传统，在这种情况下，许可是与"既不意欲作为目的，也不意欲作为手段，但又不阻止"这种说法的含义一样的。

在舒勒看来，初看起来，人们会倾向于假定，无论称为许可的态度指某一特定的非道德恶，还是指错误的行为，许可的意思几乎是一样的。但如果我们作更仔细的审视，就很容易注意到，意欲作为手段和许可，当指非道德恶时，就明显指相同的内心态度："如果……，我就打算……"。根据传统，谈及意欲作为手段与许可时，善果和恶果的因果顺序肯定是不同的。但这一区别与行为者对待其行为恶果的态度似乎无关。无论如何，虽然意欲与许可某人错误的行为是彼此相关的，但意欲非道德恶只作为手段与许可非道德恶（被认为是意志的态度），只有程度上的而不是性质上的不同。在有关非道德恶的后一种情况，关键的界线，不在意欲与许可之间，而在意欲作为目的与意欲作为手段或许可之间。

舒勒指出，即使意欲作为手段与许可之间有区别，也只是程度的区别而已。然而，这一区别的假设，必然使我们面临难以克服的困难。甚至麦考密克自己也会以此困难来反对他自己的解释：一个甚至准备通过意欲恶来实现善的人，会更愿意恶存在，但那仅仅是因为他更愿意善存在。因此，舒勒倾向于相信"意欲为手段"与"许可"当指向非道德恶时，实际上表达了完全相同的内心态度。至少在他看来，当传统把双重效果原则应用于会引诱他人犯罪的行为和像杀人这样的行为时，它对"许可"这词的用法是模棱两可的。麦考密克的理论观点展示了这种模棱两可的用法。

第三章　约瑟夫·福克斯

约瑟夫·福克斯（Josef Fuchs,1912-2005），罗马格里高利大学（Gregorian University in Rome）伦理神学教授，最有影响的相称主义者之一。其主要著作有《人的价值与基督教道德》、《基督教道德：道成肉身》、《个人的责任与基督教道德》、《世俗领域中的基督教伦理学》和《道德要求与个人的义务》。福克斯相称主义探讨的重要问题包括道德规范的绝对性、内在恶、无例外道德规范、人的历史性与道德规范的关系、以及道德规范的功能与局限性等。

第一节　道德规范的绝对性问题

一、问题的提出

关于道德规范的绝对性问题，福克斯从两种生活现象说起。第一种现象是，不少有坚定信仰的基督徒都厌恶"绝对的"规范，但他们厌恶的不是"正确"、"客观"的规范，而是厌恶"普遍有约束力的"、在此意义上是绝对的道德行为规范。他们根据经验作判断，这样在昨天还是绝对的规范，即总是且无例外地正确的规范，如果在今天情况发生了变化，那绝对的规范就必须让位于其它的洞见。因而，所谓的绝对规范，或标志着静态世界观的普遍有效的规范，对于具有动态世界观的人来说，就不可能是绝对的。他们坚持认为，不能把过去发现作为文化事实的道德规范视为最终的结论，相反，人们必须重新审视这一事实，考察所得出的结论，加深、扩大并引证新的经验和评价。他们的最大关注是，抽象的、因而永恒的、在此意义上是"绝对的"规范，也许并没有恰当地考虑时代和历史的因素；即，它们不是充分现实的，不是对由被救赎的创造所呈现的实在情况的回应。

第二种生活现象是，还有一些具有坚定信仰的天主教徒担心，消除所谓普遍有效和永恒意义上的绝对规范，就会失去真理本身。他们认为，如果被理解为"不变性"和"普遍有效性"的"绝对性"让位于变化及受历史影响的原则，那么对实在——即被救赎的创造——的忠诚，就不再会决定作为信仰与爱之表达的具体行为，而会被相对主义的主观主义所取代。他们相信，偏离绝对性（即永恒性和不变性），也就意味着偏离受造秩序的客观性。

在福克斯看来，从根本上说，上述两种生活现象或倾向具有同样的旨趣：有信仰与爱的基督徒希望认识绝对有效的规范，或认识在道德事情上总是客观地符合人的（基督徒的）具体实在的东西，这是建立在创造和救赎之基础上的上帝的旨意。客观上正确的东西在某种意义上分有上帝的绝对性。问题是，客观意义上的绝对规范——适用于普遍情况或普遍有效的规范——是否及在何种程度上是可设想的，或不管情况怎样都是得到保证的。对于这个问题的总体解决，福克斯确信还需要对它加以认真细致的思考。他指出，爱的命令应该是唯一绝对道德规范的看法，及作为一套无所不包的不变规范的自然道德法的概念，都是不令人满意的，尽管这两种观点都存在着某种真理。

二、绝对的：普遍有效的或客观的？

根据福克斯，道德命令的"绝对性"，显然与一切专横的判断及一切相对主义直接对立，它指建立在人类实在本身之基础上的客观性。绝对规范指非专横但客观意义上的规范。问题是，普遍有效的规范在何种程度上是可理解的、得到保证的。"我们习惯于拥有以声称是普遍有效的规范之面貌而置于我们面前的道德律令：在圣经、教会训导和自然道德法的表达中，人的良心都会发现自己面对着以道德规范的形式出现的道德命令。"[1]下面我们就分析福克斯对在圣经、教会和自然道德法中各自包含着怎样程度的绝对性规范的讨论。

1. 圣经中的规范

福克斯指出，圣经中的道德命令是人们最感兴趣的，因为"既然上帝是

---

1 Joseph Fuchs, *Personal Responsibility and Christian Morality*. Washington, D.C.: Georgetown University Press, 1981, p.117.

唯一绝对者，他的话也就具有绝对的价值。因此，既然上帝是通过人类的概念，因而是以具有普遍性的措辞来说话，那么基督教就有充分的理由把在圣经中发现的道德戒律理解为'普遍的'、永远有效的和不变的规范，在此意义上，理解为'绝对的'规范。"[2]另一方面，上帝以人类的方式说话，这表明圣经中出现的道德命令不应解释为神的直接"指令"。因此，我们不仅必须面对有哪些道德命令可在圣经中发现这一问题，而且也必须面对应以怎样的阐释规则去理解和评价这些命令的问题。

福克斯强调，圣经决不应成为一本有关道德的手册，因为圣经谈论的是上帝与人类的状况，所以它一定也会说到人朝向上帝的行为，即人的宗教—道德行为。实际上，既然圣经关心的是罪人的皈依与拯救，因而关心的是罪人的个人转变，那么，有关人的宗教—道德处境的陈述对于圣经来说就是核心的。然而，拥有这一核心地位的不是特定的道德命令，而是忠诚上帝并顺从上帝、追随基督、按信仰与爱生活的基本命令。但这些道德—宗教命令仅适用于作为一个整体的位格人，而不适用于特定的道德行为。即使圣经谈到特定的态度和价值，如善、温和、仁慈、正义和谦逊，但这些态度和价值仍然不是"实际运作的"行为规范，因为哪些行为应被视为是正义、谦逊和友好的，这还有待确定。当然圣经也论及"实际起作用的"行为规范，至少论及一些规范。关于道德规范，就圣经本身来说，其绝对性是争论的重点。

对于圣经中道德规范绝对性的讨论，福克斯的分析主要限于新约。在他看来，新约中说到具体道德行为及行为规范的地方是相对很少的，但这些很少的地方却十分重要。关键的问题是，这些行为规范在什么意义上是绝对的规范？是客观、非专断的命令之意义上的规范，还是不容许例外的普遍规范？福克斯指出，要准确回答这个问题相当不易。例如，基督教一直试图认真地、严谨地理解山中圣训（《玛窦福音》5-7）的要求。没有基督徒会怀疑这些要求的绝对有效性。所谓"绝对"，是在"客观的"这一意义上来理解的。问题是，这种客观性是有关性规范，还是有关上帝国中信徒的行为模式的绝对有效性。近年来对有关婚姻不可撤销性的话（《玛窦福音》19：3-10），也有重新的热烈讨论。关于婚姻不可撤销性，这是道德命令的问题呢，抑或是有关更多东西的问题？这一作为必须服从的规范的道德命令是应理解为一种普遍的实践，还是应理解为一种理想？福克斯认为，讨论至少可以确定，接受圣经中客观

2　Joseph Fuchs, *Personal Responsibility and Christian Morality,* p.117.

有效的道德论断这一意义上的绝对规范，并不必然牵涉到承认该规范是普遍原则意义上的绝对规范。

福克斯指出，当保禄把有关道德行为的明确说法（婚姻的不可撤销性：《格林多前书》7：10 及以下）归之于耶稣，并把其它说法（贞洁：《格林多前书》7：12-25）归之于他自己个人的理解时，他就假定了他说到的大多数行为规范都是有效的。这一点尤其可以从许多他所接受的道德律令中推导出来。一方面，这意味着保禄并没有把自己描写为道德生活的教师，更没有把自己描写为基督徒行为规范的教师；他传递的是某种与人定的道德法典截然不同的东西。另一方面，他假定了一种赐予的道德，这会使我们思考，这样一种道德是否不受历史和文化的影响。在福克斯看来，可以认为，保禄所描述的斯多亚派的、犹太教徒的和早期犹太籍基督徒的伦理，无论从哪一方面看都不是永恒不变的伦理。如果在今天，保禄有关妇女在婚姻、社会和教会中的地位的命令（《格林多前书》11：2-16；14：34-36；《厄弗所书》5：22-24；《哥罗森书》3：18；《弟茂德前书》2：11-15）应被视为受其时代的影响，反映了犹太教的传统及妇女在保禄时代人们生活于其中的文化中的地位，这些对我们来说是自明的话，那么，我们就需要问，以什么标准来确定保禄试图从神学上证实的命令是受历史影响的，因而不是绝对的，即不是普遍有效的。圣经本身并没有给我们这样一个判断的标准，相反，标准来自我们对各个时代妇女社会地位的差别之认识，还有我们自己对源于各种社会状况的道德命令之洞见。

福克斯认为，从前面的思考我们并不能得出新约中发现的行为规范在今天不再有效这一结论，其实，"圣经中的道德行为规范指导着某一确定时代和文化中之现实的人。因而它们的绝对性主要地不指普遍性，而指客观性；后者既可以指在特定的受文化影响的人类状况中客观上正确的评价，也可以指与在特定社会中道德优秀人士的道德观的必然一致性。"[3]

2. 教会中的规范

福克斯指出，一方面，教会既不是从基督也不是从保禄或若望那里继承一套道德规范的体系。另一方面，教会共同体总是坚持确定的道德规范并把它们传给后代。然而，我们不可据此认为，教会永远有确定的普遍道德准则。

---

3 Joseph Fuchs, *Personal Responsibility and Christian Morality*, p.120.

但不管怎样，教会共同体都有它的道德，即便这道德并不纯粹源于启示，它也被认为与基督教信仰有关或与之相一致。这种基督徒共同体的道德，就是基督教的道德。由于它是传下来的，所以就或多或少是一种法典化的道德。正因如此，这种道德才存在于不同文化和时代的同一个教会中。福克斯认为，这种阐述虽然略显简单，但它还是能够使我们理解教会如何不仅从教义上阐明特定的道德戒律（婚姻的不可撤销性和贞洁），而且从原则上阐明由基督徒共同体实践的伦理原则。在此福克斯一连提出了三个问题：如果教会是在教义上提出道德问题，那么会存在真正普遍的规范吗？由教会留传下来的规范的绝对性是关于普遍规范的断定吗？教会会给予在圣经中没有论及的普遍有效的道德规范体系吗？

在福克斯看来，教会教导的是道德行为的规范。教会的根本任务是教导人们得到拯救的途径，而真正的道德就是这样的拯救途径。据教会的传统，教会的努力一直保证有圣神的帮助。由于教会直接从教义上提出道德问题，圣神经由教会慢慢地透露其在圣经中并没有传达的东西，即为整个世界和全部时代而宣布的众多道德行为规范，这些规范是普遍有效意义上的绝对规范。然而，尽管有圣神的帮助，教会是并将仍然是人的教会。只有经过漫长的理解和评价过程，教会才会得出道德行为的规范。这种理解和评价，不仅可以由各层级的教会共同体，而且可以由信仰者共同体中的整个教会来完成。圣神在教会中帮助训导和领导的整个过程，即理解、发现、评价、相互倾听、决定。他保证在人们在此过程中绝对无法排除的错误最终不会成为教会的一个基本部分。在两千年的历史中，教会并没有对道德问题作出明确的教义上的决定。但"这并不是说，教会不明确的权威性方向是无意义的，好像人们可以忽视它们，忘了它们也得到留在教会中的基督圣神的帮助这一事实。因此某种真理的'假定'必须要授予它们。但在这样的情况下，你可能就看不到任何结论性的立法或教义上对伦理规范的制定，这些规范的有效性由圣神来加以保证。教会在伦理方面的声明在所有情况下都可以理解为表述'绝对规范'——即非专横的但又是客观的命令——的尝试，这些命令恰当地符合具体的人类实在，是根据假设有效的教会方向来表达的。相反，如果能确保这些声明不会错误，那么就可以把它们确立为普遍有效的规范，也可以保证它们无论何处总是无例外地适用的。但是甚至在这样的情况下，也会有保留；因为如果有必要，也可想像，或许也能证明，被陈述为普遍规范的严格的行为规范，包含着未被表达出来的限制其普遍性的条件与性质。"[4]

福克斯强调，教会是通过人对自己的反思而得出道德声明的，至少在自然法道德方面是这样。但人在其本性不是不能再发展的静态存在。而且，人并非天生就是基督徒，是教会的成员。因此，由于新的经验、洞见和评价，所以根据新的角度和变化了的文化，新的问题还会不断出现。基督教人士甚至在事后也必须质询、回顾过去，以了解教会在有关体现信仰与爱的方式方面曾经相信的东西。除此之外，如果与过去的基督徒智慧失去联系，他就必须总是反复地思考影响其生活的各种问题。我们不可认为，基督徒和教会的过去享有发现道德真理之特权，而未来的基督徒只应记录、确认、应用过去的"真理"，而无需注意以前从未被思考或被解决的真正问题。而且，我们常常碰到，以新面貌出现的旧问题，实际上是新的问题。另外，所有关于道德行为规范的教会传统或决定，都是永恒不变的、无条件的，这一点是不可想象的。教会并非一个精神化的实在，在一个真空中思想、说话和存在，与任何现实文化无关，并在这些条件下创设普遍的道德行为规范。不过富克斯指出，如果行为规范受文化和历史影响，只有就其以符合人类实在的方式来予以表达这一客观意义而言，它们才是绝对的。

3. 自然道德法

福克斯指出，如果圣经和教会都没能提供一套普遍道德规范的体系，那么人们就会试图从自然道德法（自然的道德秩序、创造的秩序、自然法）中期待这一点。所谓"自然法"，被理解为基于给定和不变人性本身且能从其推导出来的一整套戒律或原则。根据这种观点，不可更改的自然（人的本性），规定了人们在不同实在领域中的正确行为。由于自然（人性）是不可改变的，因而以之为基础的自然法戒律或原则也是不变的。所有的自然法戒律或原则，都可在现实的生活处境中得到恰当的、明确的应用。

在福克斯看来，就相信人是且将总是人，及他必定总想正当行动而言，静态-普遍的规范体系这一概念是有效的。不过这种认识并不会使静态-普遍的道德规范体系成为必然的东西。理由主要有三个。

---

4 Joseph Fuchs, *Personal Responsibility and Christian Morality*, p.124.

第一，人性具有可变性。人就是人，本质上构成人的东西，属于人的本性的因素，这些是不变的，如灵魂的统一性、位格性、有责任性、人际性。但可变性属于人的不可变的本质。

第二，可变性—不变性与人的历史性有关。福克斯强调，人是历史性的存在。不仅从过去、现在和未来的连续变化来说，而且在人自己谋划并实现其给定存在及此存在向着未来继续发展这一意义上，都说明人是历史性的存在。人在其整个生命的过程，一直都在为实现其可能性而努力。在此实现自我可能性的过程中，会不断地改变其存在。在其精神和肉体方面及其外在关系上，他会越来越成为一个不同的人。

第三，可变性和历史性与人是位格（person）和自然人性（nature）的合一这一事实具有紧密联系。位格与自然会彼此对抗。自然所表达的是人的内心事实及其世界，而位格则代表自我，它按照给定的自然本性拥有与塑造自己。但人的位格性也是给定的，在此意义上也是自然，而且是人性的决定因素。人的自然本性尤其在于他是一个位格，即拥有理性。福克斯强调，说自然本性属于人的位格，这是不够的，因为这有可能把自然理解为非位格的东西。正因如此，"自然法"这一术语，很容易让人产生误解。人们可能会认为，"位格"是道德规范而不是"自然"。如果这样，就会有过于片面看待"位格性"的危险。人本质上是位格，他必须把自己理解为位格——"在人性中的"位格，并根据这种自我理解来达成自我实现。自我实现牵涉到人必须找到其行为与发展的可能性，并根据其目前对自己的理解来确定这些可能性中哪些是正确的、合理的、人性的，因此对人的发展是有帮助的，同时他由此而得出对具体处境的道德判断及对道德规范的论断。（关于人的历史性、位格性与道德规范的关系，后文还将会论及。）

4. 自然法作为正确的理性

福克斯沿用传统的术语"正确的理性"，指与真正人性相符合的道德原则或规范。作为自然道德法之基础的"自然"，是人的理性。唯有理性才能为道德法提供基础。而为了评价行为抉择的意义，从而得出道德论断，人类理性此时的主要任务，就在于理解人自身、他自己的全部实在以及他的世界。道德论断有两类。有些论断是先天的、因而自明的，如人们必须负责任地在一种人际的和社会的背景下行动。有些论断以经验为前提，如有关与他人生活相关的行为或性行为的判断。有些论断是直接明显的，如应尊重生命、不可随意毁灭生命、应联系特定文化来看待性。还有一些论断的作出，则需要长期的各种不同的经验，需要人们理解实现真正人性的各种可能性。

福克斯指出，评价理性的首要标准，是行为及行为规范与做人的一般意义及特定事实的意义的符合。这意味着，人们必须拥有各种不同的经验以及无偏见地权衡这些经验的长期训练。经验本质上不会产生任何行为规范。为使人们能够认识哪些东西可以促进人类真正的自我实现，我们就需要对行为及后果进行评价。对人类实在之真正了解及对经验之公正评价的基本标准，应在人的人际性中去寻找。个体人在不同生活领域中的行为，必须根据其人际意义与含义去仔细审视。人不是自我封闭的个体，每个人作为人都生活在与他人的关系中。人性本质上涉及到人们之间的关系。

在福克斯看来，为了得出具体的行为规范，我们必须考虑与行为相关的所有复杂的因素。首先，应确定的行为对个体、对人际关系及对人类社会的意义，这要联系人及其社会的整体实在并考虑其全部的文化。其次，必须权衡所涉及的不同价值的优先性与紧迫性。经过这一程序，人作为评价者，对于哪一行为模式可以促进人的自我实现与自我发展，就会暂时或在某种程度上得出一个判断。一旦作出判断，这就会为人类行为提供一个道德规范。福克斯提醒我们，应根据其优先性和紧迫性来加以思考的许多价值或非价值，严格地说，仍然不属于道德领域。就是说，"它们尚未是道德戒律，在这一点上它们是前道德的。只有决定对人类来说是好的行为模式的全面观点与整体评价本身，才会导向道德的陈述。这意味着，一个行为的这一方面或另一方面，如果不考虑其他因素，根本就无法决定该行为的道德性。"[5]

第二节　内在恶问题

一、道德规范与内在恶

上文已经阐明，道德规范的绝对性指其客观性而不指其普遍有效性。在传统上，道德规范的普遍有效性，指某一规范在任何地方无例外地总是适用。无例外地适用的规范所涉及的是任何情况下均属恶的行为。在福克斯看来，从理论上说，似乎不可能存在这类行为规范。理由是，如果纯粹在其自身中

---

5 Joseph Fuchs, *Personal Responsibility and Christian Morality*, p.131.

考虑，人们是无法对一个行为作道德判断的，只有与所有的环境情况和意向一起，才可对行为作道德上的判断。因此，就完全意义上的普遍有效的行为规范而言，得出该规范的人能够恰当地知道或预见行为的所有可能因素，这些因素牵涉到环境、意向、前道德的价值和非价值（物理的善与恶）等等。根据之前的看法，要达到如此的规范是不可能的，因而不可能存在关于内在恶的道德规范。福克斯指出，尽管如此，我们往往会作出包含普遍有效性的陈述，如"不可杀人"。但"不可杀人"属于太过宽泛的陈述，更为准确的说法应该是"不可谋杀人"，即"不可不正义地杀人"，这种表述才是普遍的。

不过福克斯也认为，从理论上说也许不存在"内在恶"这一严格意义上的普遍行为规范，但从实践上，被表述为普遍规范的规范却有其自己的价值。理由有三点：第一，这些规范，就算是建立在正确认识之基础上而言，所表达的仍是前道德意义上的价值或非价值。负面的价值是应当避免的；尤其是，作为恶，它们决不可以作为人类行为的意向对象，只有具备恰当的理由，它们才可同时与相对较高或更紧迫的价值一起实现。第二，也许存在着被陈述为普遍规范的规范，即包括准确地描述行为的规范，对于这些规范，我们不能设想任何种类的例外，例如，残忍对待孩子，这对孩子不会有任何好处。有了这类规范，人们就会相处得很融洽。第三，在特定文化或社会的情况下，规范可以陈述为普遍的规范，这些规范符合人们实际上一直经验着的人类与社会状况。它们在通常情况下都适用，适合实际中惯常出现的情形。

二、关于内在恶问题的持续讨论

在天主教伦理学中，对道德规范的价值和适用性，一直存在着很热烈的讨论。人们常提出的问题是，是否有内在地恶的行为，即：是否存在在任何条件下都不可能正确的行为。

1. "内在恶"的概念

福克斯把道德规范分为两类。第一类是绝对的道德规范。这些规范要求人们做道德上正确的行为，如"必须公正"、"必须贞洁"、"必须公平"等等。关于这些规范，"公正"、"贞洁"和"公平"已经包含一种道德评价在内，所以这样的道德规范属于同义反复。而且，这类同义反复的规范并不提出运作性的命题，因为它们并不表明什么具体行为是公正的、贞洁的或公平的。福克斯在此不打算讨论这类规范。在他看来，目前对"内在恶"问题的持续思考与第二类规范，即综合的禁止性规范相关。这些规范讨论道德上错误的行为。此类规范涉及的是行为的（质料的）道德错误性，而不是人在做此行为时人的道德善性或恶性。

福克斯指出，为了对近来有关内在恶理论的反思给出一个充分的解释，就需先知道在早期"内在恶"这一表述的真正含义。研究表明，可以用"因错误而被禁止"与"因禁止而错误"来揭示"内在恶"与"外在恶"之间的区别。"内在恶"意味着，某事之所以被禁止，是因为它本身是错误的；而某一行为之所以是"外在恶"，例如，驾车往道路左边走之所以错误，是因为这是规范或规则禁止的。

关于"内在恶"，一些天主教神学家从其原因上把它区分为三类：某行为本身之所以是错误的，或者是因为行为的对象（如撒谎），或者因为缺乏可以证明行为属正当的"权利"（如安乐死，"因为只有上帝才是生命之主"），或者因为在行为中卷入的犯罪的危险。有些神学家认为只存在一类"内在恶"：某行为之所以是"内在地恶的"，是因为行为的对象，而把另两类称为"外在的恶"。在福克斯看来，尽管在神学家中存在着不同的看法，但对"内在恶"的含义却有某种共同的理解。这种理解涉及到两点：第一，当一种行为不是因为它被禁止而是因为它本身是道德上错误而是错误的时候，该行为被称为"内在地恶的"；第二，不管进一步的环境、结果和目的如何，其行为都是错误的，这样判断为道德上错误的这一行为就不能因进一步的环境、结果和目的而变成道德上正确的。

按福克斯的看法，"内在恶"这一基本概念意味着，根据物理的层面（如杀人或手淫）来描述的行为，之所以被认为在道德上是"内在地恶的"，是因为这些行为不能因任何进一步具体的因素而成为道德上正确的。但实际上，被判断为"内在地恶的"行为的对象，通常不仅是行为的物理的实在，而且是其结果或目的。事实上，伦理神学家通常承认，物理的行为，与某些环境、结果和目的一起，能够被判断为错误的行为对象。所有的环境都必须视为是行为对象的一个因素。简要地说，不管人们以什么方式决定道德行为的对象，只要行为由于其对象而被判断为"内在地恶的"，就意味着，它不可能因任何进一步的环境、结果和目的而成为道德上正确的。

2. 近来对"内在恶"的反思

福克斯指出，近来天主教伦理神学对"内在恶"有更深入的思考和批评性观察。主要的问题有三个：第一，内在恶理论在实际经验中是否会导致不可理解的结果。第二，为了避免内在恶理论的某些无法理解的结果，需要利用一些形式的原则，如较小恶原则、双重效果原则。第三，人们担心内在恶理论不会满足"行为随存在而来"这个原则，因为这一原则要求：在对行为的判断中，如果表述是一个客观的规范性命题，那么我们就应该平等地尊重整个行为的所有因素。

　　一些伦理神学家认为，在严格的意义上，"道德的"一词，仅适用于指一个具体的、可实现的人性行为，而不适用于指一个仅在抽象的规范性命题中表述的行为。在此意义上，根据一些神学家，每一种道德的恶（作为自由地实现的行为）就是内在的恶。因此，道德上错误与内在地错误之间的区分，就是不能接受的，因为很明显，道德上错误的行为，不是仅仅由行为的对象来决定，要确定行为是否错误还需要考虑环境、结果和目的等等因素。同样，根据其他一些神学家，如卡诺尔，我们应该联系自由地实现的人性行为来讨论道德恶；但如果不考虑具体的环境、结果和目的，讨论道德恶就是不可能的。只有通过考虑一个行为牵涉的所有价值和负价值，人们才能看到行为的恶是否与所意欲的善有恰当的和相称的关系。也有一些神学家坚持认为，目的决定人性行为的具体意义。只有目的才会使人们认识到，摘除生理器官或者是治疗行为，或是器官移植，因而是正当的干预。因此，如果不联系摘除器官的目的，就无法对其本身的道德对错作出道德判断。在福克斯看来，上述这几种看法会让我们有理由对内在恶理论表示怀疑。诚然，在这几种观点中，具体的人性行为是唯一完全意义上的道德行为，因此是可以判断其是道德上善或恶的行为。不过，这几种看法均认为应根据其对象、环境和目的一起来判断行为的道德正确性或错误性。

　　上述的讨论涉及传统伦理神学所使用的一些基本理论。第一，行为道德性三源泉理论。据此理论，人们要判断某一行为的道德对错，必须充分考虑该行为的对象、做该行为的环境和目的，但与环境和目的相比较而言，行为的对象在判断行为的道德正确性中具有优先的地位和特殊的重要性。第二，双重效果理论。据此理论，人们做某一行为会产生善恶后果，行为的某些恶果只有在它们仅是被间接意欲的意义上才被认为是可容忍的。因此在富克斯看来，问题是，在什么条件下，一个被描述的行为（如杀人、避孕、撒谎）会被如此明确地被判断，以至于所有其他的环境和目的与其正确性或错误性是道德上无关的。什么时候，引起实现某一重要善时无法避免的恶果（如由治疗否则必死无疑的孕妇的行为所导致的胎儿死亡），是如此明显地是道德上错误的，以至于这样一种恶只可根据"间接意图"才可证明是正当的。

3. 内在恶与义务论论证

福克斯指出，目前对"内在恶"的讨论，涉及到伦理神学中目的论和义务论的论证方法。目的论根据行为结果及其相称性（比例）来判断行为的道德正确性或错误性。义务论，则不以行为的结果来判断行为的道德正确性或错误性。该方法声称，有些行为是"内在地错误的"，如撒谎、自杀、避孕等等。义务论的出发点基于"官能或行为的本性或自然目的"或"缺乏权利"。对于义务论论证模式，福克斯给予了比较详细的讨论。

义务论的第一种论证模式是从"行为的本性"或"官能的自然目的"出发的论证。这一论证特别表现在关于性的本性和人类语言的本性之传统观念中，即：反对性的"非自然的"使用（不贞洁的行为），反对对人类语言的"非自然的"使用（撒谎）。有人对此提出异议说，这一论证没有区分开作为创造者的上帝的意志与上帝的道德意志。一方面，人们一直认为，根据行为的特定本性（如人的性或人的语言），我们是不可能理解自然的生理、生物、心理规律的，这是上帝的意志，因为这些自然规律是被上帝创造出来的，因此就是作为创造者上帝的意志。另一方面，也有人说，从作为创造者的上帝的意志，我们无法推导出什么是上帝关于人应如何使用受造实在——自然规律的意志。上帝的道德意志，因而人的义务，在某一行为的本性或自然目的中是不会得到显示的；相反，道德的正确性应由人的道德判断来发现，这种能力是上帝赐予人的。可见，道德正确性不是通过人的性或人的语言的自然目的发现的；相反它在于人作道德判断的能力中。人们完全同意，为了对人的行为作出正确的判断，考虑创造者上帝所意愿的特定自然实在（如性和人的语言）是重要的。但是，"无需考虑整个具体的人的实在，只考虑这一特定的自然实在就可以对正确的行为作为道德判断，即：不考虑这一实在整体的所有因素的相关性，就不可能得出'内在恶'。所以，手淫和说假话就不是不贞洁或撒谎，如果有相称地重要的理由。"[6]

---

6 Joseph Fuchs,*Christian Ethics in a Secular Arena.* Washington, D.C.: Georgetown University Press, 1984,p.78.

义务论的第二种论证是根据"缺乏权利"的论证。该论证主要用在人的生命和人的身体的领域。根据基督教传统信仰，"只有上帝才是人的生命和人的身体的主人"这一表述当然是正确的。在此意义上，上帝是一切受造物的主人，因而只有上帝才有权利处置人的生命和人的身体。对此论证方式的异议是，它没有区分开作为一切受造物之主人的超验上帝与被认为是社会中的主人或立法者的上帝（他赋予权利又为自己保留权利）。在这后一种意义上，上帝既不是一切受造物的主人，也不是人的生命和人的身体的主人。所以可以说，关于人的生命和人的身体的正当的或不正当的处置，从"只有上帝才是人的生命和人的身体的主人"这一表述是不能推导出任何结论来的。"只有上帝才是人的生命和人的身体的主人"这一点仅意味着：禁止人们专断地处置人的生命和人的身体；如果人有权利处置人的生命和人的身体，那么这得由人反思人的自然本性，反思人际关系的本性及反思人类社会的本质来发现。因此，以义务论为依据的"内在地错误"的说法就是不能成立的。

4. 道德恶、前道德恶与内在恶

近来对"内在恶"的讨论还涉及到道德恶与前道德恶之间的区分。福克斯指出，道德恶与道德善相反，指这样一些恶，如果自愿实现的话，这些恶会使作为一个整体的人成为道德上恶的。因此，道德恶指人的道德品质方面的恶劣，在此意义上，是"内在恶"。道德恶的例子有：愿意不公平、不贞洁、不诚信、亵渎或诱导人犯罪。这些道德恶并不表明哪些具体的行为违背了公正、贞洁、诚信等等。就是说，道德恶并没有指明，哪些具体行为是道德上正确的，哪些行为应该去实现。在前面福克斯就已经说过，对"内在恶"的讨论并不涉及个人的道德善，而仅涉及行为的质料的道德正确性。行为的道德正确性或错误性，跟道德善或恶无关，而跟前道德的善或恶有关。

前道德恶涉及人的福祉（幸福），指以这样或那样方式违背或阻碍人的福祉（幸福）和发展的任何东西。主要的前道德恶有疾病、死亡、落后、消沉、文化丧失等等。如无确切的相称理由，而把前道德恶引入人的实在中，这就是错误的行为。因而，为了确定哪些行为属正确，对前道德恶的思考就是道德上相关的。

在福克斯看来，尽管人的道德善与其行为的道德正确性从本质上说是一致的，但事实上情况并不总是如此。也许有人对人类的幸福（福祉）作出巨大的贡献，但这只是由其利己行为（如为了赢得荣誉）所激发推动的。他做了道德上正确的事情，因为他创造了前道德的人类善或价值，但他不是道德上善的。显然，在前道德的错误行为与道德上恶的行为之间存在着一种关系，这一关系必须予以考虑。一方面，道德恶与前道德恶存在区别。另一方面，道德善的要求是，我们应尽可能避免前道德的恶，做道德上正确的行为。这就引入了一个问题：在什么情况下，实现前道德的恶是道德上错误的。

福克斯指出，道德上正确的行为可以被理解为实现前道德的善或价值的行为，但人们在实现前道德的人类善或价值的同时，会在同一行为中带来前道德的恶，例如，财富积累可能会导致他人的贫穷。不实现人类善和价值是前道德的恶。在这样的情况下，如何确定人的行为的道德正确性，的确是一个问题。面对这种情况，今天很多伦理神学家坚持认为，除神的善和道德善外，其他的前道德善都不是绝对的善。同样，也没有前道德的恶是绝对的恶，即不存在要绝对避免的恶。例如，过去我们常常把"人的生命"这一价值理解为所有价值中的最高价值，但现在我们不会重复这种表述。我们称人的生命为"基本的"善，但决不是绝对的善。

上述解释表明，既然前道德的恶不是绝对的恶，那么，实现前道德的恶就不会构成"内在恶"。在福克斯看来，从肯定方面说，因为在每一个行为中前道德的善和前道德的恶共在，所以我们必须通过考虑在一个行为中的所有的善和恶并评价是恶还是善在行为中占优势，考虑在此评价中所涉及的价值的层级及具体行为中某些价值的紧迫性，来确定此行为的道德正确性或错误性。如果前道德的善对于前道德的恶占有优势，就证明实现前道德的恶是正当的。由此看来，以义务论为基础的"内在恶"，或某一行为本身先天就属错误，这是不可能的。只有表明存在这样一个前道德的恶，它的实现不能由任何前道德的善证明为正当，此时我们才能说它是"内在地错误的"。

福克斯指出，伦理神学家会遇到一些复杂的难题，如：如何证明在实现前道德的人类善时实现前道德的恶为正当具有相称的理由，不同范畴的善和恶（如生命、财富、文化、生命质量）如何作比较的评价。这两个问题在伦理神学中并不属于新问题。传统伦理神学家也意识到这些问题，并认为确定相称理由是可能的，确定的依据是双重效果原则或爱的秩序原则。因此，虽然会遇到很大的困难，但这些困难不会妨碍问题的解决。

第三节　关于无例外的道德规范

一、行为道德性的根源

福克斯指出，为了阐明道德规范对具体行为的意义，就应该更进一步探讨道德恶与前道德恶的基本区分。在他看来，真正意义上的道德，只有通过人类行为，通过源于人的深思熟虑和自由的决定的行为，才是可表达的。人类行为只能根据行为者的意向来实施。所以，我们不可以说，作为实现人类恶的杀人是道德上善的或恶的；因为杀人本身，如果它不涉及行为者的意向，就不能构成一种人类行为。另一方面，"因贪婪而杀人"及"自卫中的杀人"在某种意义上牵涉到行为者的意向；前者不可能是道德上善的，而后者则有可能是善的。

这里提出的问题是，人类行为何时是道德上善的，何时是道德上恶的。关于这一点，此处首先必须区分两种意图。第一，行为的意图是实现一种前道德意义上的人类善或价值，如生命、健康、喜乐、文化等等。第二，人们考虑实现一种人类非善，即一种前道德意义上的恶（非价值），如死亡、伤害、错误等等。福克斯主要讨论人们意图实现善但必然涉及到还会带来恶这种情况。在他看来，如果可以证明导致恶是意欲实现善的相称理由，那么我们就可以判断，在这种情况下，唯有善才是被意欲的。例如，外科手术是一种健康措施，其目的是治病，但同时也是恶（即伤害）的原因。然而，我们可以把伤害视为一个人类行为——即治病措施——中的一部分，同时考虑到治病（恢复身体的健康）才是被欲求的，这伤害就是可以证明为正当的。外科手术在道德上是正确的，因为行为者仅欲求和实现一种善，一种前道德意义上的善，即身体健康的恢复。如果外科医生打算做比实施手术所要求的更多事情，那么这"更多事情"就不能由治疗疾病来证明是正当的。也就是说，外科手术会被理解和接受为一种恶，一种前道德意义上的恶，此种意义的恶进入医生的意向之中，此时它就成了道德上恶的。由此可以下结论：第一，如果不涉及行为者的意向，一种行为在其质料（杀人、伤害）上是无法作道德判断的。只要是人类行为，就一定会涉及行为者的意图或意向，而只有对人类行为，我们才可以说它是道德上善或恶的。第二，由人类行为者实现的前道德的恶一定不是按本身意欲的，它的正当性必须根据整个行为通过恰当的理由才会得到证明。

福克斯对传统有关行为道德性的三来源（行为道德性的三个根源）之学说作了思考。根据这一学说，特定行为的道德性质，不仅由行为本身的道德性决定，而且也由行为环境和目的的道德性决定，不过其条件是，行为的目的和特殊环境均不能取消对行为的否定性判断，即道德恶不会因为善良目的而成为道德善。虽然福克斯强调不考虑行为者的意向就不能对行为作道德判断，但道德判断需同时思考前道德的三种因素（行为本身、环境、目的）才可合法地作出。

关于目的在判断行为道德性中的地位，天主教传统有"目的不证明手段是正当的"这个观点，其实际含义指，目的不会证明道德上恶的手段是正当的。在福克斯看来，这一表述是正确的。在已经确定某一行为是道德上恶的情况下，并且就此而言，就不可以实施此行为作为达到某一善良目的的手段。但是，如果某一行为所针对的是前道德意义上的恶（如死亡、伤害、侮辱等等），那么意图并实现某一种善就很可能证明做某一种恶（例如，为了健康或器官移植而施行外科手术的恶）是正当的。我们可以说，第一，实施该恶的行为，独立于道德上恶的意向，是不能作出判断的；第二，在一个人类行为（健康关怀、器官移植）中，做前道德的恶不是一个孤立的行为，而只是一个行为的一个因素。所以，道德上恶的行为就不会被用作达到善良目的的手段。因此，存在这样一些情形，即：在行为的进程期间，恶果在时间上或物理上先于善果，那么，人们就会认为应禁止该行为，因为否则善果就会通过实现恶果（作为手段）来达到。实际上，许多人不能明白，在生命受到威胁的情况下（例如在异位妊娠或子宫患病的情形中），摘除胎儿为什么会被禁止，而从患严重子宫疾病的母亲身体中连同胎儿一起摘除器官则是许可的。在这两种情况下，都涉及到对胎儿生命（一种前道德的价值）的责任。这一看法没有考虑到所涉及的恶不是道德意义上的恶而是前道德意义上的恶（如伤害、失去名誉、死亡等等），因此也没有考虑到此恶不是作为具有其自己道德性的单独人类行为，在此情景下此恶就不是作为达到善良目的的不道德的手段，而是作为由行为者的意向所规定的一个行为的一个组成部分。

二、无例外的道德规范问题

关于是否存在无例外道德规范的问题，是当代天主教伦理神学中最有争议的问题之一。所谓无例外的道德规范，指超越历史、文化和社会的环境，在任何情况下都普遍适用的道德规范。福克斯是这一持续争论的最有影响的参与者之一。

一般的观点认为，存在三类不具争议性的无例外的道德规范。第一，诸如"应公正"、"应公平"、"总应尊重他人"等等形式的道德规范，它们总是有效的，这些规范禁止不公正、不公平和蔑视他人。但这类规范并没有具体说明哪些具体行为是被禁止的，因而不能为处理公正、公平和尊重他人的具体问题提供任何实质的解决。第二，诸如"不可谋杀人"或"不可对人残忍"等等分析的道德规范是无例外的。这类规范包含"违背它们的任何行为都是不道德的"这一评价性成分。例如，因为"谋杀"等于"未被证明为正当的杀人"，所以，被确定是谋杀的任何行为，从定义上看，在道德上就是未被证明为正当的，因此是错误的。尽管分析的道德规范预设某些一般的环境，以便确定某一行为是否由一个规范来支配（如禁止杀人要求杀人不应是自卫、在战争中杀人或意外事故的情况），但是这些环境在规范本身中不会列举出来。第三类无例外的规范也不会被任何人怀疑，这些规范具体说明了一个行为被认为是错误的特定环境。"不可出于愤怒或嫉妒而杀害你的配偶"、"不可为愉悦而踢狗"、"不可未经他的许可，仅仅是为了使他狂怒而夺他的财物"，就是一些在其中行为的道德性质由其特殊的环境决定的例子。

当代天主教神学认为，唯一一类有争议的无例外的道德规范是，它们禁止由道德行为者以事实的、非评价性的、道德中立的语言描述的具体的、可详细说明的行为，不管伴随的环境如何，总是错误的。而且，这些无例外的道德规范在任何处境或环境中，在过去、现在或未来，都是有效的，不因时代的变化而发生变化，是不可更改的。在行为中可能产生的东西，不管是否可以预见，都决不能使这些规范变得不可适用，或使由它们禁止的具体行为成为道德上正确的。因而，无例外的道德规范的核心涵义指，这些规范规定不管什么处境或环境某些行为都是错误的。

对于上述有争议的无例外的道德规范，福克斯清楚地予以了否认，他认为绝无可能存在这类道德规范。为此他提供了四个理由。第一，自然法（道德原则或规范）本质上具有开放的性质。福克斯指出，在行动中，人们的理性会不断地反思其日常生活经验，这意味着我们的道德规范存在着内在的暂时性。随着人们对幸福和在具体处境下有利于达到此目的的行为获得越来越多的见识，就很有必要在某些道德规范的内容方面作出相应的调整。当然这并不是说道德规范在不断地发生变化，或者新的道德见识持续地要求对长期存在的道德规范作出修改或重新表述。但是，作为人的理性反思经验并以命题形式综合正确理性作出的判断的持续过程的产物，道德规范总是容易发生改变，这应该被认为是团体的道德智慧的暂时性的体现，随着我们对特定行为有更多了解，就必须对这暂时性的表述作出进一步的具体说明或修改。由此可见，人反思经验的理性的持续的、开放的过程最终会导致得出这一结论：某些无例外的道德规范实际上并不是无例外的。

第二，作为起源于受特定文化和社会价值制约的历史性团体的理性产物，道德规范可能会把特定的行为呈现为总是、在任何地方都是道德上错误的，而实际上这只是反映了各自团体的道德信念，并不值得理解为"无例外的"。在福克斯看来，由于我们的道德判断和规范无法完全摆脱历史的局限性，所以对于把我们文化和社会的标准纳入我们的道德规范，我们应该持谨慎的态度，应该限制它们适用性的范围，使它们在某种处境下才是无例外的。也就是说，对文化和社会根源的批评性意识表明，据认为是无例外的道德规范是某一特定的道德信念的反映，只在其团体的处境下才是有效的。

福克斯对存在无例外道德规范之立场的批判的第三个理由，是人学方面的理由。根据他的看法，人是历史性的存在，他是可以变化的；他是动态的、演化的存在，会被他所拥有的价值、他所实施的行为、他与环境的互动、以及他的文化和社会的教养所塑造和修改。人是正在形成的存在，而不是已完全发展的存在。福克斯声称，既然人是历史性的存在，这就要求，在不同的时期，人的历史性提出了对意在保护和促进人类幸福的道德规范作出相应的调整。人的可变性牵涉到，对于某些人或社会，在特定发展时期，随着人类的演化和为了获得具体的、整合的人类繁荣兴旺而要求不同的结构、制度和行为，被认为是无例外的道德规范就会有例外。但福克斯也强调，人的变化实际上是否是修改或拒绝之前是无例外的道德规范的充分依据，只有通过思考为获得人类幸福这些变化是否真正要求不同的道德规范才能具体地予以确定。因而，人的发展和变化表明，为了促进人的幸福，无例外的道德规范需要予以修改。这表明，"不管环境和处境如何，无例外的道德规范在任何地方总是有效的"这一判断是存在问题的。关于人的历史性与道德规范的关系，下一节将作更细致的分析。

福克斯为否认存在绝对道德规范所提出的第四个理由，被认为是一个关键性的理由。他指出，根据神学和哲学的研究结果，人不是能够详尽预知未来的无所不知的存在。人们对人自己和世界的知识总是不完整的、不全面的，而且所获得的知识也是不确切的。此处是想指出，为了断定某一规范无例外，以及它所禁止的行为不会被证明属道德上正当，人们就必须预见在未来可能产生的所有可能的环境，而这实际上是不可能的。人类无法预知未来的环境，因而无法知道无例外的道德规范在具体处境下的有效性。因而，从理论的层面上说，我们必须拒绝存在某些道德规范在任何地方、任何环境下都总是无例外的这一观念。不过福克斯又指出，这并不意味着在实践的层面上我们应该怀疑广泛接受的无例外的道德规范的有效性。拒绝无例外的道德规范在理论上的可能性，并不涉及到在实践的层面上道德行为者必须否认由道德规范所传递出来的集体道德智慧。在我们的日常生活中，我们应该把在道德规范中综合并经过长期考验的累积的道德判断视为正确的，视作是正确理性的表述。也许在将来，会产生一些表明在某些广泛接受的道德规范中有缺陷并使其在特定具体处境下无法适用的例子，但这种可能性不应该影响人们在实践中愿意接受公认的伦理智慧为有效的。关于这一点，后面的第五节会有所涉及。

第四节　人的历史性与道德规范

福克斯指出，人的世界是一个物的世界，它在时间和空间中存在。世界处于永恒的演化和变化状态，在此意义上，它有其自己的历史，即自然的历史。人，正如他把世界视为物那样，发现自己也是这一客观世界的一部分，人也有其自然的历史。

福克斯进一步说，人发现并体验自我为历史的东西，即作为位格和主体。一方面，作为位格和主体，这意味着，人能够感觉和体验自己，是能够反思、有自由、有责任、有道德意识的存在。另一方面，作为位格和主体，人有一种不同于"自然史"的历史，即不同于作为物的世界的历史的历史。人不仅有历史，而且其构成也是历史的。人本质上是道德的和历史的主体。人总是他自己，但人是作为在时间和空间中有其自己持续自我发展的位格和主体而生活和展露出来的。人们持续地解释和改变客观世界中的东西，以及作为主体和位格的自我本身。因此，在人生命的历史中持续的自我展现不会变成一种简单的重复。既然人必定是持续地实现自我，那么作为主体的人就会持续地面对确认做什么和如何作决定的必要性。

因而，人总是感知自我为历史性的存在，他不仅生活在现时，也生活在过去和未来，在此过程中，人总是同一个主体，但是他是在历史中生活，生活在一定的时间和空间中。在此历史性过程中，人们会遇到各种问题，他必须寻找对于连续的生活瞬间来说更适合的解决方案，通过这些方案，人评价整个具体实在和行为。

由此，人的这种历史性和主体性产生了一个问题。随着时间和人的生命的消逝，位格仍然保持是同一的主体，仍然是具有特殊性的这一特定的人。因为人度过他自己的历史，成了这一个人，这样，人才会站在这一确定的点上。从这一点开始，人必定会度过他自己的历史，并通过改变世界来改变自己。既然人要负责任地生活，那么他就必须寻求以之为生活依据的真理，即行为的真理，具体的充满着偶然性的真理。在福克斯看来，人也不必时时处处都亲自寻求生活和行为的真理，因为人生之初就已经发现存在一些公认的道德规范，这些规范有助于人们在具体情况下发现道德的真理，并使在社会中一起生活变得简便。这些规范可以解释预期人们在社会中应有的行为，这样理解的道德规范虽被认为是普遍的，但它们不能为个人生活的所有细节提供具体的道德真理，不能在历史过程中为某一特定的团体或社会提供真理。

福克斯指出，我们在人身上可以发现一种绝对有约束力的道德秩序，这一基本的道德秩序被称为"自然法"。自然法规定人的道德责任或义务，其主要功能是使人实现人性，达到圆满的真正人性。"人性"不是抽象的形而上学概念，它表达的是构成此时此地的人的整个实在。按福克斯的理解，如果道德自然法是伦理的要求，其基础在于人的位格，那么，就人能够正确地理解和表述规范性的道德命题和判断而言，自然法本身就是"人自己"。也就是说，自然法是人在阐明和发现"人的自我实现的秩序"中的负责任的自我，因为人是历史性的和道德的存在，因此人的"给定的本性"必须通过人本身"越来越人化"。因此，是人本身在其自己的历史性存在的结构中发现自然法。福克斯坚持认为，谈论自然法有两种方式。从哲学上，自然法表达的是人经验自我为一种历史性的存在，需要自我发展，以实现人自己的历史性的圆满。从神学上，它表达的是一种拯救性实在，在此实在中，上帝确立人自由地和负责任地不断追求对人的存在的正确的、更好的理解，相应地追求人性的圆满实现。

　　既然人在构造上是历史性的，那么发现自然法的努力也必定是历史性的。在解释和判断人的整个历史性存在时，人发现人的行为的正确性，以及对人性的正确实现，由之人们推导出大部分的道德规范。这一过程福克斯称之为"对具体实在的诠释性理解"："现在回到道德规范问题，强调某些非常重要的论点是可能的。人——主体是历史性和道德性的存在，它在受造性的现实中实现自身，这也呈现自身为一个持续的历史。另外，这种受造性不会以一种纯粹'客观的'方式被把握，而是被发现要不断地被解释和评价。只有以这种视角思考人，认识和表述道德规范才会是可能的；只有这样人们才能理解道德规范应被如何理解。"[7]

　　福克斯的结论是，被认为普遍的规范不可能充分地考虑个体的具体问题的所有因素，社会所传承下来的所有道德规范不可能充分地考虑到我们今天的现实，新的世代并不必然会拥有与过往世代同样的评价和判断，随着世代的变化，新的世代将会部分地改变他们处理问题的方式。由于人是历史的存在，因而其道德规范也具有历史性，道德规范会随着历史的进程而发生变化或需要修改。

第五节　道德规范的起源、功能及其局限性

一、道德规范的起源及其功能

　　根据福克斯，道德规范是人类理性在思考人的幸福及促进或阻碍幸福这一目的的行为之过程的产物，其最终形式是以命题出现的道德判断。在确定什么行为会促进或阻碍幸福的持续思考过程中，既牵涉到公认的共同智慧的积极运作，也牵涉到对道德规范的进一步修改和精确化，或补充共同体的另外的道德洞见。

　　道德规范起源于反思经验的理性，这意味着，道德规范可能具有某种程度的可塑性，不仅可以解释人在其中生活和行动的可变的文化、社会、经济和政治处境，而且因为人生的具体实在和处境，道德规范是能够改变和发展的。例如在神学领域，我们对宗教自由的评价、婚姻之爱的意义、人的内在尊严，以及妇女的地位，都曾经发生过实质上的改变。这些改变对适用于这些问题的道德规范也应作出相应的修改。

7　Josef Fuchs, "Storicita e norma morale", 转引自 David M. O'Leary, *A Study of Joseph Fuch's Writings on Human Nature and Morality*(University Press of America, 2005), pp.49-50.

　　而且，许多限制人类行为的机制和实践环境也有某种程度的可变性，这表现在：为了人类的利益而建立起来的政治和经济制度有时候会被重建，其活动范围会缩小或扩大；影响人类幸福（福祉）的新技术也会提出前所未有的问题和可能性；影响家庭生活、工厂、物理环境以及经济安全和稳定性的变化也会在全世界经常出现。所有这些都要求人类做出某种程度的回应，因而为适应这些变化的环境，作为保护和促进人类幸福的道德规范也应作出相应的调整或修改。

　　因而，在人类历史上，也可能会有一些被正确地肯定为不管历史、文化、社会、经济或政治环境如何都是正确或错误的行为。但是根据福克斯，这并不排除依赖处境的道德规范为了满足潜在地变化着的世界而必须修改和更正的必要性。

　　既然道德规范代表着共同体的最终道德智慧，它们作为共同体的价值和道德判断的具体表现，那么这些规范就会给在具体处境中获得正确理性的道德行为者提供宝贵的劝告或建议。它们指明了应追求的前道德的价值和应避免的前道德的负价值，为实践的道德推理提供了标准，指导人们进行理性的思考，从而防止或避免错误行为的发生。

　　在福克斯看来，道德规范的价值主要是其指导和教育道德行为者的教化作用："规范的功能'只是'教学的功能。它们是正当实现的指南，即：作为抽象的东西，它们并不想成为具体的解决，至少从理论上说，它们也无法准确地标示出其自己的有效性范围。然而，从实践上说，它们是必需的，也是很重要的，因为参加共同体的人不能没有规范。在个人（作为其共同体的一员）未能完全找到解决办法的情况下，规范的'教学'作用就会达到其最高的强度。诚然，正是这些情况中，规范很容易被理解和实践为法律或戒律，因为它们并没有清晰地呈现其恰当的范围。"[8]在我们人的一生中，道德规范指导我们朝向人类善，显明在具体的决定中应予考虑的前道德的价值和负价值，为解决新的、潜在地前所未有的问题和情况的推理提供相对稳定的依据，促进逐渐地内在化的行为模式，从而帮助道德行为者养成正确行动的习惯。总之，道德规范通过提供促进人类幸福的标准而使人进入道德共同体，并可以持续地指导道德行为者追求正确的行为。

8　Joseph Fuchs, *Personal Responsibility and Christian Morality*, p.146.

二、道德规范的局限性

福克斯强调，尽管道德规范在辨识行为的对错方面具有不可或缺的地位，但它们也有我们看来必须清楚认识的局限性。他指出人们需要避免这一错误的假设：获得正确性只在于服从道德规范，即在具体处境中直接应用它们。福克斯承认，道德规范的目的，是帮助人们在具体处境下确认正确的行为。但在确定正确性的过程中，被表述用来调控某一处境下的行为的特定道德规范与理性的判断之间会存在概念上的鸿沟；因为在任何具体的处境下，道德行为者都必须确定该规范是否正确地表明了最终的行为方案，从而应接受为有效的，或者该规范是否会有缺陷，从而应予以拒绝。这两者都表明，在具体处境下的人的理性判断先于各自的规范，并最终比规范更具权威性。福克斯指出，人的理性超越规范，并判断其在给定环境下的适用性这一点，在任何道德决定中都会出现。就人的理性决定某一规范在一个具体处境下的有效性而言，道德的规范性被表明在于理性的深思熟虑的判断中，而不在于道德规范本身中。因此，只有就道德规范体现具体处境下的正确性而言，它们才拥有道德上的约束力。

在福克斯看来，道德规范的另一个局限源于人自身。因为道德规范起源于特定的共同体，是人的阐释、评价和判断的产物，因而其有效性取决于共同体的道德思考和洞见的性质。总的来说，这意味着道德规范既可能体现共同体的最好的性质，也可能体现共同体的最坏的性质。共同体会存在有害的偏见、错误的价值和理智的愚钝。因而作为共同体智慧表现的道德规范难免会有错误的可能。

另外，表述道德规范的过程也可能会受人的理性无法把握道德上有重大关系的处境和环境的影响，这可能会使规范有两种不同的缺陷。第一，由于对重要的背景信息的无意忽视，或由于漠视相关会限制规范的范围和适用性的事实材料，或由于没有详细地确定适用规范的精确环境，规范的建构就会存在错误或不完整。所有这些因素最终可能会导致得出的道德规范太过宽泛、不明确或不充分地注意道德上有重大关系的信息，以至于在具体的处境下道德规范不能反映正确的理性。

由于人预知未来偶然性的能力有限，道德规范在某些情况下也可能会变得无法应用。表述和修正道德规范的过程的一个组成部分，是提出假设性问题（"如果……会怎样？"）的想象性行为，这样某些可能的未来情境会使道德规范的范围或内容方面受到限制。这一对各种可能情况的探索，属于持续尝试去验证某一具体道德规范的准确性或说服力之过程中的一个内在组成因素。但是福克斯提醒我们，尽管这样的尝试有价值，但也必须认识到，人的理性预知所有潜在地影响道德规范有效性的未来偶然事态或发展的能力是有限的。我们作出的预见，是建立在过去的经验和当前的认识以及未来可能的发展的基础之上的，人类对未来并不拥有明确无疑的认识。虽然有时候这些尝试非常准确，但也会有不准确的情形。不管哪种情况，我们预设的潜在的未来背景和环境，最终仍然是存在错误的预设，不可能达到完全的确定性。

在实践的层面上，人的理性无法预见未来并完全把握人必须在其中行动的处境和环境，这意味着，预先阐述的道德规范会有若干使它们不可适用的缺陷。它们原先阐述的特定的政治、经济、文化或社会条件不再存在；或者，这些条件已经发生非常重大的变化，足可怀疑之前广泛接受的道德规范的有效性。新的技术或发展（如试管受精、核武器、克隆）可能会要求之前完全没有的道德规范，也许为了获得人的幸福，还要对现有道德规范作出实质性的修改。从生理学、物理学、心理学、社会学、人类学或哲学中的发现所获得的新洞见，可能会证明我们对人和人类幸福所必要的条件的全新理解，因而，就有必要对为了保护和促进某些人类善而构建起来的道德规范作出相应的修改。

福克斯对道德规范的潜在缺陷的分析，其目的并不是想怀疑使用规范去确定正确和错误行为的可能性。在他看来，道德规范在传达共同体的集体道德智慧，在指导人们培育其道德敏感性以及面对具体选择时是必不可少的，重要的。他强调道德规范的潜在局限性，理由是：获得正确理性的能力（这应当是道德行为者在所有处境中的唯一关注），并不必然会通过服从或简单应用道德规范而得到强化。作为人的理性的产物，道德规范反映着它们的根源，即会犯错误的人，人的道德洞见是会发生变化的。因此，道德规范的应用总会伴随着一种"健全的实在主义"，意指既承认规范通常是寻求正确行为的有用帮助，也承认因上述理由规范不应总会毫无疑问被接受为具体处境下正确理性的完全体现。[9]福克斯指出，道德规范只在大多数情况下是有效的，但是不管什么理由，如果规范的指导与具体处境下为达到人的幸福而采取的行为之间存在不一致，那么规范的有效性就是存疑的。

9　参看 Joseph Fuchs, *Christian Morality: The Word Becomes Flesh*. Washington, D.C.: Georgetown University Press, 1981, pp.130-32.

福克斯把道德规范的功能确定为决定正确行为的指南或帮助，这一点与理性有所不同。前面已经论及，理性的任务是思考在整个处境中出现的前道德的价值和负价值，并判断在给定的环境下什么是道德上正当的行为。这意味着，在实践中，道德规范在道德思考中起着一种教化作用。它们使我们加入到共同体中，并传达反映共同体深思熟虑的道德判断的行为指南，它们会显明影响人类幸福的前道德的价值和负价值，并为在具体处境下决定行为道德正当性或错误性提供有用的建议。但是福克斯告诫我们，正确行为并不仅仅在于把道德规范应用于特定的情形，道德生活也不应该被认为是努力实现和服从道德规范；因为道德规范只提供帮助，这种帮助不能决定性地表明在具体处境下人们应该做什么。

福克斯对作为道德规范之起源的人的理性的分析，为解释持续地修正和阐明道德规范的出现和有效性或必要性，提供了有说服力的依据。作为人的洞察的产物，道德规范起源于确定的共同体回应特定需要以促进或阻止影响人类幸福的某些行为模式。在任何共同体中，道德思考都会表现出一种持续的尝试，以使适合于人类的关系、结构、制度和行为变得可以理解。由于共同体会经历到各种不同的变化，社会的、技术的、政治的、经济的、社会的和文化的变化，并且要努力理解在这些会发生变化的条件下人类幸福如何能够最好地获得，所以道德规范可能需要予以补充、部分地予以更正，甚至被抛弃；之前构成道德规范之权威性基础的洞见和判断需要予以新检验，以考察它们是否正确地表明正确的和错误的行为。因此，道德规范并不代表一套能够被认为在任何时间都有效的恒定的条规。作为人的理性的产物，道德规范必须反映具体历史处境下持续的、开放的经验。因此，为了反映人的理性的动态性，道德规范是容许修正的。理性要评价之前的判断的有效性，修改且进一步具体阐明公认的道德智慧，也许还会产生新的道德规范，这些规范或许可以表明安排我们的生活的更好方式。

而且，道德规范无法对人生活中产生的众多问题提供确切的、具体的答案。即使有可能掌握了全部的公认学说，也不可想象这种知识能够对个体道德行为者显明在所有特定处境下应该做什么或不应该做什么。另外，我们也可以怀疑通过参考道德规范就可以解决影响整体的人类繁荣兴旺的许多道德问题。许多道德问题，不可能通过拿出道德规范就可以解答的；因为对这些问题的解答，根本上依赖于对只能由个别的道德行为者在给定的处境下才能获得的具体的特定情况的详细知识。

第四章　路易斯·詹森

路易斯·詹森（Louis Janssens，1908-2001），比利时鲁汶天主教大学（the Catholic University of Leuven, Belgium）伦理神学教授，相称主义的代表人物之一。其主要著述有："爱伦理学中的规范与优先性"、"本体恶与道德恶"、"阿奎那与相称性问题"、"本体的善与恶、前道德的价值与负价值"、"对阿奎那某些论证的道德理解"和"目的论与相称性——对《真理的光辉》通谕的思考"。詹森的相称主义伦理学包括论阿奎那的人类行为观、论本体善与本体恶、论道德恶、论道德规范等方面。

第一节　论阿奎那的人类行为观

詹森指出，在中世纪伦理传统中，关于人类行为的结构和道德性，有两种不同的思潮。第一种思潮源于彼得·隆巴（Petrus Lombardus）。该思潮强调对象在行为结构中的重要性，认为对象能够通过其本身作道德上的评价，而无需涉及行为者。第二种思潮为坎特伯雷的安瑟伦（Anselm of Canterbury）所倡导，阿伯拉尔（Abaelardus）及其追随者对此思潮的主要观点作了阐释，后又被阿奎那所接受，并作了全面的系统化。这一思潮把人类行为之结构和道德性的界定与行为者联系起来。特别是，阿奎那详细考察了人类行为的结构及有关人类行为之道德评价。在詹森看来，"我们之所以从阿奎那的观点开始，是因为在我们看来，他的观点是考察本文所讨论的基本问题的可靠基础。"[1]

1　Louis Janssens,"Ontic Evil and Moral Evil", in *Readings in Moral Theology, No. 1: Moral Norms and the Catholic Tradition,* Charles Curran and R. McCormick(eds.). New York: Paulist Press, 1979, p.40.

一、人类行为的结构

詹森指出，阿奎那探讨人类行为的结构的出发点，是其关于行为主体及意志之内在行为的观点。他首先讨论了意志，称意志为人类行为的本质条件，因为作为理性欲求的意志是人所特有的，因而只有源于意志的行为（意愿行为），才可恰当地称为人类行为。接着，他讨论了行为本身。他先考察了意志的内在行为，即意志本身的行为，随后再转向外在行为，外在行为也是意志引起的行为。因此，行为者与行为的结构有着本质的联系，行为只有就其源于一个思维的、意欲的主体（能够做自由的意志行为）内部来说才可称为人类的行为，"只有那些完全可以由人控制的行为，才可恰当地称为人类行为。但人是通过其理性和意志的能力来完全控制其行为的。所以，只有源于自由意志并受慎思能力（理性）指导的行为，才可在恰当的意义上称为人类行为。"[2]

1. 行为主体

根据詹森，对人类行为结构的分析必须从行为主体开始。其理由是阿奎那所述的这一观点："所有源于某种能力的行为，都是由这一能力根据其自己对象的特殊性质（根据其对象的理性本性）塑造而成的，这一点是自明的。"[3]随后阿奎那又补充说，意志的形式对象是善的东西或被理解为善的东西。就行为由意志本身所引起而言，其指向的目标是达到善。这一原则可应用于每一种人类行为，甚至有罪的行为，因为在有罪的行为中，人仍然是意欲获得某种被理解为善的东西。其实，我们的每一行动都追求并努力实现善的东西，这意味着，我们是把善作为我们行为的目的来追求的。在此意义上，阿奎那写道："意志的对象是目的和善。因此，所有人类行为都必然是为了目的（为目的之故）而做的。"[4]或者更准确地说，我们通过行为来追求的善，在意志的行为中，因此在作为主体的我们之内，就起着目的的作用，即善具有目的的性质。可以看到，由于目的是意志行为的恰当对象，它就是行为结构的原初因素。这表明，主体或意志的内在行为包含在目的的定义之中，"意志专属于目的"，[5] "目的是意志之内在行为的恰当对象"。[6]所以，行为的每一种目的，

2　Thomas Aquinas, *ST* I - II, q.1, a.1.

3　Thomas Aquinas, *ST* I - II, q.1, a.1.

4　Thomas Aquinas, *ST* I - II, q.1, a.1.

5　Thomas Aquinas, *ST* I - II, q.8, a.2.

6　Thomas Aquinas, *ST* I - II, q.18, a.6.

都应视为主体或意志之内在行为的目的，即行为者的动机。阿奎那强调，我们必须把主体或意志的内在行为视为考察人类行为的出发点。

　　天主教伦理学的教科书通常对行为的目的与行为者的动机作出区分。这种区分的意图是，尝试通过其本身而无需涉及行为的主体，来获得对行为的道德评价，由此而证明道德评价与行为的对象或内在目的有关。不过詹森指出，阿奎那从未使用过这一区分。他强调，行为的目的总可以归结为行为者的动机。根据阿奎那的看法，没有主体的意志的内在行为，就不会有目的；反之亦然。目的，指意志的内在行为的恰当对象。也就是说，作为意志之恰当对象的善，就其是主体在行为中并通过行为而朝向的目标而言，只能称为目的；此目的总是行为者的动机。在阿奎那看来，这一点既可以用来说明行为的目的，也可以用来指行为者的动机。他认为，行为的目的是行为主体（行为者）引导行为朝向的东西，因此可称之为行为的原因（行为的理由），而行为者的动机是行为者最终指向的目标。阿奎那以一个例子来说明他的定义。砌砖工人想要建立一所房子，为此他们就必须根据建筑材料设计施行的操作。所建成的房子是行为的目的，而砌砖工人由此建筑而得到的收益——工钱，就是行为者的动机。砌砖工人为了满足其对工钱（行为者的动机）的渴望，就必须真想建房子（行为的目的）。行为的目的是砌砖工人的直接目的。因此，从定义上说，每一种目的就是意志之内在行为的恰当对象，即行为者的动机。主体是核心。在詹森看来，阿奎那的这一观点具有深远的重要性，"因为主体在行为中的决定性地位，使我们有可能认为，我们的行为不是一连串独立的、不连贯的行为，而是生命历史之整合的时机，在此时机中，凭借行为者的目的就可以实现统一性和整体性。"[7]

　　詹森的结论是，阿奎那的观点是以行为者为中心的，行为者的目的是人类行为结构的基本因素。那么，行为者的意志如何追求目的本身呢？阿奎那认为，意志以两种方式追求目的：以绝对的方式，此时意志在其自身中并通过自身（绝对根据自身）来意愿目的，或者会把目的作为它意愿达到此目的的手段之理由（作为意欲手段的理由）来意愿。

7　Louis Janssens,"Ontic Evil and Moral Evil", in *Readings in Moral Theology, No. 1: Moral Norms and the Catholic Tradition*, Charles Curran and R. McCormick(eds.). New York: Paulist Press, 1979, pp.43-44.

2. 内在行为：意志、意向与选择

关于意志以绝对的方式追求目的本身，阿奎那称此为"意志"或"简单的意愿行为"。詹森指出，阿奎那强调，作为意志之恰当对象的善，能够作为目的而在其自身中并为了自身而被追求，即使它与行为并无联系。他举的例子是，即使在没有做任何事情来保持健康或恢复健康的情况下，我们也能够希望健康成为一种为了其自身的绝对目的。当我们处理道德问题时，这一点是极其重要的。

根据詹森，在前面所述第二种情况下，目的也是为了其自身而被渴望的，但同时它也是作为选择使实现此目的成为可能的手段之理由而被追求的，即意志把目的作为它意愿达到此目的的手段之理由来意愿。所以，这不是简单的意愿行为问题，而是复合行为问题。复合行为由目的与手段构成。为了恰当理解这一观点，就必须强调，主体的目的决定手段。换句话说，从目的的观点看，手段的意义只能归属于某种事物，它具有从属于目的的意义

传统伦理学已经收集了许多适合于描述人类行为各种因素的术语。阿奎那把它们归纳为术语"意向"和"选择"。他对这两个术语分别作了定义："就意向存在于手段的范围内而言，意向是对目的的追求"；"就选择与目的的实现有关而言，选择是把意志集中在手段上。"[8]意向和选择这两个概念的质料意义是一样的，因为它们都包含有关整个行为——目的与手段——的观念。但它们的形式意义则不同。一方面，意向指行为结构的绝对因素，即目的本身，目的是手段被意愿的理由，因而是行为的原则，即规定行为的形式因素。另一方面，选择指行为的相对因素，即只是在目的达到前才有用的手段。前面说过，目的能够在自身中且为了自身而被追求，而手段本身是不会被单独意愿的，只有在意愿目的时才会意愿手段，困而在本性上，手段是相对于目的而言的。阿奎那写道："无论何时，只要人们渴望一种手段，他也就是渴望同一行为的目的，但相反的说法并不总是正确的。"[9]

上述句子中的"同一行为"这一表述意味着，对目的的意愿及对手段的选择构成意志的一个行为："很明显，意志的同一行为深植于对作为选择手段之理由的目的的追求之中，深植于对手段的追求之中。"[10]阿奎那对此命题作

8　Thomas Aquinas, *ST* I - II，q.12, a.4 ad3；也参看 q.12, a.1 ad4.

9　Thomas Aquinas, *ST* I - II q.8, a.3 ad2 和 ad3；q.12, a.4.

10　Thomas Aquinas, *ST* I - II，q.8, a.3.

了如下证明："当我说我为了疾病痊愈（目的）而渴望治疗（手段）时，我指的仅是意志的一个行为，因为目的是我渴望手段的理由。所以，意志的同一行为包括目标（治疗）及此目标的理由（目的，即疾病痊愈）。"[11]詹森对此指出，意志的行为是一个复合行为。阿奎那使用术语"意向"和"选择"，以表明这一复杂整体的构成因素。因为这两个因素，意志行为就是一个单一的动态事件，对此事件来说，目的是形式的、首要的因素（作为原则的目的），它引导和决定着意志朝向手段的运动，目的达到（作为完成的目的）时，行为就会立即结束。

3. 外在行为

在詹森看来，既然目的是完成，即必须由行为实现的东西，那么动态事件就不可能限于意志的内在行为。行为必须是为了达到目的而做的。实施行为就是积极地与实在（与事物，与我们自己，与我们的同胞，与社会群体，与上帝）相联系。意志的内在行为缺乏这种积极的联系。我们的意志必须依赖其他能力和我们身体的中间媒介，以期使意志与实在发生真正的联系。因此，我们的行为就不仅是意志的内在行为，而且也是外在的事件，即外在的行为。

这实际上是关于人类行为的统一性问题。意志的内在行为与外在事件是两个行为还是一个行为呢？阿奎那以比较的方式作了回答。由形式与质料（如人的灵魂与身体）构成的实在只是一个存在（只是一），尽管它有不同的部分（又是多）。与此类似，人类行为只是一个行为，但同时又是一个复合的统一体，在此统一体中，意志的内在行为是形式因素，外在的行为是质料因素。也就是说，作为意志的内在行为之恰当对象的目的是形式因素，作为达到此目的的手段的外在行为是同一人类行为的质料因素："目的之于朝向目的的东西，犹如形式之于质料。"[12]正如形式决定一个实在的独特存在一样，意志之内在行为的目的也规定着整个具体的人类行为，即目的给予人类行为以种类。目的决定着行为的道德种类。

詹森由此得出结论说，当阿奎那描述人类行为的结构时，他是以主体开始的。主体即意向的内在行为。意志之内在行为的目的是决定性的、关键性的因素：目的能够绝对地并为了其自身而被欲求，甚至无需涉及简单意愿行

---

11 Thomas Aquinas, *ST* I - II, q.12, a.4.
12 Thomas Aquinas, *ST* I - II, q.1, a.4.

为意义上的行为。只有从目的的观点看，才会清楚手段是什么，才会清楚手段是以目的达到时行为就会结束的方式与该目的联系起来的。

二、人类行为的道德性

阿奎那把主体或意志的内在行为视为其描述人类行为之结构的基础，同时也使用同一基础对意志和行为进行道德评价。他认为，理性是道德的尺度，"人类理性是人类意志的尺度，人从此尺度中获取其善性，它源于永恒法，即神的理性。"人类行为的道德善性取决于其与理性的关系。这既适用于简单意愿行为——在此行为中目的是在自身中并且为了其自身而被追求的，也适用于复合行为——在此种行为中意志是在手段中并通过手段而朝向目的的。

1. 意志、道德善与美德

作为意志的恰当对象的善是意志的目的，这是阿奎那的观点。当它与理性一致时，它就是一种道德善，此善是真正善。如果它与理性不相一致，它仍然是一种善，但此时它就是表面善，它也许符合一种特定的欲望。行为主体是否把道德善视为其行为的目的，取决于其内在的倾向。在这一背景下，阿奎那强调了美德的意义。道德美德是后天获得的倾向或习惯，这些倾向或习惯引导我们朝向作为目的的道德善，即使在我们不行动的情况下也会如此。例如，获得正义美德后，由于内在的习惯，我们就会热爱并意愿那些符合人类尊严的社会关系和条件，即使在我们不行动的情况下，或发现不可能克服我们自己行为中的某些陋习时，也会如此。因而有美德的人会朝向道德善，由于其内在的倾向，他会绝对热爱并意愿作为目的的道德善。

具有美德相当重要，美德会使拥有它的人成为好人，也会使其行为成为好行为。首先，美德会使拥有美德的人成为一个好人。它是道德上善的意愿行为的根源，这种行为能够使我们的意志放在绝对意义上并为了其自身的道德善上。因此，道德的描述并不直接涉及特定行为，而涉及人本身。由于其美德的倾向，人会把道德善当作其目的。其次，美德也会使好的行为变成人的行为，类似的习惯会产生类似的行为。阿奎那强调，美德会赋予我们与道德善的共存关系或亲密关系，它们也有助于我们辨识能够体现出热爱道德善的具体行为。例如，公正的人，由于正义美德，就会行出正义的行为。

2. 人类行为的道德性

根据阿奎那的观点，意志的内在行为（目的）与外在行为（手段）是同一个具体行为的两个固有成分："内在行为与外在行为在自然秩序中是不同的。尽管如此，它们联合起来，在道德秩序中就会成为一个东西。"[13]因此他反对这一观点：无需考虑主体、意志的内在行为或目的，就可以对行为的质料事件作出道德上的评价。在他看来，我们无法从道德上评价一个作为纯质料事件的外在行为。惟有意志的内在行为的目的才能规定行为的恶性或善性："目的，就其在意向中的在先存在而言，属于意志。因此，它给予人类行为或道德行为以种类。"[14]阿奎那举例说，作为质料事件的杀人行为，能够为了若干理由而实施，如施行正义（执行死刑，执行死刑在某些条件下是可以证明为正当的）或满足复仇的情感。这两种情况都有共同的质料行为，但如果从道德的观点来考察，我们就会发现，它们是截然不同的行为，因为在第一种情况中，我们会发现一种有美德的行为，而我们在第二种情况中则会发现一种败坏的行为。因此，就其是质料事件而言，具有相同特征的行为，可以具有截然不同的道德性质，这些道德性质是由质料事件所朝向的意志之目的的种类决定的。主体意欲通过其意志的内在行为来实现的目的，规定了该行为的道德性。因此，为了确定人类行为的道德性，阿奎那就选择行为的主体、作为意志之内在行为的恰当对象并给予该行为以善或恶的性质的目的，为其出发点：人类行为从其目的取得其道德的种类。

3. 目的在判断行为道德性中的地位

阿奎那强调目的（行为的形式因素）在判断行为道德性中的首要性。行为目的是讨论行为道德性的出发点。在阿奎那看来，目的本身能够是善或恶的。

阿奎那首先指出，有些行为有道德上恶的目的，此目的不是理性赞许的恰当目的或意向。由于目的是整个行为事件的形式因素，恶的目的就会败坏整个行为。阿奎那称行为目的为意向。所谓意向，就是把目的作为人类行为的理由来意愿。当目的是恶的时候，整个行为就是恶的意志的产物。并且，因为行为就其源于意志而言才是人类行为，该行为因其恶的意志就完全是恶的。正是在这一意义上，如果虚荣心是施舍者的动机，至少如果喜欢获得虚

---

13 Thomas Aquinas, *ST* I - II , q.20, a.3 ad1.
14 Thomas Aquinas, *ST* I - II , q.1, a.3 ad2.

荣的赞扬是施舍者真正的意向（行为的原因和理由），那么施舍就是恶的行为：
"如果恶的意向是意愿的原因，那么意志行为就不能说是善的。因为当人们
为了虚荣心而意欲施舍时，他意愿的虽是善的东西本身，但却属于恶；所以，
如果他这样意愿，那就是恶的。因此，他的意志是恶的。"[15]阿奎那意识到，
捐赠行为可以帮助接受捐赠的有需要的人，如果行为主体意欲捐赠为目的，
那么行为的目的（提供救济）就是道德上善的，但在所考察的情况中，行为
者的恶的意志或恶的意向，就是整个事件的理由（原因），并且，因为行为者
与行为的道德性之间存在非常密切的联系，所以，既然形式因素本身是恶的，
那么，此处的行为实际上就是恶的。当主体在其行为中追求几个恶的目的时，
情况就会更坏。为了说明这种情形，阿奎那举例说，为取得其意欲用来引诱
某人通奸的钱财而偷盗的人，严格地说，更是一个通奸者，而不是窃贼。当
然，他两者都是：他首先是通奸者，因为他意志的内在行为的主要目的是通
奸（主要目的），但他也是窃贼，因为他意愿不公正地获得钱财作为能够使他
可以实现其主要目的。因此，行为者的目的（意志的内在行为的对象）是如
此地具有决定性和关键性，以致于它的道德恶会影响整个行为，整个行为是
道德上恶的。

现在假设，行为者把其作为其意志之内在行为的目的来追求的善，就是
理性赞许的善。在这种情况下，如果整个行为不是单纯的意志冲动，而是实
现目的的意志，或换句话说，如果整个行为涉及真正意向的目的，该目的牵
涉到实现为了其自身的、并且也是行为的理由和原因的目的之意志，那么，
这一行为就必然是善的。根据阿奎那，这种论点并非赞同主观主义。相反，
它完全考虑到外在事件的客观方面，并考虑到行为者或意志的内在行为。詹
森指出，阿奎那以两种类似的方式对此作了解释。

第一，在大多数情况下，阿奎那使用了他有关形式因素与质料因素之间
的区分和内在结合的观点。在同一行为中，形式因素是意志的内在行为的对
象，即目的，而外在行为的客观事件则是质料因素。这既适用于人类行为的
结构，也适用于人类行为的道德性。意志行为是外在行为的形式因素。因此，
目的从形式上规定了人类行为的善或恶，规定了人类行为的道德种类或性质，
而该行为的善或恶的质料因素则从外在行为的对象中获得其质料的规定。然
而，不是任何种类的外在行为都可以成为一个道德上善的目的的质料因素。

---

15 Thomas Aquinas, *ST* I - II, q.19, a.7 ad2.

阿奎那强调，"目的之于手段（外在行为），正如形式之于质料。根据事物存在的方式，除非质料恰当地朝向形式，否则质料就不可能获得形式。因此，某种东西不可能实现其目的，除非它恰当地指向和朝向这一目标。"[16]当阿奎那讨论我们的终极目的，并证明只有意志正确地指向该目的（意志的正确性在于它恰当地朝向终极目的）时终极目的才能达到的时候，他也有同样的看法。但是，他的言论是想提供给我们一个适用于实现任何道德上善的目的的原则。但我们如何确定外在行为是恰当的质料，并且合适地作为实现道德上善的目的的中介是恰当的呢？外在行为什么时候会恰当地指向善的目的呢？通过把外在行为仅仅视为质料事件，这是无法知道的。相反，在外在行为的对象能够根据道德的尺度（即理性）来加以评价（对象符合或不符合理性）之前，必须把该对象置于行为的整个结构之内。例如，就性交是一个质料事件而言，它既能够在通奸行为中，也能够在婚姻行为中孕育生命，即具有一样的效果。但是，在性交被视为目的是其形式因素的整个行为的质料因素的情况下，婚姻行为和通奸在道德种类的层面上就是完全不同的，前者是合道德的行为，而后者则是不道德的行为。

第二，阿奎那试图通过使用"手段"（外在行为）和"目的"（意志的内在行为）概念来解释。他指出，根据其定义，手段与目的相关，因此手段必须恰当地与此目的相称。他说，为了成为真正的人类行为，该行为就必须源于意志。这就要求，行为主体必须具备有关目的的知识和手段的知识。也就是说，他必须了解手段与目的的相互关系。从其自己的定义上看，手段是相对于目的而言的，是与目的相称的。只有这样，主体才能根据对目的和手段的思考而采取行动或不行动。就外在行为与目的相称而言，即就外在行为适于实现目的而言，它只能是手段。就外在行为是手段而言，它不是为了其自身而被意欲的，而是为了朝向目的而被意欲的。只有就意志欲求目的，即意志在手段中欲求目的而言，意志才意欲手段。因此，目的是意愿手段的意志的理由和原因。在此意义上，目的是行为的开端和原则。手段是相对于目的而言的，它为实现目的服务。因此，当目的实现时，行为就会结束。与目的有联系的手段，是行为完成的中介。

总之，外在行为是手段，作为手段，它是相对于应实现的目的而言的，它是朝向该目的的，是与该目的相称的。这一点既适用于人类行为的结构，

---

16 Thomas Aquinas, *ST* I - II, q.4, a.4.

也适用于人类行为的道德性。当目的与理由一致时，它就是道德上善的。当作为手段的外在行为不仅为实现目的服务，而且也恰当地与符合理性的目的相称时，这些行为就分有了道德的善性。由此可以看出，外在行为分有作为道德善之原因的目的的道德善性。在概括自己的观点时，阿奎那清楚地描述了这一恰当比例："罪实际上是由与其指向的目的不相称的行为构成的。必须指出的是，与目的的恰当比例是由一个尺度来衡量的……理性就是源于意志之行为的直接尺度。永恒法是最高的尺度。因此，当人类行为指向与由理性和永恒法所决定的秩序相一致的目的时，它就是善的；而当此行为偏离此尺度时，它就是有罪的。"[17]

按阿奎那的理解，正如在行为的结构中，目的是选择手段的理由和原因一样，如果道德善行中的目的之善引导主体做这样一个外在行为，该行为的对象按理性恰当地相称于所要求的目的，那么它也会是该行为的理由和原因。例如，某人盗窃，目的是想把所偷之物送给有需要的人。根据此行为的质料因素来判断，我们就可以看到，它服务于这一目的：有需要的人得到救助。但如果根据道德（理性的秩序）来判断此行为，我们就会说，行为（手段）与目的没有恰当的相称性。相反，行为的质料因素与形式因素之间存在着冲突。主体所意愿的目的是对拥有财产权的肯定：窃贼希望有需要者拥有他送给他的东西。但是，通过其外在行为，他忽视或侵犯了偷盗行为的受害者之所有权。

如果把同一质料因素放到道德善行中，则情况会不同。例如假设，除了通过送给有需要者从他人那里抢得的东西外，没有别的办法可以挽救他因饥饿而死亡。在这种情况下，手段与目的之间是不存在冲突的，因为在这样的情势下，所有权必须让位于使用权。所以，这一情况不属于偷盗。因此，为了一个行为具有道德善的性质，单有主体的目的在道德上是善的这一点是不够的。从理性的层面考虑，只有在外在行为（质料因素、手段）按理性是相称于目的（形式因素）的情况下，在整个行为中，手段和目的没有冲突的情况下，该行为才是善的。只有这时，统一的复合行为才是道德上善的，因为在整个行为中，手段分有了目的的道德善性。也就是说，由于恰当的相称性，行为的形式因素（目的）的道德善性会影响行为的质料因素（即外在行为或手段）。

---

17 Thomas Aquinas, *ST* I - II, q.18, a.7.

因此詹森说，阿奎那并没有因他总是用主体或意志之内在行为的目的为出发点而陷入主观主义。他的观点始终是，行为的两个构成部分（目的和手段、或质料因素和形式因素）必须根据客观的道德尺度来作道德上的判断。意向必须旨在一个道德上善的、与理性一致的目的。这意味着，对恰当目的的欲求，是以理性对此目的的正确理解为前提的。只有当手段（外在行为、质料因素）恰当地相称于与我们对客观真理的理解相符合的目的，并且目的与手段之间不存在冲突时，它才会分有目的的道德善性。

4. 自卫中杀人的情形

詹森考察阿奎那伦理学的一个具体例子，即自卫中杀人的许可性，以此进一步解释他关于恰当相称性的观点。之所以选择这一例子，是因为詹森认为它涉及到其手段明显蕴含着本体恶的行为。首先，阿奎那确定了这一事实：同一行为能够有两个效果，一个效果是作为目的而被意欲的（在意向之中的），另一个效果不是作为目的而被意欲的（在意向之外的）。接着，他提到对行为作道德性质描述的原则：行为分有被意欲目的的道德种类（它们是善或恶的），而与对目的的意图无关的（在意向之外的）东西只是意外产生的，所以就没有道德的意义。

阿奎那考察自卫行为时，就应用了上述"道德事情从其目的取得其种类"这一基本原则。自卫行为可能会导致两个效果，即自我保存及攻击者的死亡。就我意志的行为的目的只是保护我自己的生命（被意欲的东西）的情况而言，我的自卫行为就是道德上正确的。此目的之所以在道德上是善的，是因为它与人性的追求相一致。尽可能地维护其存在，是包括人在内的所有存在的自然本性，"既然人的意向是挽救自己的生命，那么这一行为就不是不合法的，因为一切事物尽可能地保护自己的存在是十分自然的。"[18]但是，行为主体的目的在道德上是正当的这一点，仍是不充分的。人们不可以为了实现一个善良目的而为所欲为。那是主观主义。为了防止主观主义，阿奎那引入了恰当相称性之要求问题。在整个行为中，外在行为（质料因素或手段）必须恰当地相称于目的："如果一个行为与目的不相称，那么尽管它从善良的意向出发，也可能是不合法的。"[19]

---

18 Thomas Aquinas, *ST* II - II , q.64, a.7 in corp.

19 Thomas Aquinas, *ST* II - II , q.64, a.7 in corp.

在自卫杀人的例子中，阿奎那实际上解释了恰当相称性。在他看来，一方面，自卫中，暴力（手段）是用来对付袭击者的。对暴力的使用必然会导致本体的恶：袭击者会受到惊吓、受伤、或者也许会被杀死，因而暴力对袭击者是有损害的，甚至会产生严重的伤害。以此看来，我们必须尽可能限制暴力的使用。也就是说，暴力的使用必须保持在作为保护人自己生命（目的）的手段之范围内。或者，阿奎那说，如果防卫性暴力保持在由保护人自己生命的权利所标明的范围之内，即温和地对抗暴力袭击，那么，使用暴力来保护自己免受暴力的袭击就是正当的，因为行为者使用暴力是一种达到目的的必要手段。如果有必要使用一种会导致袭击者死亡的暴力，那么这一作为必要手段的防卫性暴力就是正当的。使用暴力导致袭击者死亡，是一种本体的恶，但在道德上却是正当的。但另一方面，当使用过度的防卫暴力时，即如果在自卫中使用多于必需的暴力，这就表明暴力的使用超出了由自卫目的所限定的范围，此时它就不再是手段。因此，过度使用暴力并不是与在意向之外分割开来的，相反，它作为被意愿的东西包而含在意向之中。在以武器威胁袭击者就可以控制他的情况下，杀死他在道德上就是不正当的。

自卫的唯一目的，是保护受袭击者自己的生命。对此阿奎那区分了两种情况：一种情况是，袭击者的死亡实际上是作为目的而被意欲的，即人们为了使自己免于死亡而意欲杀死袭击者。另一种情况是，袭击者的死亡实际上未被意欲，尽管从后果看袭击者会被杀死。在这种情况下，致使袭击者死亡仍然属于作为保护人自己生命的手段之范围内，保护人自己的生命是自卫行为的唯一目的，即受袭击者并不意欲杀死袭击者，而是为了保护自己的生命。在阿奎那看来，杀死袭击者的情形是在意向之外的。如果人自己生命的安全是行为者的唯一目的（被意欲的东西），那么行为的意义就是自卫，且只是自卫。如果袭击者被杀死碰巧是暴力自卫行为的后果，那么他的死亡就是在意向之外的，只是意外发生的情况。

由此可见，在自卫行为中，袭击者的死亡是意外产生的情况，是在意向之外的，这是阿奎那的论点。当人们明确地意欲杀死袭击者时，自我保护就失去了其唯一意向的地位，另一个明确地意欲的目标，即受袭击者意欲杀死袭击者，就会进入行为中，这时行为本身就会因为"道德事情从其目的取得其种类"这一原则而获得谋杀的意义。

　　阿奎那提出，其生命受到威胁的人，并不必然会做任何可能的事情，来饶恕袭击者的生命，因为我们必定是爱自己的生命胜过爱他人的生命。但袭击者的死亡为什么不应该是自卫行为的目的（被意欲的东西）呢？在回答这一问题时，阿奎那采纳了另一个原则：只有公共权威或他们的代表才有权为了捍卫公共利益而意欲某一个人的死亡。在这种情况下，杀人服务于一个更高目标，即捍卫公共利益。捍卫公共利益是意欲杀死袭击者的主要理由。任何人的生存权利都应该得到维护，这是毋庸置疑的。不过，特别重要的是维护那些尊重公共利益并服务于公共利益的人的生命权和安全，因为这种权利及这种安全是公共利益的根本要素，甚至在公共利益指杀死那些危及公共利益的人的情况下，这些要素也应得到维护。但阿奎那也非常清楚，甚至在这种情况下，如果对公共利益负有责任的人带有恶意（如有复仇倾向的人的愿望）去行为，该行为也会成为不道德的行为，因为"道德事情从其目的取得其种类"。

　　詹森指出，上述例子显然涉及到含有本体恶的外在行为。阿奎那表述了评价这些行为之道德性的一些基本原则。首先，关于人类行为的一般观点在这里也是适用的。如果外在行为（质料因素）是达到恶的目的的必要手段，那么该行为就是恶的。主体的恶的目的，是败坏该行为的形式因素。其次，如果产生本体恶的行为属于达到善良目的的手段，那么此行为就能够是正当的。在保护我自己生命的自卫行为中，我有权使用暴力：如果有必要，杀死袭击我的人并不会超出我必须用此来作为达到我的目的的手段之东西的范围。最后，假如存在某些条件，并且如果导致本体恶的行为本身是为更高的目的服务，如，公共权威有权杀死因严重罪行而危及共同善的人，那么，意愿这些行为就是许可的。这些看法表明，本体恶与道德恶是有区别的，同时它们之间也有联系。这一点，是詹森伦理思想的一个核心问题。

第二节　本体善与本体恶

一、本体的善与恶

1. 意向性的感受和愿望

　　詹森首先对当代发展出来的有关意向性感受和愿望的动态心理学给予了特别的关注，认为它们为反思本体善与本体恶（价值和负价值）奠定了基础。

所谓意向性的感受，指人们对朝向某种实在的情感体验。在詹森看来，我们在世界中的存在是一种与众多实在有联系的体验。这些实在包括物品和自然现象、动植物、人以及他们的活动和关系。在人的层面上，可以发现有社会关系、制度和机构、历史事件、客观文化的成就（经济学、科学、技术、法律、艺术作品、宗教等）。人类与其中大部分实在通过意向性的感受发生着联系，这有三种可能性。

首先，与某些实在的接触可以激发我们的积极或正面的感受，即是说我们快乐地体验这些实在。如果与实在的接触是对我们内心需求和欲望的回应，我们就会把它们体验为有用且有意义的。例如，晴朗的春日让我们觉得愉快，一段变成友谊的关系会给人带来喜悦，我们欣赏一幅艺术作品。对于高尚的行为，不管是自己还是别人做的，我们都会感到由衷的高兴。我们说的美德，比如公正、慷慨、宽恕等，都激发着我们内心快乐的一面。我们在世上之所以开心，是因为我们的人权受到尊重，组织机构使社交生活成为可能，或团体为世界和平做出贡献，等等。所有这些情况，之所以会使我们有积极、正面的感受，在于它们带给我们喜悦的诸实在本身的特质，这些特质被称为价值。价值是一种性质上的关系，即具有意向性感受的人和实在的彼此关系，诸实在激发起人们内心积极的感受。价值在我们的意向性感受中得以呈现。因而，意向性感受是对某东西的一种感受，是与实在的客观特质的一种情感上的联系。詹森说道："我们把我们的意向性感受在诸实在中呈现其为使人喜悦的客观特质（特性）称为价值。具有这些特质，因而具有价值，或者包含某种价值的具体实在本身，我们称之为好（善）。所以，价值也就是某一在为什么是好（善）的理由。正是实在的特质使它值得我们欣赏和快乐。语言的日常用法常称好（善）为价值，这是因为善（好）是具体的实在，价值就存在于此实在中，这种说法也是合理的。"[20]

其次，与某些实在的接触会引起我们内心消极或负面的感受，即是说我们的体验是凄惨或觉得遗憾的。根据引起负面感受的实在的本质，这种负面感受以不同的形式、形态、强度和持久性展现出来。因追求某种我并不是那么需要的东西时的挫败我体验到的不愉快，与我对种族歧视的厌恶，是截然不同的负面感受。对于无知的遗憾，无知虽然不是我意愿的，但会使我做一

---

20 Louis Janssens, "Ontic Good and Evil, Premoral Values and Disvalues", *Louvain Studies* 12 (1987) :72-73.

些对其他人不利的事，与对有意并主动引起同样不利的事情而有的懊悔，这二者是不一样的。缺乏让人舒适的小东西会是令人不快的，但与饥饿带来的悲伤或者集中营里的那种恐惧相比，这种情绪就很肤浅。然而，所有这些例子中相同的是，我们的意向性感受是消极的，因为它以这样或那样的方式显现了受谴责的实在的特点。"我们把实在的影响消极的特质称为负价值，称如此描述的实在为恶，这负面价值是实在之所以为恶的原因。"[21]

最后，意向性感受也可以是混合的，即同时有积极的一面也有消极的一面。假设一个很关心他病人安危的医生，因截肢而挽救了一个病人的生命，而感到开心，但同时，也会因给病人造成生理上的缺陷而感到遗憾。这个例子说明，当实在既具有让我们感到愉快的某些特质，又具有让我们感到沮丧的其它特质时，我们就可以体验到对实在的混合的感受。这尤其适用于我们的行为，因为我们的行为受到我们空间性和时间性的限制，在行为里，善和恶、价值和负面价值同时存在，相互联系。在某些条件下，我们的行为在道德上是正当的。甚至在这样的情况下，我们既会对我们带来的善或价值感到愉快，但同时也会因我们导致恶或负面价值而感到遗憾。这种混合的感受使我们更易于接受一些可能的选择，通过这些选择，相同的价值会伴随着负面价值的减少而得到实现。

说明我们与诸实在有联系的，除意向性感受外，另一个概念是愿望。所谓愿望，是我们对实在的动态开放性。这种动态开放性推动我们的活动或行为，并向我们表明，我们的行动中什么是好的（善）、有价值的，使得我们努力对之加以实现和使用，并努力让我们避免或者防止坏的（恶）和负面价值的发生。在詹森看来，一方面，我们对实在的动态的趋向是自私的，我们努力朝向善，因为这最终会使我们自己受益。我们之所以引导我们的行为朝向对我们有用或我们需要的实在，是因为这些实在可以满足我们的需求。我们努力扩大我们的财富，获得权力，赢得尊重和尊严。但由自私驱动的活动很容易让人堕落，沉溺于被取悦、贪婪、野心以及对权力的欲望中，简而言之，就是堕入各种形式的自私中。另一方面，我们对实在的动态的趋向也可以不是自私的。我们可以通过无私的方式追求能满足我们需求的实在，因为这些实在客观上是有用的，是我们维持生活所必需的。我们也可以无私地关心实

---

21 Louis Janssens, "Ontic Good and Evil, Premoral Values and Disvalues", *Louvain Studies* 12 (1987):73.

在，因为它们可以服务于其他人，即使有时候要以牺牲我们自己的利益为代价。我们能够超越自私的爱，并引导自己多为他人奉献无私和关爱，这就是仁慈和善行。

2. 本体的善和恶:前道德的价值和负价值

（1）道德与良心

詹森把对感受和愿望的反思引入了道德的领域。他指出，道德涉及我们自由的自我决定的根源（人的内在的倾向：美德和恶习）以及我们的行动。我们的责任在于发扬美德并抑制恶习。如果某一行为符合我们的良心，体现道德上善的态度或倾向，那么该行为就是道德上善的。根据天主教传统，我们绝不能违背自己的良心，也不可强迫其他人这样做，因为若这样做，就是在引导他们陷入罪恶。如果一个行为客观上适合于实现我们道德上好的意图，那么该行为就是道德上正确的。"道德主要关注人的性情或者内心的态度，以及人的意图，意图是我们行动中的习性的直接体现。善的性情和意图是形式的、起激发行为的因素，这些因素把善传达给行为，根据我们的信念（我们精心培育的良心），该行为可以体现出我们的性情和意图：当我们根据此信念行动时，我们的行为就是在道德上善的。道德正确性是一个真理问题：当一种行为客观上或实际上适合于实现道德上善的性情和意图时，这种行为就是道德上正确的。"[22]由于道德上错误的行为会给自己、邻居或者社区造成不利，那么，尽最大努力去发现哪些行为是道德上正确的，因而是应该做的，也找出哪些行为是道德上是错误的，因而是应该避免的，这是我们的道德责任。

由于对良心培育的忽视，良心也可能是错误的。这种情况下，对疏忽及随之而来的行为的道德错误，我们是有罪责的。然而，良心判断的错误，也可能是人类条件的结果，是作为认知主体的我们是有限的和易犯错误这一事实的后果。人类的理智，可以动态地朝向关于真理的知识，但还是容易犯错误。因此，甚至是精心培育的良心也有可能是错误的。在这样的情况下，它无法抵达真理，这个事实说明了人类的某种无能。我们不须对这种无能负责。我们只需要对我们良心的培育付出的关心负责任。然而，尽管有这种关心，我们的良心可能还是错误的，虽然出于真诚，但由于人类的无能，它又可能会引起道德上错误的行为。

22 Louis Janssens, "Ontic Good and Evil, Premoral Values and Disvalues", *Louvain Studies* 12 (1987) : 78.

（2）本体善与本体恶：前道德的价值和负价值

上述关于道德与良心的观点，表明了对具体行为的正确性或错误性作恰当判断的重要性和复杂性。因而詹森认为，探讨本体善与前道德的价值、本体恶与前道德的负价值之间的关系以及它们对道德的相关性，就是相当重要的一个问题。

詹森指出，我们这个世界的诸实在是被创造出来的，因此是偶然的、有限的。这些实在是善的还是恶的，是有价值还是有负价值，这取决于它们的客观特质，我们的意向性感受会独立于自由意志而被引导朝向这些特质。因此，"道德"这一术语并不适用于这些实在，道德与人的自由决定密切，只有源于自由决定（我们的内在态度和我们对具体行为的选择）的东西，才能是道德判断的对象。然而，我们在自由决定中对待这些实在的态度是很重要的。这些实在与我们的道德行为具有某种相关性，我们在行为中应予以考虑。但是从其自身考虑，它们并不会直接为具体行为提供道德规范。也就是说，对一个给定的善或恶的判断，以及对其价值或负价值的确定，尚不是道德判断，尽管它与道德判断相关。在此詹森使用"本体善"和"本体恶"的表述。形容词"本体的"适用于具体的事物，适用于有限的、世界中的诸实在。因而，本体善和本体恶与偶然的实在有关，偶然的实在是价值或负价值、善或恶的承载者。我们之所以称某一具体的实在为善或恶，是因为根据其特质它体现某一价值或负价值。因此，本体善对应于前道德的价值，而本体恶则对应于前道德的负价值。

一方面，使用前道德的价值和负价值的表述，强调的是"前"，因为它们是独立于我们的自由意志而存在于实在中，无关道德领域。道德只与我们的内在态度和我们的行为有关。就人本身而言，有道德的人也会被前道德的负价值（本体恶）所严重困扰，如有德之人会生病，会有痛苦等。在詹森看来，前道德的价值和负价值在我们行为中的密不可分，为判断行为道德上的正确性或错误性提供了客观的根据。另一方面，说价值和负价值也是前道德的，强调的是"道德的"，因为它们与我们的道德行为相关。道德必须服务于人和共同体的福祉。因此，根据其定义，价值可以促进福祉的这一个方面或另一方面。因而道德的最基本原则就是：尽可能地保护、促进和实现价值，是人的道德责任。我们也可以消极地表述这一道德原则。根据其定义，每一种负价值都对人的福祉的这一个方面或另一个方面或对其社会关系和团体有阻碍和不利。所以，我们必须尽可能地阻止、避免和消除负价值。对于这一义务，我们应尽最大的能力在道德上正确的行为中予以实现。

詹森指出，为了确定某一行为是否是道德上正确的行为，我们必须以爱作为最终的判断标准。爱的目的，在于整个人及其其所有基本方面的整个福祉（幸福），促进人的福祉，这"是责任伦理学的任务"。责任伦理学的基础是位格主义："卷入具有偶然、有限的善或恶，具有其价值或负价值的行为，这本身并不足以决定我们行为的道德性质，因为这价值或负价值仅触及人的一个方面或另一个方面。为了决定某一行为是否是道德上正确的行为（考虑了其所有的因素），我们就必须确定它是否真正对人起促进作用，假定我们了解人的所有基本方面。也就是说，应把人理解为是有肉体的道德主体，理解为世界中的存在，他本质上与其他人、与社会团体及其组织机构有联系，与上帝有联系。而且，我们还要考虑到，所有这些都受历史性的影响，人们从根本上说是平等的，同时应根据其自己的天赋和潜能来加以促进。"[23]我们可以看到，詹森的伦理学是一种以人为基础的位格主义的伦理学，这种伦理以人为核心，从是否促进人的福祉来考察行为的伦理性质。

二、行为中的本体恶及其根源

奥古斯丁曾经把爱区分为两种，即仁慈（benevolence）与善行（beneficence）。爱包括善行，这是因为人在世上有肉体和精神需求，这要求我们通过彼此的善行来对此作出回应。但在奥古斯丁看来，爱本质上是仁慈，它要求人们希望并总是愿意邻人幸福安康。仁慈的爱是我们行动的根源和最终标准。爱的根基植于心中，这种根基只会产生好的事情。虽然这根源（仁慈）不是肉眼可见，但它的果实（善行）却是可见的。善行源于我们心中的爱。不过奥古斯丁也指出，很难判定我们的爱会引出哪些具体的行为。他还指出，仁慈的爱应该以平等的方式惠及每一个人。但是我们无法向每个人行善，即我们行善的能力是有限的。由于我们无法帮助每一个人，所以我们应该优先照顾那些因需要帮助而值得优先的人，或者与我们关系更亲近的人。简言之，基督徒对于邻人的爱，是力所能及地行善。这就带来一个基本问题：我们行为的界限和限制的原因是什么？它们对于我们行为的道德性的意义又是什么？为此，詹森讨论了那些对行为的客观的限制，行为是我们的现实世

---

23 Louis Janssens, "Ontic Good and Evil, Premoral Values and Disvalues", *Louvain Studies* 12 (1987):81-82.

界、我们的存在以及在此世界中一起生活的具体特性的结果。可以把这些限制分为时间性和空间性。人具有时间性和空间性是本体恶存在的两大根源。

1. 行为中的本体恶

詹森承认，物质世界存在恶，这种说法是正确的。人类生命的毁灭、地震，都是恶。所有自然灾难都是恶。有些恶如死亡、痛苦、疾病、身体的疲劳等等，会损害人的肉体生命。也存在精神和心理的恶。每个人都受到自己个人心理的缺陷和缺点的折磨，精神错乱和神经病的折磨以及无知，均会使我们意识到求知欲受到挫折，它们会阻止我们的行为成为真正意义上的人类行为。"我们把本体恶称为我们想追求的完善之缺乏，称为挫败我们的自然欲望并使我们遭受痛苦的圆满之缺乏。从本质上说，本体恶是我们有限性的自然结果。我们的有限性本身不是恶，我们是被创造成有限的，但是，因为我们是会思考、有意愿、能感觉和行动的存在，所以，在许多既是帮助又是障碍（不确定性）的实在中，我们可能性的有限性，会使我们受到痛苦的束缚。"[24]关于恶的存在与我们行为的关系，詹森指出，"每一个具体行为均蕴含着本体恶，因为我们都是时间性的、空间性的存在，与其他人一同生活在同一个物质世界内，都卷入了一个共同的有罪处境中，并在此处境中行动。"[25]此处，詹森指出了人类行为均存在可能会导致本体恶的趋向，本体恶是人类作为时间性、空间性的存在而具有的有限性的必然产物。

2. 本体恶的根源之一：时间性

詹森指出，所谓"时间性"，指我们必须在不同的、连续的时间中存在。我们的行为是在不同阶段的时间过程中接续而来的。我们只能前后相继地做事情。因此，某种不确定性就会进入我们的选择自由和行为中。我们能够决定我们希望在某一时刻实施哪一种行动，这是我们自主性和具有自决权的表现。在这一意义上，我们有确定做什么事情的能力，这是我们自由的肯定性方面。但我们的自由也有否定性方面。当选择了某一行为时，我们就必须同时（至少是暂时）推迟所有其他可能的行为。按传统的说法，每一行为都蕴

---

24 Louis Janssens,"Ontic Evil and Moral Evil", in *Readings in Moral Theology, No. 1: Moral Norms and the Catholic Tradition,* Charles Curran and R. McCormick(eds.). New York: Paulist Press, 1979,p. 60.

25 Louis Janssens,"Ontic Evil and Moral Evil", in *Readings in Moral Theology, No. 1: Moral Norms and the Catholic Tradition,* Charles Curran and R. McCormick(eds.). New York: Paulist Press, 1979,pp. 60-61.

含着一种不作为。我们通常不会认为这是恶的，因为我们可以把现在无法做的事情延期到另一时间去做。但是，情况也可能是，我们意识到我们的时间有限性。不可避免的不作为，甚至会成为一个道德问题，因为不作为问题涉及到义务和价值的冲突问题。

不过在詹森看来，问题的核心不是义务或价值的冲突。所有的义务和价值都与人的实现有某种联系，因而它们最终不会发生任何冲突。冲突与我们的时间性直接相关。例如，丈夫可以忙碌于他的职业，他也必须花时间陪伴妻子；作为父亲，他必须对他的小孩进行教育；作为有信仰的人，他觉得有必要花时间看一些有关宗教论题的书籍，并对这些论题进行思考；他也必须保持社会生活，他需要友谊、娱乐，等等。所有这些事情都是非常有价值的。但是，为了做所有这些事情，他需要时间，需要比他有的时间更多的时间。当他意识到他无法尽其所愿地实现所有这些不同的价值时，他会觉得他缺少某一东西。"缺少"意味着存在本体的恶。此处，本体恶指因时间的有限而强加到人身上的有限性和限制性。因时间性而产生本体恶，本体恶源于我们人的存在和活动的时间性。

3. 本体恶的根源之二：空间性

所谓空间性，指我们的肉体存在以及我们在其中进行活动的世界实在，都是物质的，它们受客观存在的物理规律的支配。人们由此也面对着一种根本的不确定性。我们的肉体存在分有我们的主体性，它形成我们所是的主体的一部分，能够使我们通过社会关系去交往，并给予我们作为一个主体作用于此世界中的事物的能力。但同时，我们的身体仍然是世界的一部分，并且因为它是物质的东西，所以必然要服从支配物质的规律。我们作用于事物的力量，会受到我们肉体能力的制约和安排。我们的行为不可避免地会受到这一事实的限制，即：我们会感到很累，需要睡觉，会生病，会有生理上的疲乏和损伤，等等。我们的身体是行为的手段，但也是妨碍我们行为的障碍。这种阻碍作为一种本体恶可能会对我们造成伤害。

在詹森看来，上述不确定性并不只出现在我们自己的肉体存在上。就我们的活动对付的是此世界中的物质事物而言，这种不确定性会变得更加强烈。此世界的事物，是受不是我们创造的、我们通过自由意志也无法改变的规律支配的。不过，这些事物有其自己的本性并受固定规律的支配这一事实，会使它们成为我们达到圆满的帮助和手段。我们可以依靠它们。

例如，如果砖在本性上没有坚固性，我们就不能用它们作为恰当的建筑材料。因为我们能够依靠世界上的事物，因为这些事物的规律是固定的，所以我们就能以我们的工作或活动来改变自然界，使之成为这样一种文化环境（客观文化），在此环境下，我们能够生活，并持续地提高与人类存在之尊严相符的标准（主观文化）。这得预先假设，我们首先要熟悉世界上的事物及其规律。一般来讲，我们愈了解物质的实在，我们就愈能利用它作为人类行为的帮助。

詹森强调，我们关于物质世界的知识是有限的。而且，物质世界具有多种形式，它受许多非常不同的规律的支配。我们可以有效地利用其中一些规律，作为实现我们生存的某些目的的手段。但是，其它一些力量和过程会阻碍我们的行动。在某种程度上，事物的活动对人来说总会有一定程度的阻碍和无用性，并且会把人置于一种不确定的处境中。

詹森指出，正如时间性使人卷入不作为问题及义务与价值的冲突之中一样，空间性也会使人卷入有若干效果的行为问题之中。如，科学与技术的进步对人来说意味着可以大大增加产品的产量，产品产量的大量增加是随着"大技术"的兴起而来的。不过，我们仍然无法控制这种大规模的工业，以防止威胁要吞没我们的环境污染。我们已经成功地组织规模庞大的空中交通、陆上交通和海洋交通，这以一种前所未有的速度把世界连接在一个交通线路的网络之中。但是，有害的附带效果却是巨大数量的交通事故，以及躁音和繁忙生活节奏所导致的心理压力和紧张。因而，我们只是不完美地、部分地控制了物质实在。在使用事物时，常常会伴随着有害的结果。

我们通常不会注意到日常行为中由我们的空间性所引起的不确定性。但一旦本体的恶大大地增多，我们就会非常清楚地看到，有许多效果的行为问题，将会成为一个相当重要的道德问题。例如，我们不可忽视医学领域中不断出现的道德问题。自从医学引入越来越多的物质世界的事物来干预我们物理生命的过程以来，在使它们成为科学与技术的产品后，医学领域中的道德问题有变得越来越复杂的趋势。在此，我们的物理存在和物质事物的不确定性都显现了出来。在外科手术领域中使用的技术手段（物质事物），是为人的健康和生命服务的，但身体完整性的丧失却可能是这些手段进入生命过程的结果。人类不断地获得越来越多的有效药物，但是，这些药物同时又会对人带来巨大的伤害。

詹森的结论是，"由于我们的空间性，我们的行动就始终包含着价值和负面价值。我们的身体是物质的，也是我们是主体和物质世界不可分割的一部分，世界上物质的东西都有其各自的规律和特点，我们本质上都是共同生活在此世界中的社会存在，所有这些事实共同组成了我们行动的基本含混性的根源，也暗示我们与实在的积极交往中含有善和恶。"[26]在詹森看来，我们在此世界的活动中，价值和负面价值的同时存在，并不是罪恶的问题，而是属于人类的无能问题，而无能本身并不是不道德的，不过减少或降低负面价值，这确实属于我们的道德责任。作为道德主体，我们应该尽最大努力不停地找寻更好的选择，以减少负面价值。

第三节　道德恶

一、道德恶的含义

根据詹森，即使我们的所有行为都包含本体恶，但这并不意味着我们不能以道德上好的方式去行动。如在自卫杀人的例子中，如果这是对暴力的合理正当的使用，本体恶虽还存在，但自卫却是道德上善的行为。但当自卫所使用的暴力超过了为自我保护所必需时，手段就不再与目的相称，对过度暴力的使用就取代了作为意欲目的的自我保护，这使自卫行为成了道德上恶的。一般来说，如果某一整体复合行为中，手段与目的不相称，即该行为内部存在冲突，那么此行为就是道德上恶的行为。

因而在詹森看来，我们"不可下结论说，通过我们的行为引起本体恶或允许本体恶留在这个世界上，这在道德上必然是恶的。如果情况真是这样，就不会存在道德地行动的方式了。我们必须行动。我们的人性是不完善的，它是一种存在潜能，同时又是一种推促此潜能实现的动态趋向。作为开放的实在，我们能够实现我们的潜能，正如我们会实现我们与事物、人、我们所属的群体及与上帝的关系一样。当然，在道德的限度内，我们对所有这些关系的实现是以我们有效的参与，以我们的行动——作为与实在的主动联系——为前提的。成为人，意味着要动态地趋于自我实现。这样，自我实现就只能是我们行为的结果。我们必须行动。因此，就不可以说，所有行为从本质

---

26 Louis Janssens, "Ontic Good and Evil, Premoral Values and Disvalues", *Louvain Studies* 12 (1987):74.

上是与道德恶联系在一起的，尽管本体恶总会存在于我们的行为之中。因而，本体恶与道德恶是不同的。"[27]

二、本体恶与道德恶的联系

詹森指出，本体恶与道德恶之间也存在着联系。本体恶是完善的缺乏，这种缺乏会阻碍人类主体的完满。因而无论如何，本体恶对人来说都是有害的，有破坏性的。所有形式的本体恶，都会阻碍和损害个人及共同体的发展。既然道德主要关注人的关系及人类的福祉，那么它就不可能不关注本体恶。詹森提出的问题是：在什么时候，在什么范围内，我们可以证明引起或允许本体恶是正当的？在他看来，对阿奎那有关相称观点的考察，会有助于找到这一问题的答案。

前面已经说过，根据阿奎那，当外在行为（行为的质料因素、手段）与道德上善的目的（行为的形式因素）相称时，该行为就是道德上善的。另外，前述有关具有多种效果之行为的原则，也会诉诸于相称概念。其中一个原则是，直接意欲的善果与间接意愿的恶果必须相称，即：直接效果中实现的价值要多于或至少要抵消间接的恶果。我们已经看到，阿奎那关于自卫的观点（人们在自卫中意欲杀人是不合法的），意欲既指目的，也指手段，二者都是被直接意欲的，因此它们必定是道德上善的。不过，在詹森看来，虽然意向适用于目的和手段，但如果把目的与手段相提并论，认为二者同样是意向的直接对象，这则是错误的。根据阿奎那，行为的目的是绝对根据自身被意欲的，它是意愿手段的理由和原因。也就是说，目的是形式因素，而手段或外在行为则是质料因素。因此，作为质料因素，手段或外在行为就应与目的相称。相称在一个复合行为中是一种内在的必要条件；它是手段与目的之间、行为的质料因素与形式因素之间的相称，而具有多种效果之行为的原则，会要求直接效果与间接效果之间相称。

根据对具有多种效果的行为之道德评价的另一个原则，行为本身必须是善的，至少是中性的；也就是说，使用恶的手段来达成善的目的是决不许可的。这一原则假设，我们可以对外在行为（手段）本身作道德评价，无需考虑其目的或各种效果。在詹森看来，该原则是阿奎那所拒绝的。根据阿奎那，

---

27 Louis Janssens, "Ontic Evil and Moral Evil", in *Readings in Moral Theology, No. 1: Moral Norms and the Catholic Tradition,* Charles Curran and R. McCormick(eds.). New York: Paulist Press, 1979,pp. 66-67.

道德评价只有对于被视为一个整体的、由目的和手段构成的具体行为才是可能的。这里，有两个问题必须作出回答。第一，行为者的目的是否是道德上善的。第二，外在行为是否是能够由目的来驱使的质料因素，或者，外在行为是否是真正的手段。按照定义，手段涉及到与目的的关系，因此，它并不隶属于被视为对与其无关的东西的判断。这一判断必须确定手段的相称性，由于这一相称性，整个行为才会分有目的的道德善性。

按詹森的看法，我们不可忽视复合行为中手段与目的的相称。为了确定相称性的所有要求，理解涉及本体恶与道德恶之各方面的内在关系，就是很有必要的。关于本体恶与道德恶的关系，这里共分四点来加以论述。

第一，如果本体恶是按本身被意欲的，那么目的本身（意志的内在行为的对象）就是道德上恶的；作为形式因素（外在行为的理由和原因），该目的会败坏整个行为。

前面已经说过，本体恶是完善的缺乏，这种缺失对个人或共同体的发展是不利的、有害的。就此而言，当它影响到人类主体时，就称为恶。本体恶必然会妨碍和阻碍人与社会的发展。从这一定义可以看到，我们不应按本身意愿本体恶。既然全部道德原则都是为了人和社会的真正福祉及真正发展而存在的，那么，毫无疑问，如果我们追求本体恶本身，并且是为了其自身而追求，那么我们的行为就是不道德的。也就是说，本体恶决不可成为意志的内在行为的目的。在此意义上，阿奎那说道，私人永远也不能证明他意愿一个人的死亡作为目的是正当的，甚至在自卫的例子中也不能证明，因为这会使他的行为本身成为谋杀行为。但阿奎那也指出，在某些条件下，意欲本体恶作为意志之内在行为的目的是正当的，如果该目的不是作为最终目的，而只是作为达到更高目的的直接和最近目的而被意愿的话。论及这一原则，阿奎那说，因其职责而必定对公共利益负有责任的公共权威，有权意愿犯人的死亡为直接目的，如果这是达到共同体的更高善之必要手段的话。因而詹森确立一条原则，即："我们永远无权意愿本体恶作为我们意向的终极目的，因为我们行为的形式因素，即目的、意志的内在行为的对象，是道德上恶的，目的的恶决定并刻画整个行为之道德性的程度。"[28]詹森把此表述为一个一般的原则，即："任何行为，就它涉及本体恶而言，并且如果这本体恶本身是意

---

28 Louis Janssens, "Ontic Evil and Moral Evil", in *Readings in Moral Theology, No. 1: Moral Norms and the Catholic Tradition*, Charles Curran and R. McCormick(eds.). New York: Paulist Press, 1979,p. 70.

向的目的，那么，该行为就会成为不道德行为的质料因素，因为这会使行为主体的目的成为不道德的目的，这一不道德的目的，作为形式的因素，会使整个行为都沾上它的恶性。"[29]

第二，当根据理性看单独一个复合行为时，就一定可以发现，手段（作为质料因素的外在行为）与意志内在行为之道德上善的目的（形式因素）之间并不会存在内在的冲突。

根据天主教道德传统，善行的第一个根本条件是，行为的目的必须是善的。在詹森看来，不论这一条件是多么根本，它也是不充分的。按前述阿奎那的观点，作为形式因素的道德目的，只是外在行为的理由和原因。如果外在行为作为一种手段，这个手段与理性一致，与目的相称，只有在这些条件下，手段才会给予整个行为以道德善性的性质。意思是说，当行为是根据理性去做时，在整个行为中就不会发现手段与目的存在着内在的冲突。这意味着，手段与目的相一致。按更抽象的表述，在目的中被肯定的原则，不可以由手段来否定。

詹森以一个例子来加以说明。偷了我同胞的东西，我会对他造成损害，我做了他厌恨的事情，因为这给他带来了本体的恶（财产损失）。如果我夺走他拥有的东西，是为了使自己变得富裕起来，那么我的行为就是不道德的盗窃行为。此盗窃行为涉及手段与目的的内在冲突：我的目的是肯定所有权（对我来说），但我使用的手段却否定了同样的所有权（对受害者而言）。如果行为主体所使用的手段是否定在目的的观念中加以肯定的价值（或原则），这个时候手段与目的就会有冲突。但是，假设我夺走他的东西，是我需要此东西以摆脱极端悲惨的境遇。这个时候，内在的冲突是没有的。意思是说，使用权先于所有权。从道德的角度看，此行为不是盗窃行为。这一不同的道德评价，所凭借的依据是什么呢？

上述提到的问题，其实就是相称性与本体恶的关系问题。如果本体恶会危及我们行为的相称性，那么我们就不可能做有道德的行动。就是说，道德行为是不可能的，因为我们不可能阻止本体恶的存在。当对外在行为的道德判断不包括对目的和行为者的判断时，就会误把本体恶当作道德恶。例如，我们可以说，"说不是真实的东西"就是"撒谎"，"撒谎"是公认不道德的。

29 Louis Janssens,"Ontic Evil and Moral Evil", in *Readings in Moral Theology, No. 1: Moral Norms and the Catholic Tradition,* Charles Curran and R. McCormick(eds.). New York: Paulist Press, 1979,p. 70.

在詹森看来，这一判断不是完全正确的，因为它忽视了谎话（本体恶）与欺骗之间的区分。任何谎话毫无疑问都是本体恶，它与绝对真实发生冲突。但是，面对任何谎话（本体恶）同时是欺骗（道德恶）这一问题，詹森特别考虑了人类言语的意义。

我们把语言看作一种客观的实在，看作一个有其自己结构的语音系统。但当人们说话时，话语就成了人类交往的一种手段。我们是社会性存在，语言在我们的社会行为中占有一个基本的和重要的角色。所以，任何谎话都会影响人与人的社会关系。的确，如果我们总是使用言语讲真话，那么我们就是以最值得称赞的方式使用言语的。如果我们觉得一个人不诚实，他就会失去我们对他的信任。信任是良好社会关系的必要条件。"不可不诚实"这一规则，在大多数情况下是有效的，正确的。如果诚实是达到加强真正的人类社会关系、以及信任他人的手段，那么，我们就必须使用言语来反映真相。但同样的目的，也常常要求我们必须对某些真相保持沉默，如保守秘密的义务。如果某些秘密（如职业秘密）在某些情况下没有得到保守，那么，对于真正社会关系来说是必不可少的对他人的信任，就不再会存在。沉默是保守秘密的最好方式。但是，有人希望我们泄露秘密，而沉默有可能会被理解为泄露秘密。当他无权知道我们的秘密时，我们就必须以必要的手段来保卫我们的保密权。如果撒谎是保护秘密的唯一手段，尽管它包含本体的恶，撒谎也是允许的。

在上面的论述中，撒谎这一本体恶，不是作为我们意向的终极目的而被意愿的。我们的目的在道德上是善的，即我们之所以想隐瞒真相，是因为这对于良好的人类关系来说是必要的。手段与目的之间并不存在冲突。整个行为是保密，这不应称为撒谎，因为所有撒谎，都是作为目的或作为达到不道德目的的手段，而进入谎话这一本体恶之中的。说撒谎蕴含着不可避免的本体恶，但却是达到目的的唯一有效手段，合理的保密对真正的人类关系是有好处的。

通过前面两个方面的分析，詹森确立了一个基本的原则，即："如果含有本体恶的外在行为——如杀死某人、讲假话——只被视为一种事实性的现实事件（根据自然种类），而不考虑意志的内在行为的目的，那么，要对此行为作出道德的判断，就是不可能的。我们可以进一步确定，为了能够作道德的评价，我们就必须考虑：1）行为者的目的、意志的内在行为的对象，是否是道德上善的；2）外在行为与此目的是否相称，或者相反，外在行为是否包含着对在目的中被肯定的价值或原则的否定。"[30]

第三，我们有道德的义务尽可能多地减少随我们的行为而来的本体恶。

前已论述，本体恶不应成为我们意向的终极目的，但本体恶总会进入我们的行为中，阻碍人类及社会的目的的实现。既然道德的目标是促进个人和社会共同体的真正人性的发展，那么，意愿本体恶就是恶的。如果我们的行为包含有比它们必须是恰当手段更多的本体恶，那么，这些行为就不会合宜地达成人类和社会的目标。因此，它们是不道德的行为。

詹森指出，科学与技术的进步，使得降低事情危害（本体恶）的程度，越来越有可能。有更多文化资源可供我们利用，因而我们能够减少更多形式的本体恶，并为每个人和整个人类的真正人性的发展提供积极的机会。如果在促成本体恶消失是可能的情况下，让它继续存在是不道德的，那么，我们的迫切义务就是实现那些每一个人和所有人之福祉的各种可能性。促进个人与社会发展，是一种道德命令。例如，在经济上，当带来稳定而又相当丰盛的产品、以及更加公平合理的消费品分配（这些都会为每一个人和所有人过真正人性的富足生活创造机会）变得可能时，这种可能性就会成为道德义务的一个根源。此时，容忍饥饿与痛苦这一本体恶就是不道德的。在医学上，如果有可能发现不断增多的预防或治愈疾病的措施，那么，建立一个使用高质有效的药物的社会医疗体系，就会成为一个道德义务。在教育上，只要在一个国家或全世界减轻教育缺乏变得可能，给每一个人和所有人提供受教育的机会，就会成为一个道德义务。

詹森下结论指出，第一，道德行为从根本上说涉及到人与社会的真正人性的发展，涉及反抗阻碍这一发展的本体恶的斗争。第二，通过行为，我们能把自然的世界转变为一个文化的世界，文化可以促进每个人和所有人的发展。在这个方面，本体恶指阻碍文化的进步、阻碍每个人和所有人不断发展的任何东西。我们应尽最大能力消除本体恶，承担起确保每个人和所有人在一个真正人性的世界上过真正人性的生活的义务。

第四，在实现善的目的及考虑达到此目的的手段时，我们应思考该目的在整个人类生存中具有何种地位。

---

30 Louis Janssens, "Ontic Evil and Moral Evil", in *Readings in Moral Theology, No. 1: Moral Norms and the Catholic Tradition,* Charles Curran and R. McCormick(eds.). New York: Paulist Press, 1979,p. 78.

詹森说过，阿奎那把行为的目的定义为意志之内在行为的恰当对象。某东西之所以会成为目的，是就行为主体追求它而言的。对阿奎那来说，就外在行为通过其对象而朝向实现主体的目的而言，该行为就是手段。因此，采取行为，就意味着主体在与实在的积极接触中并通过这种接触来实现其意向。詹森指出，如果我们以这样的方式从行为和意愿主体开始，那么，把我们的行为看作不只是一连串孤立、相异和散乱的行为，这是可能的。作为道德主体，人能够明白，作为一个动态性存在，他必须以实际上适合于作为一个人的方式，来驱动其精神的意识，及其对全部实在（事物、同胞、共同体、上帝）的开放性。因此，人的存在会成为一个有意义的事件，成为由其目的来加以统一并整合进这一事件的行为历史。当阿奎那把主体置于行为的中心，当他关心主体努力想在行为中并通过行为来实现的目的的层级性及相互联系时，他心里想的就是这种命运。因此，他认为人们必须引导其所有行为都朝向终极目的。他总是根据终极目的，来考察日常生活中，由于目的（最近目的、直接目的、最远目的，等等）的层级性及相互关系，人类行为如何并不必然是孤立的、有冲突的，相反，这些行为能够且必须通过其善良的目的，而整合进整个有意义的、人性的生活之中。这一整合不仅要求我们在具体行为中所追求的特定目的必须是道德上善的，而且也要求我们必须考虑这些目的的相对性。它要求我们必须以不忽视这些目的在整个有意义的人类存在中之地位的方式，来追求它们。也就是说，我们不得忽视我们行为的价值的紧迫性和层级性。如果忽视价值的真实等级，就会危及人和社会的发展。

詹森为此强调，根据上述道德准则，只要有可能，并且在有可能的意义上，我们就应该把"值得欲求的人性层次"提供给每个人和所有人。他指出，关于"提高的人性层次"的理想之途径，天主教教宗通谕《民族发展》已提供了清晰的看法，它们是："由悲惨状况转向拥有基本的生活必需品，战胜社会的灾祸，提高教育的层次、参与对文化的追求。它们也是，对同胞之尊严的日益重视，有安于贫穷的精神，一致努力追求公共利益，渴望和平。更为重要的是，人们必须认识至高的价值，认识上帝为至高愿望的根源和最终目的。最为重要的是信德，这是善心人对之作出回应的上帝的恩赐，是与基督圣爱的合一，基督召唤所有人都成为他的儿女，并分享永生上帝——人类之父的生命。"[31]

---

31 见 Louis Janssens, "Ontic Evil and Moral Evil", in *Readings in Moral Theology, No. 1: Moral Norms and the Catholic Tradition*, Charles Curran and R. McCormick(eds.). New York: Paulist Press, 1979,p. 82.

第四节　道德规范

道德问题与我们的内在态度或习性（倾向）及我们的行为相关。詹森根据其涉及我们的习性（倾向）或行为，把道德规范分为两类，即：形式规范和具体的质料规范。

一、形式规范

詹森指出，形式规范表明我们的习性应该是什么。之所以称为形式规范，是因为，我们的内在态度或习性是我们行为的形式的激发因素。在他看来，圣经中爱的双重诫命（爱上帝、爱人如己），作为基本的道德态度，就是一个形式规范。一方面，全心、全意、全灵爱上帝不可完全归结为爱邻人。爱上帝涉及到不同的态度和行为，如崇拜、祈祷、沉思（冥想）、奉献自己给上帝、任凭他的处置等等。另一方面，对上帝真诚的爱会对爱邻人的内容有影响，这反过来又是爱上帝的根本标准，是真正爱上帝的标志。

爱上帝与爱邻人之间的关系，是伦理神学的一个重要论题。詹森在此只讨论爱邻人的诫命。根据圣经，爱邻人是一种基本的态度，它是激发和指导人类行为的道德要求。詹森指出，没有人会否认道德生活的大部分是由爱的原则支配的。但是，我们在生活中必须完成许多任务，承担多种角色，还要面对诸多处境。我们采取行动，意味着我们积极主动地处理我们内外的复杂实在，那么，爱邻人的基本态度就常要求许多居间的道德态度或道德习性，这在传统上称为道德的美德。因此会存在许多形式规范：应公正、真诚、感恩、谦卑、贞洁等等；不可自负、自私、嫉妒、无怜悯之心、吝啬、怨恨等等。

据詹森的看法，一方面，形式规范构成道德的绝对因素。例如，在任何时候，在任何情形下我们都要贞洁；我们总应该关心真正人性的社会关系和结构的成长，并为此目的而关心对各种可能性的促进。但另一方面，形式规范并不决定我们行为的具体内容。例如，要求贞洁的规范：必须以尊重作为主体的我们自己、尊重我们与他人的关系、尊重社会生活的要求的方式来安排我们的性。这一形式规范，尽管描述了我们的内在态度，但并没有说明哪些具体行为能够体现贞洁的美德。然而，形式规范是极其重要的，因为它们与所伴随的一组道德美德在道德领域中占主导地位的善良习性有关。在行为中，善的习性是我们的动机、意图及选择的根源。善良习性是我们行为的动机、意图或我们意愿选择该行为的根源时，我们的行为就是道德上善的，因为它是道德上善的意志的产物，或者它是因其善的习性而是道德上善良的主体的行为。相反，当一种道德上恶的习性是我们行为的动机、意图和选择的根源时，此人、其意愿及其行为就是道德上恶的。这表明，道德上的善和道德上的恶，最终是由我们习性或态度的善性或恶性决定的。传统伦理神学认为，道德善和道德恶源于心灵，善的习性产生善行，恶的习性产生恶行。

詹森强调，道德问题比道德善恶问题更广泛。善的习性要求，我们必须选择那些根据我们充分思考的良心判断适合于体现或实现我们的善良态度的行为。因此，我们的行为是否合适于实现我们善良的习性，是一个知识和判断（良心判断）的问题，实际上是正确性或错误性的真理性或虚假性的问题。这就是为什么说客观上能够体现我们善良习性的行为是道德上正确的，而我们把为此目的不合适的行为确定为道德上错误的原因。在詹森看来，道德善或恶与道德正确性或错误性之间的区分，是很重要的。这二者在我们的行为中并不总是相一致的。当处于真诚服从错误的良心时，我们就是在做一个客观上不适合于体现道德上善的习性的行为，因此是道德上错误的；但是，在这样的情形下，我们是以道德上善的方式行事，因而这个行为是道德上正确的，但对于行为的主体来说，其行为的方式是道德上恶的。

二、具体的质料规范

第二类规范是具体的质料规范。称某些规范为具体的，是因为它们适用于一系列确定的行为；称其为质料的，是因为它们指示了这些行为的实质内容（所做的事情，外在行为）。例如，"不可杀人"这一规范的实质内容，在于不可剥夺一个人的生命。[32]

1. 两种含混性

在詹森看来，为了阐明具体的质料规范的意义和重要性，首先必须考虑不可避免会影响我们行为的双重含混性（ambiguity）。

第一种含混性是，实在和行为中前道德的价值和负价值的存在和联系。

前面已经谈及，一方面，有一些实在，因其属性，会在我们的体验中激起一种肯定性的回应，我们欣赏它们，称它们为"有价值的"，因此是值得保

---

[32] 参看 Louis Janssens, "Norms and Priorities in a Love Ethics", *Louvain Studies* 6 (1977):210.

护和促进的，这些实在包括生命、身体和心理的健康、快乐和喜悦、友谊、科学技术、文化价值、艺术等等。这些实在称为前道德的价值（"物理善"），它们本身既非道德的，也非不道德的。充分享有它们的人也可能有道德上的缺陷。这些实在也是前道德的，从道德的观点看，我们在行为中如何对待这些价值是非常重要的。但需注意，所有这些价值不是同等的，在它们之间存在着秩序或层级，因而在我们的道德行为中，优先性问题就是不能回避的。另一方面，也有一些实在，由于其特性，我们会以一种否定性的方式体验其为令人遗憾的、有害的，因而是应避免的。这些实在包括饥饿和干渴、痛苦和苦恼、疾病和死亡、神经机能病和心理疾病、无知、错误（失误）、暴力、种族隔离，等等。这些实在称为前道德的负价值（"物理恶"），它们既非道德的，也非不道德的，受其困扰的人也可以有高尚的道德。人的行为甚至会引起前道德的负价值，不能体现出道德上善良的习性，因而不会是道德上正确的行为。詹森认为，就我们的行为要处理诸多实在而言，前道德的价值和负价值在行为中是不可分地联系着的。"无论如何，我们会不断地面对冲突的处境，在这些处境下，由于前道德的价值与负价值之间的联系，如果忽视不可分的前道德的负价值，我们就无法实现前道德的价值。"[33]

第二种含混性源于我们的行为只能在连续的时间过程中前后相随而来。

前面已经说过，在詹森看来，从开始行为起，我们就只能在时间中接续地做这些行为。因此，我们的选择自由中也存在一个根本的含混性。我们决定在某一时间想实施哪一行为，是我们自主性能力的体现，这属于自由的肯定性方面。但自由也有其否定性的方面，即：当此时此地我们选择了某一行为时，我们就必须同时、至少是暂时地忽略和推延所有其它可能的行为。任何时候，都有许多前道德的价值，等待我们通过行为来实现。既然我们在一段时间中只能实现其中一种前道德的价值，那么我们在每一种情况下就得作出一个选择。作出选择，意味着我们必须给予偏好的价值以优先性。偏好的合理性关涉价值或善的秩序问题。我们要通过某一行为来实现的前道德的价值，对于许多人或社会群体的福祉来说，是重要的。但是，在任何每一段时间，我们的特定行为只能有利于某些人，如我们自己、一个邻人、某一群体。为这个人或这一群体的福祉而不是其他人或群体的好处而行动，这关涉爱的秩序问题。既然对某一行为的偏爱同时包含着对所有其它可能行为的忽略，

---

33 Louis Janssens, "Norms and Priorities in a Love Ethics", *Louvain Studies* 6 (1977):212.

那么，如果我们的选择不尊重符合善的秩序和爱的秩序的优先性，它就是道德上错误的疏忽。后面我们将会稍为具体地讨论詹森对善的秩序和爱的秩序的分析。

2. 具体的道德原则

根据詹森的观点，对我们行为双重含混性的思考，表明了区分前道德的价值和负价值与道德上正确和错误的行为的重要性。

由爱的基本态度所支配和指导的伦理行为，应该尽可能多地促进人和社会群体的福祉和发展。从其本性上说，每一个前道德的价值都可以促进这种福祉和这种发展。所以，从肯定性的方式来表述，我们有道德的义务尽可能多地保护、维持和实现前道德的价值。一旦我们有实现前道德的价值的可能性，这实现就会成为一种道德责任。这一观点也可以否定性的方式来表述。根据其本身的定义，每一种前道德的负价值，对人的发展或对社会群体的促进都是有害的。既然尽最大可能加强人的发展和促进人的幸福是伦理学的基本原则，那么，我们就有道德的责任尽可能多地避免前道德的负价值。例如，为了使世界的穷人摆脱前道德的负价值，如饥饿、疾病、婴儿的死亡、无知等等，富人就有义务为此做他们能做的事情。

在詹森看来，我们可以根据行为的双重含混性来推导出伦理学的基本原则。既然我们的行为在时间的进程中是相继而来的，并因此在任何情形下我们必须在诸种可能性之中作出选择，那么，我们就应该优先实现根据善的秩序来说是更好的前道德的价值。如果我们不这样行动，我们就不是尽可能地实现前道德的价值。在前道德的价值不可避免地与前道德的负价值相联系，或不可能避免所有不可分地混合在一起的前道德的负价值的情形下，我们就应该选择表明我们偏爱较小的前道德的负价值的抉择，否则我们就没有尽可能排除前道德的负价值。

詹森举了几个具体的例子帮助我们理解上述抽象的思考。（1）有些情形，我们偏爱选择较小的前道德的负价值必须由妥协来确保。例如，交通拥堵不可避免与许多交通事故有关，与物质损失、人致残和失去生命这些前道德的负价值有关。在此例子中，我们得考虑两种前道德的价值，这两种价值都非常重要，我们不想放弃任何一种，即：便利的交通和安全的旅程。就其同时只能被部分实现的意义上说，这两种利益是对立的。偏爱或选择较小的前道德的负价值，即尽可能少的交通事故或最少可能的交通限制，会导致一种妥协。也就是说，可以确立相对立的价值同时只能部分予以实现。一般来说，在我们必须同时保护两种或更多相反的价值时，我们对较小的前道德的负价值的选择必须以一种可接受的妥协来实现。（2）也有一些情形，通过妥协来保护不同的价值是不可能的。例如，不管是否做堕胎手术，胎儿的生命都将会丧失，只有通过人工干预才会使母亲的生命得到挽救。如果医生拒绝干预，他就是选择了不作为，这会使两条生命（前道德的价值）均丧失。如果干预，他就选择了一个较小的前道德的负价值，即只有一条生命丧失。"适用的道德规范可表述为：当两个生命都处在危险之中，人们要做的就是尽可能维持这两条生命，人们要做的就是尝试挽救一条生命而不是失去两条生命。"[34]詹森指出，这一表述实际上确定了如下道德基本原则：第一，我们应尽最大可能保护和实现道德的价值；第二，在冲突的情形下，选择较小的前道德的负价值或较高的前道德的价值的抉择。在属于治疗性的堕胎中，优先权应给予在任何情况下都无法避免的较小的前道德的负价值。（3）还有一些情形，为了维护或实现一种更高的前道德的价值，我们应该主动引起较小的前道德的负价值。任何损毁都是前道德的负价值，被体验为对我们身体完整性的伤害。但当截肢可以保护健康或生命这些更高的前道德的价值时，医生仍有义务做这样的手术。（4）最后还有一些情形，所说的是高尚行为而非道德责任。高尚行为是道德上善的，因为这是善良品质的体现。高尚行为也是道德上正确的，因为这是为了挽救更高的前道德的价值（众多生命、重要的军事利益）而选择较小的前道德的负价值的行为。在这种情况下，我们谈的不是道德义务，这是英雄的行为，不是每一个人都能够做的。人的道德义务（"应该"）局限于其可能性的范围内（"能够"）。

3. 具体质料规范的特点

根据上述思考和具体例子，詹森较详细地考察了具体质料规范的特点。

（1）就其具有同样质料内容而言，具体的质料规范涉及一系列可比较的行为。

对于这一特点，詹森以"不可杀人"诫命为例来说明。"不可杀人"涉及到能以不同的方式、在不同的情形下、具有不同的动机和意图而实施的一类

---

34 Louis Janssens, "Norms and Priorities in a Love Ethics", *Louvain Studies* 6 (1977):214.

行为。在所有这些因素中，质料内容或所做的事情（外在行为），是相同的事件，即"夺取某人的生命"。具体的质料规范可以描述性的形式，也可以规范性的形式来说明。在明确说明一系列行为的质料内容时，它只使用描述性的术语（如杀人），而不会使用具有道德含义的词汇或表述（如谋杀）。具体的质料规范根据质料内容（所做的事情）涉及或导致前道德的价值或负价值来陈述规范性的判断，它规定实现前道德的价值的行为，禁止包含前道德的负价值的行为。当行为包含前道德的价值时，它以肯定性的方式来表述，例如，"应帮助有需要的邻人"。当行为包含前道德的负价值时，它以否定性的方式来表述，如"不可杀害不夺你性命的人"、"不可撒谎"、"不可拿走属于别人的东西"。总之，具体质料规范根据其涉及前道德的价值或负价值而陈述一类行为的质料内容（所做的事情），规定或禁止道德上正确或错误的行为。

（2）具体的质料规范是相对的。

詹森指出，既然伦理学的基本原则是我们应尽最大可能保护和促进前道德的价值，尽我们最大能力避免前道德的负价值，那么我们对具体质料规范的第一个态度，就应该是愿意服从这些规范。但这并不意味着这是我们对具体质料规范的最终回应。一方面，肯定性地规定应实现前道德的价值的规范，只有在行为根据爱的秩序和善的秩序来实施时，才是适用的。如以"应帮助有需要的邻人"这一规范为例。许多人都需要帮助，他们需要不同类型和不同程度的帮助。但在我们有限的可能性中，我们个人无法对他们的这些方面提供帮助。此时我们就必须作出选择，选择所依据的原则是优先性规则（爱的秩序和善的秩序）。另一方面，否定性的规范（禁止牵涉前道德的负价值的行为）也不总是适用的。当容许或导致前道德的负价值的行为服务于某一个更高的前道德的价值，或优先考虑实现较小的前道德的负价值时，该行为就是道德上正确的。也就是说，我们有相称理由不服从否定性规范。因此，具体的质料规范是有条件的，因而是相对的。如果实施某一行为存在相称的理由，它们对行为就是没有约束力的。

在詹森看来，若要理解相称理由的要求，伦理学就必须考虑相当广泛的研究领域。首先，为了获得对某一行为的诸因素及其后果之意义的洞见，伦理学必须思考人文科学（经济学、社会学、医学、心理学等等）的各种观念。其次，伦理学必须考虑不同种类的行为，如产生结果的工具性行为（如劳动），本身有意义的行为（如娱乐、科学研究、哲学探索、沉思等等），在与他人交往中象征人内在态度的表达性行为（如说话、赠送礼物）。这三种意义也许会出现在同一个行为中。例如有一个人，他完成了一项具有创造性的任务，他达到了结果，能够因其本身的意义而欣赏其工作，并在此工作中表达对家人的爱。再次，在确定优先性时，必须考虑到不同的具体质料规范的特点。例如，有些制度性的规范，它们命令我们根据现存的制度（如契约、许诺）去行事，这样在辨识优先性时，就可以衡量制度对社会生活的重要性。最后，必须考虑"爱的秩序"和"善的秩序"，这两种秩序在确定人的偏好或优先性时起着关键的作用。为此，詹森着重讨论了"爱的秩序"和"善的秩序"。

第一，爱的秩序。詹森指出，圣经有"应爱人如己"的诫命，是"黄金规则"。他解释说，爱邻人是公平的，这本质上是对所有人的平等的尊重。既然平等的尊重适用于每一个人，那么，爱就是普遍的，任何人都不会被排除在外。每个人都是道德的主体，即有意识、自由，因而负责任的行为者，这是人的平等的基础。根据基督教信仰，由上帝赋予人的人性尊严被给予了最终的意义。每个人都是按上帝的肖像受造的，由基督所救赎，被呼召成为上帝的儿女，并参与末世的王国。在此最基本层面上，神圣的人性尊严延及到每一个人。对任何人都不应该存有偏见、偏爱或歧视。作为公平的爱，它独立于我们个人的同情感或厌恶感。不管我们的邻人对我们的态度或行为如何，爱永远是始终如一的。不过，詹森也强调，爱的公平性并不妨碍我们爱自己多于爱他人。我们爱的态度，是平等地关注自己的尊严和他人的尊严。但平等的尊重不等于完全相同的对待："爱的公平性的基本善是每一个人的平等尊严，但在此根本平等的框架内（我们分有同样的人性、同样的人类条件），每个人都有其独特性、独特的个性，因而有其个人的能力、兴趣、需要和追求。为了事情有好的结果，爱就必须考虑每一个人的独特性。所以，平等的尊重必须与相同的对待区分开来。也就是说，爱的公平性要求每个人都得到恰当的关心。这涉及到以适于个人的需要和能力的不同方式去行事。爱的关系的恰当表达受邻人独特性的要求所限制。"[35]

第二，善或价值的秩序。善或价值的秩序，指其优先性次序。这种秩序是人们行为中首先必须考虑的。前面曾经说过，因道德上善的习性会影响人类行为的动机、意图和选择，所以，人的道德善需要培育和加强。詹森认为，人的道德善是绝对的价值，应无条件地追求它，它应优先于所有其它价值。

---

35 Louis Janssens, "Norms and Priorities in a Love Ethics", *Louvain Studies* 6 (1977):221.

这是善或价值秩序的第一层含义。不过，关于优先性的讨论，詹森重点放在前道德价值的领域，他强调以下几点。（1）不同的前道德的价值在价值的层级秩序中不拥有同样的等级和地位。关于较低价值与较高价值，在所有其它因素都相同的情况下，应给予较高价值以优先权。（2）价值的急迫性应予以考虑。急迫性是指，某一价值只可由直接的行为（如帮助处于极端贫困的人，救落水者的性命）来挽救或保护。特殊的急迫性与人的生命这一前道德的价值有关，因为生命是实现所有其他价值的必要条件。（3）也应考虑实现的可能性程度。在一个选择中，当实现一个较高价值几乎不可能时，就应优先决定实现较低但确实又可实现的价值。（4）我们的行为从长远看对于保护或促进一个价值来说必须是恰当的。（5）必须特别关注那些由很可能会影响社会生活的制度所保护的价值。

（3）具体的质料规范具有历史性。

在詹森看来，文化是社会的、历史的存在。道德是文化成就的一部分。既然伦理学是对现存伦理的批判性反思，它规定要实现前道德的价值，而这只有通过增长文化成就才有可能，那么，它就应该指导文化的演进，展示文化本身的动态发展。在此意义上，伦理学是受历史影响的。

詹森指出，伦理学的历史性并不意味着在时间的进程中，所有质料规范都将消失，或由其它规范所取代。例如，取消具体质料规范"不可杀人"是不大可能的。杀人行为涉及到重大的前道德的价值，即人的生命这一至高价值。但这一规范也有其历史性。传统上，不仅在自卫中，而且在死刑和正义战争中，均存在相称的理由容许杀人具有合理性、正当性。但在当代，对于死刑和战争中的杀人，其合理性和正当性则受到了众多人的质疑。

（4）道德评价只有关于整个行为才是可能的。

前面曾经说过，就其具有同样的质料内容而言，具体的质料规范关涉一系列可比较的行为。当此质料内容涉及前道德的负价值，而我们有相称理由允许或引起此负价值时，整个行为也是道德上正确的。也就是说，对某一行为的质料内容，如果不考虑整个行为（包括外在行为、环境、和可预见的结果），作出道德判断就是不可能的。詹森说："关于道德正确性或错误性的判断，只有关于此整体性才是可能的，因为只有关涉整体，争论它是否表达了较小的前道德的负价值或较高的前道德的价值的优先性才是可能的。另外，如果我们评价此行为的道德善性或恶性，我们就必须回答行为的动机或意图是否源于道德上善的习性这一问题。"[36]不考虑整个行为也能对质料内容作出道德判断这一观点，詹森是持反对态度的。他的看法是，必须综合考虑行为的目的、意向、环境和结果等全体因素，才能对行为的道德性质作出判断。

4. 具体的质料规范的意义和重要性

詹森所做的研究，目的是为了解释具体质料规范的意义和重要性。这类规范禁止导致或带来本体恶，例如不可杀人、损伤人，不可撒谎，不可危害他人（如夺取他人合法的财物，不返还委托保管的东西，不归还所借之物，等等），不可不采取消除无知、疾病、饥饿的行为等等。这些具体的质料规范可简化为：既不可引起本体恶（通过行为导致本体恶），也不可容忍本体恶（通过不作为而允许本体恶增加）。

詹森指出，从上所述可以看到，具体质料规范的根本基础是一种理想。我们必须设法实现这样一个社会：在这个社会中，杀人会越来越没有必要；所有人都尊重人权，再无必要进行自卫及使用防卫性暴力；在国际关系的层面，冲突可以得到阻止，或无需战争就能得到解决。在真正人性的社会中，必定会关心道德教育，每个人能够处理好他所获悉的真相，并足够谨慎地不打听他人的秘密，这样由于平和的真正人性关系，本体恶就会变得越来越少。"简要地说，具体的质料规范会给我们带来这样的理想关系，这些理想关系会越来越有效地减少各种从定义上看阻碍人与共同体发展的本体恶。"[37]

詹森认为，强调上述观点是非常有必要的，因为在当今时代，我们越来越有能力通过计划和预测去"创造"人及社会的未来。因而，"乌托邦"这个词在今天具有积极的光环。他指出，从讨论中可以看出，"乌托邦"一词被人们赋予了积极和消极的意义：梦想实现完美的、绝对的状况，这一梦想尚未在当今时代发现它的位置，它是人类在未来为完美世界争取一个位置的愿望和希望。乌托邦的思考属于现在和未来二极的领域。它源于一个对照的设想：清除当今令我们憎恶的各种疾病和缺陷后，我们就会看到真正人性的、有吸引力的生活方式这一景象，这种景象尚未存在于现时事物的范围之内。这一对美好世界的洞见源于我们人性的动态性，我们的人性从本质上说是朝向未

---

36 Louis Janssens, "Norms and Priorities in a Love Ethics", *Louvain Studies* 6 (1977):231.

37 Louis Janssens, "Ontic Evil and Moral Evil", in *Readings in Moral Theology, No. 1: Moral Norms and the Catholic Tradition,* Charles Curran and R. McCormick(eds.). New York: Paulist Press, 1979,p. 84.

来的。也就是说，乌托邦的思考内在于人的历史中；过去诸世代已经实现并成为历史事件的东西，还没有使我们感到满足，也无法使我们感到满足，因为我们是动态性存在。

乌托邦也是历史有未来这一信念的表达。它表达的是这一观念，即：当我们行动时，我们必须对使世界变得更美好这一理想负起责任。道德的具体质料规范坚持把乌托邦理想呈现在我们面前，并一再预示一种更适合于人类的未来。这些规范始终反对不同形式的本体恶。只要我们引起或容忍的本体恶，多于为了实现我们人类存在的道德目标所必需的本体恶，具体规范就会宣判我们犯了不道德的罪过。从其否定性措辞（不可杀人、不可撒谎、不可容忍本体恶等等）中可以看到，具体质料规范对任何阻碍人及社会发展的东西都是否定的。因此，这些规范是否定之否定。通过这种否定辩证法，它们指向形式的规范，形式规范所关注的是应积极做的事情，因为它们表明，哪些道德倾向会驱使行为者行动，行为者通过其与实在的接触要实现哪些道德目的。

詹森进一步指出，就具体的质料规范表达理想而言，它们关注的是"值得欲求的人性层面"。在他看来，企图根除所有形式的本体恶是不正确的，因为这样做会使实现道德目标变得不可能。我们必须考虑到我们人的有限性。具体的规范是相对的，它们只禁止我们引起或容忍超出实现善良目的之手段范围的本体恶。但詹森已经表明，文化的进步可以缩小这些范围。在这个世界上会有越来越多的手段供我们用来减少本体恶，避免产生或容忍本体恶。这表明了具体质料规范的历史性。但历史性并不意味着对过去的否定。相反，在我们这个时代很久之前，人类就已经创造了历史，并且发现具体质料规范可以保护文化的财产。保护生命、人的完整性、社会关系中的诚实等等基本价值的具体规范总是有效的。但历史性也意味着，作为具有无穷可能性的动态性存在，我们不该停止计划和建构真正人性的新生活方式。因此，在一种可能性会实现值得欲求的人性层面这一点而言，就必须调整规范概念以适合新的人性事实。詹森说过，所有形式的本体恶都会阻碍人及社会的发展，因此，为这一发展服务的道德要求我们，不可产生或容忍能从这个世界中清除出去的本体恶。只要有可能，我们就应该消除本体恶。在整个人类历史上，道德都试图通过新的具体质料规范来肯定这一道德义务和使命。

第五章　理查德·麦考密克

　　理查德·麦考密克（Richard A. McCormick，1922- 2000），美国乔治城大学肯尼迪研究院（the Kennedy Institute of Georgetown University）和圣母大学（the University of Notre Dame）基督宗教伦理学教授。其主要著作有：论文"道德选择的含混性"、"对诸评论的评论"、《伦理神学评说（1965 -1980）》（论文集）、《伦理神学评说（1981-1984）》（论文集）、《批评性的呼吁：对梵二会议以来道德二难问题的反思》等等。麦考密克的伦理思想建立在对卡诺尔、福克斯、詹森和舒勒等人有关思想的继承和总结之上，可以说是相称主义伦理学的集大成者。

　　在卡诺尔的论文（即"双重效果原则的诠释功能"）发表后的二十五年时间里，引发了大量的评论和争议，几乎每一个伦理神学家都或多或少站在争论的一方或另一方。争论有时候很激烈。拥护者试图澄清相称主义的本质特征，反对者则持续提出异议，这些异议有助于拥护者把理论表述得更加清晰、更加准确。麦考密克对此争论作出了重大贡献。他不仅从卡诺尔、舒勒、詹森和福克斯以及其他相称主义者那里获得了深刻的洞见，捍卫并发展了卡诺尔关于相称理由的观点、福克斯关于道德规范的观点、以及詹森关于本体恶和人类行为的观点，而且也倾听反对者的意见，并与之进行深入交流和对话。由此麦考密克成了 20 世纪后半叶天主教伦理神学的杰出人物之一，是美国最富盛名的相称主义者。相称主义所产生的巨大影响，以及由此而来的种种争议，很大程度上可归功于麦考密克的著述。本章的任务是讨论麦考密克相称主义伦理学的各主要问题，包括相称主义和相称理由、直接与间接的区分以及道德规范问题。

第一节 相称理由

一、相称主义的基本原则

根据麦考密克，相称主义是确立行为的道德正确性或错误性，以及为具体行为规范奠定基础的一般的分析结构，这一道德推理结构致力于在得出有关行为的道德决定前评价所有相关的情况，即整体行为的所有方面、结果、前道德的价值/负价值等等。

麦考密克认为，相称主义者并不会在所有的基本问题上都持有一致意见，甚至在关于如何应用其理论于分析特定案例也不会有共同的看法。不过，麦考密克认为，"所有所谓的相称主义者的共同看法是，在我们的行为中引起些负价值（本体的、非道德的、前道德的恶），根据事实本身并不会使该行为成为道德上错误的，如某些传统表述所认为的那样。只有当考虑所有的因素不存在相称理由时，行为才会成为道德上错误的。"[1] 相称主义讨论究竟是什么因素决定一个行为的道德正确性或错误性。探讨什么东西会或不会使一个行为成为道德上错误的行为，是相称主义理论的共同主题。在另一处，麦考密克也发表了类似的看法。他说，相称主义者一般都相信，"在我们的行为中导致某些负价值，根据该事实，并不会使该行为成为道德上错误的，如某些传统的表述所认为的那样。当抽象地，即脱离其道德上相关的环境来予以考察时，这些恶或负价值被认为是前道德的，但它们是恶……当考虑了所有因素，在证明负价值在正当行为中不存在相称理由时，在其中产生恶的行为就是道德上错误的。"[2] 显然，在麦考密克看来，判断某一行为的道德正确性或错误性的标准，是行为所意欲产生的本体善与本体恶之间的相称性。如果行为所产生的本体善多于本体恶，那么本体善就会被认为与本体恶相称，这样会为引起本体恶提供恰当的理由。但如果本体善少于本体恶，那么本体善就不足以证明引起本体恶是正当的。因而，在麦考密克的理论中，相称理由在行为的道德评价中起着关键性的作用。

1 Richard A.McCormick, "Moral Theology 1940-1989：An Overview",in *The Historical Development of Fundamental Moral Theology in the United States：Readings in Moral Theology*, No.11, Charles Curran & Richard McCormick(eds.). New York & Mahwah, NJ：Paulist Press,1999, p.54.

2 Richard A. McCormick, "Killing the Patient", in *Considering Veritatis Splendor*, John Wilkins(ed.). Pilgrim Press, 1994, p.17.

麦考密克对早期相称主义的"相称理由"概念作了评论，并提出了一种批评性的综合和发展。卡诺尔曾经说过，"道德恶在于许可或引起物理恶而又没有相称理由"。麦考密克对此说道：相称理由"不是任何理由，不管它多么有意义或多么重要。相反，只有当此时此地由涉及前道德意义上的物理恶的措施来实现的价值从长远看不由这些措施所破坏和违背，而是维护和最大化时，理由才是相称的。"[3]麦考密克接受卡诺尔的观点，他断言，"错误性必然是因为相称的缺乏。意思是说，我所追求的价值，正被以某种人们认为（不是没有先验的因素）是损害的方式去追求。我会进一步（试探性地）根据基本善的联系、据此保护或追求一种善会实现其他的价值或善、因而能够对不相称性负责，来解释这一不相称。换言之，我会放弃对目的论的长远后果的的解释；但我找不到任何理由来放弃目的论本身。"[4]麦考密克由此接受了卡诺尔有关相称理由概念的表述，认为相称理由在行为的道德评价中具有决定性的地位。

把相称理由确立为评价行为道德性的最高标准，实际上就是承认具体质料规范从属于这一标准，这是相称主义的一个基本伦理主张。在麦考密克看来，只有在某一作为手段的行为因无相称理由引起时，它才能被认为是恶的。就是说，人们不能孤立理解某些物理恶，并认为它们在所有情形下都是道德恶。例如关于避孕，相称主义者一般会认为，生育是一种善，这种善应予以实现。因而在麦考密克看来，直接绝育是一种本体恶，但如果我们承认相称理由在行为评价中具有首要性，那么我们就必须容许这一可能性：在某些情况下，故意避孕（本体恶）或绝育行为，可以由一种相称理由证明为正当。麦考密克也援引了其他相称主义者对某种情况下故意直接堕胎的证明：在这种情况下，若不堕胎，母亲和胎儿都会死亡，"在这样的情况下，堕胎是有相称理由的，是较小恶。当人们面对两种抉择——这两种抉择都牵涉到不可避免的（非道德的）恶——时，他应该选择较小的恶。"[5]为挽救母亲的生命而摘除很可能死亡的胎儿是正当的。其依据是，保护某一确定的价值（母亲的生

---

3 Richard A. McCormick, "Ambiguity in Moral Choice", in *Doing Evil to Achieve Good,* p.10.

4 Richard A. McCormick, "A Commentary on the Commentaries", in *Doing Evil To Achieve Good,* p.265.

5 Richard A. McCormick, "Reflections on the Literature", in *Readings in Moral Theology, No. 1: Moral Norms and Catholic Tradition*, Charles Curran and Richard McCormick(eds.). New York: Paulist Press ,1979,p.331.

命），应优先于某一不确定的价值（很可能死亡的胎儿）。选择较小的物理恶，在某种意义上意味着，应该故意做此恶（堕胎）。

由上可以看到，相称主义的基本原则是，所有质料规范都取决于相称理由的存在或缺乏，它拒绝任何无条件地禁止行为者有意引起特定物理恶（如杀人、避孕）的规定。根据这一基本原则，关于涉及对故意引起物理恶的行为的道德正确性或错误性的判断，如果不了解该行为的具体情况或环境，是无法作出的。在具体的环境下，人们需要判断导致什么恶、追求什么善，以及善是否与恶相称。

二、相称理由及其确立的标准

1. 相称理由的含义

"相称理由"是相称主义道德理论的核心概念，它是用来确立行为的对错及行为规范的例外的道德原则。这一原则包含两个因素，即"理由"和"相称的"。通常的观点倾向于把"理由"理解为行为的严重原因或预计行为中所产生的"总的净善"。但在相称主义那里，所谓"理由"是指前道德的价值，是行为者应努力保护和促进的前道德的善。所谓"相称的"，也经常被人们等同于对包含在行为中的所有前道德的价值和负价值的"数学上的权衡"。但在相称主义那里，"相称的"指包含于手段中的或由手段引起的前道德的负价值与价值的关系，即手段与目的之间的恰当关系。

在麦考密克的著述中，有几个术语是"相称理由"的同义词。有时他称证明行为正当的"相称理由"为"较大善"或"较小恶"。有时他又认为，说实施某一行为有相称理由，就是说"在作为一个整体的行为中，善超过恶"，或者，做此行为会比不做此行为导致"更少的损害"。也有的时候，麦考密克说导致恶的行为有相称理由，意思是说，该行为是正当的。除此外，他还认为，任何导致恶的行为的正确性或错误性，应"从目的论上"予以判断，通过相称理由的存在或缺乏来判断。这表明，对于麦考密克而言，只要在其环境下，导致恶的行为比行为者的其它可能的选择会引起更小的恶或更大的善，那么就可证明该行为是正当的。

此外，麦考密克还使用"破坏善"和"服务善"这对概念进一步解释其相称理由概念。在他看来，"为实现善而作恶"，由于会破坏所追求的善，必须被判断为不相称的，即不正当的、道德上错误的。他指出，相称理由"意思是，所追求的价值会被设想的行为所破坏。'相称理由'用法中的相称指与基本善的关系。"[6]例如，关于剥夺人的生命问题。只有当考虑所有因素，剥夺生命可以更好地服务于处在悲惨处境下的生命本身时，这一剥夺生命的行为才是相称的。这里我们注意到，麦考密克按"破坏善"和"服务善（促进善）"来解释相称及相称理由，这与他根据"较大善"和"较小恶"所作的解释是一致的。他表明，说某一行为在特定环境下可以最好地服务于或促进一种价值，就是说这一行为是相称的，即是说它在行为者的诸选择之中会产生最小的恶或导致最大的善。

麦考密克根据较大善和较小恶来解释相称理由，这表明了其道德理论中的一个基本原则，即：当考虑所有的因素，在证明负价值为正当的行为中，不存在较大善时，引起恶的行为就是道德上错误的。该原则强调，道德上错误的行为之所以错误，是因为它并不实现比某一别的抉择有更大的前道德的善或更小的前道德的恶。因而，在麦考密克看来，基督教道德推理的一个重要规则是，应选择较小的恶。也就是说，面对两个抉择而这两个抉择都涉及不可避免的非道德恶这种情况，人们应该选择较小的恶。

麦考密克的上述看法涉及其有关诸善之联系的观点。他指出，标志人们繁荣兴旺的诸善是相互联系的。这一主张在其道德理论中非常重要，因为，人类善之间具有紧密联系，这意味着，以某种特定善为目的的行为，也会积极或消极地影响着其他善的实现。更为重要的是，对相关善的影响又会影响最先被追求的善。因而，如果人们要正确和全面地评价行为所产生的善和恶及其相称关系，那么就必须对诸善的相互联系予以认真的考虑。麦考密克说："无理地剥夺他人生命的人，也会破坏其他人类善，这些善一旦被削弱或破坏，将会影响生命善本身。"[7]所有的善或价值都有内在的联系，因而，在处理处于危险中的善或价值时，就需要考虑相称性问题。后面我们会看到，人类善之间的联系在关于相称性的判断中，以及某些个案的分析中，起着决定性的作用。

像新自然法学派那样，麦考密克也指出，作为人类繁荣兴旺的相互关联的诸善，是不可公度的，但他认为它们的相互联系为我们所作可能的和合理

6　Richard A. McCormick, "A Commentary on the Commentaries", in *Doing Evil To Achieve Good,* p.201.

7　Richard A. McCormick, "A Commentary on the Commentaries", in *Doing Evil To Achieve Good,*p. 228.

的决定提供了背景。在他看来，由于不可公度的诸善之间的这种相互联系而具有合理性的决定，就是关于相称的决定，即关于行为者的诸选择中最大善或最小恶的决定。麦考密克提醒我们，诸人类善具有内在关系和联系，意味着，权衡较大善和较小恶是一件很不容易的、不太确定的复杂工作，因为权衡必须经由考虑有联系的诸善来作出。

在以上分析的基础上，麦考密克指出，相称理由有三种不同含义。第一，存在一些情形，在这些情形下，引起或许可一种恶是引起较大恶的唯一可替代的抉择。对于这一含义，麦考密克举了两个例子加以解释。一个例子是堕胎困境：挽救一条生命或者失去两条生命。母亲无论如何努力都无法挽救胎儿的生命。如果不堕胎，母亲和胎儿都会死，但是堕胎至少会让母亲活下来。另一个例子是允许淹死游泳者，因为在近处可以帮助他的唯一一个人不会游泳。如果在出事地点，可能的施救者不会游泳，那便不能帮助溺水者。不会游泳的人无法挽救即将淹死的游泳者。母亲尝试挽救胎儿，不会游泳的人尝试去救将淹死的游泳者，这样做会违背善的秩序。因此麦考密克下结论说："爱（除涉及善行外，也涉及仁慈）总是由可能的东西所控制。如果通过我的牺牲不能给个人带来任何好处，也就没有真正的仁慈。爱的行为（如仁慈）不由纯粹欲望和意向（仁慈）来衡量。因此，在诸如此类的例子，堕胎或不尝试施救将要淹死的游泳者是基于相称理由的决定，这恰恰是因为此伤害不可避免，而对母亲和可能的施救者的伤害能够并应该避免。"[8]第二，相称理由的另一种含义指，存在某些情形，在这些情形下，可替代的抉择并不清楚。例如，一个人为了另一个人而牺牲自己的生命。牺牲自己生命的人之所以这样做，并非因为另一个人的生命优先于自己的生命，而是因为在这样冲突的情况下，以牺牲自己的生命为代价来挽救邻人的生命，这是人性的行为。在其它要素都同样的情况下，自我牺牲是人类最大的爱的行为。第三，相称理由的第三种含义来自这一事实：不应要求人们做超出其能力允许的事情。"爱人如己"是一个值得追求的理想。但是，在一个时间，在一个地方，对于一个人来说，能够以爱的名义来做的事情，都存在一个范围。拒绝接受这一点，就是把完美的爱强加给不完美的人，而这是不相称的要求。

---

8 Richard A. McCormick, "Ambiguity in Moral Choice", in *Doing Evil to Achieve Good,* p.47.

有学者认为，在天主教伦理传统中，相称理由是目的或动机的同义词。因此，对于某一个行为，我们可以不考虑其最终的好的意图，根据其对象就可以判断其道德的对错。这种观点认为，对于相称主义来说，在特定的冲突处境下，相称理由是某种附加于行为之上的东西，是某种在行为之外的、不需考虑恶的手段就可实现的善。麦考密克不同意这种看法。他指出，在冲突处境中，相称理由不是附加于行为之上的东西，相反，它是行为的对象。例如，在截除患癌肢体以挽救病人生命的案例中，挽救病人的生命（相称理由）是行为的对象，而不仅仅是截肢的动机，截肢不是行为的对象。也就是说，相称理由进入了行为的定义中。因而我们不能认为相称理由是附加在由其对象定义的行为上的东西。就此而言，相称主义并不认为道德上错误的行为可以由其目的证明为正当。除认为相称理由不是动机外，麦考密克也强调定义相称性必须考虑行为对象和环境（附带后果、可能结果、意图等等）。关于这一点，下面将稍微详细地予以分析。

2. 确立相称理由的标准

为确立相称理由提供标准，是麦考密克对相称主义伦理学所作出的最大建构性贡献。根据他的看法，确定某一行为是否存在相称理由有四个不同但又相关的标准：（1）手段与目的之间，或目的与进一步的结果之间，没有冲突，或（2）手段不引起比必要更多的损害，或（3）手段与目的之间有必然的因果关系，或（4）手段不破坏目的。在这四种情形下，行为就存在相称理由。对于麦考密克来说，当这些标准中的任何一个在一个处境下得到满足，因而相称理由得以确定时，所做的行为就是正当的，是道德上正确的。相称理由的存在决定着行为的道德正确性。

关于第一个标准，麦考密克接受詹森的有关理解。所谓行为的目的，指行为者想努力促进或维持的具有重大价值的前道德的善，或前道德的价值。所谓不冲突，意味着手段不能否认在目的中所肯定的同样的价值。第二个标准，手段不引起比所必要更多的损害。这一标准要求我们有道德义务尽可能多地在我们的行为中减少前道德的负价值。这又分三种情况。首先，当行为面临多种负价值时，我们应该选择较小的负价值。亦即，当面对不只一种前道德的负价值时，人们必须选择较小的恶。其次，如果我们选择较小的价值而不是较高的价值，那么手段就会引起比必要更多的损害（恶）。最后，其他因素都相同的情形下，当两个前道德的价值都处于危险中，但两者又不能同时都应予以保护或促进时，我们就要关注更急迫的价值。优先一种价值而不是更紧迫的价值（即使是较小的价值），在某些冲突处境下，会引起比必要更多的损害（恶）。关于第三个标准：当手段与目的有必然的因果关系时，相称理由就存在。麦考密克指出，手段与目的具有事实上的产生效果的关系，而没有必然的关系，这种情况是可能的。例如，就其能够结束战争这一意义上说，直接杀害无辜者能够是有效的，可以产生预期效果的，但这并不因此就意味着杀害无辜者是实现结束战争这一目的所必需的。在麦考密克看来，某些涉及前道德的负价值的行为，能够与所追求的目的（前道德的价值）有必然的关系；此时，引起恶就有相称的理由。也就是说，当一个作为手段的行为与目的有必然的因果关系时，我们就有相称的理由为手段中的前道德的负价值作辩护，即可以证明引起恶是正当的行为。以患有动脉瘤的孕妇为例。如果不做手术以调整威胁生命的状况，母亲和胎儿都会死去。在这种情况下，为堕胎作辩护的相称理由就存在，因为在堕胎行为中，前道德的负价值是内在地、不可避免地与挽救母亲的生命（能被挽救的唯一的生命）相联系。

第四个标准要求"手段不可破坏目的"。这个标准相当复杂，是麦考密克反复思考的一个标准。他认为这一标准可以有两种不同的理解，这两种理解都与关于直接/间接区分的道德相关性的基本立场有关。先说第一种理解。麦考密克指出，意欲的意志和许可的意志都应从目的论上来判断，即根据相称理由的存在或缺乏来判断。他也认为，当某一行为涉及前道德的负价值时，直接性/间接性并不总会在道德上具有决定性。不过根据他的看法，关于前道德的这一区分之潜在道德相关性，可以根据行为的长远后果加以确定。他用战争行为中的差别原则（平民豁免权原则）来证明这一点。传统伦理神学谴责直接杀害无辜者，认为这属于内在恶，因此，这种杀人行为，不管环境和结果如何，都被认为是道德上恶的。虽然麦考密克不接受传统的这种观点，但他也认为我们应该视"平民豁免权"为"事实上无例外的"规范。他说，该规范的"事实上无例外的"性质能够得以确立的根据，不是义务论的考虑，而是对在战争中毁灭无辜者生命的灾难性后果的长远考虑。因此，他确信，因据普遍和共同危险之假设而得以确立的禁止杀害无辜者的禁令，在实践上不应该有例外。结果从长远看会破坏所追求的善，即产生比善多的恶，即从长远看会杀死更多的人的生命。由此可以看出，麦考密克想诉诸行为的目的与其长远后果之间缺乏相称去证明直接/间接性的道德相关性。在他看来，正是杀人行为的直接性才导致灾难性后果，因此导致行为的错误性；不是后果本身使行为成为错误的行为。

接着我们看看麦考密克对"手段不可破坏目的"的第二种理解。他认为，我们的基本道德义务起源于我们的人性倾向或趋向。人性倾向是一系列不受文化条件限制的、在我们内存在的自然倾向，它们朝向一些基本价值，基本价值是人性趋向的对象。因而人性倾向一定先于我们对行为对象的兴趣而存在。主要的人性倾向和基本价值包括：保护生命、生养后代、探索和提问、寻求友谊、使用理智指导行为、与未知的更高力量确立好的关系（宗教）、在娱乐和精良艺术中发展技艺并实施技艺。麦考密克强调，所有的基本价值都是具有内在联系的，因此对任何一个基本价值的侵害就是侵害所有其他与之有联系的价值。正是诸价值的联系，为他提供了表明为什么直接杀害平民是道德错误的客观依据。麦考密克解释说，杀害平民（手段）与侵略国停止其不正义的行为之间，没有任何必然的或因果的联系。以挽救更多生命（目的）来杀害平民（伤害行为），对于侵略者心灵态度的改变不是必要的。人们想通过杀害平民的行为来保护其他人的生命，其实也破坏了生命这一价值。手段对于被选择的目的来说并非恰当的行为。

三、故意杀人与相称推理

1. 故意杀人与相称推理：理论方面

"为了实现善而故意引起恶"，这是天主教伦理神学中颇有争议的一个重要议题。麦考密克对此议题表明了他的基本立场：如果存在相称理由，我们就可以直接意欲引起非道德的恶。此处需要注意，麦考密克的立场中排除了故意引起道德的恶。他是根据所产生的非道德善（本体的善）与非道德恶（本体的恶）来定义某些道德上恶的行为，如谋杀、偷盗、通奸。麦考密克不赞同所引起的恶应在意向之外、属于间接的这一义务论立场。他指出，一旦可以确认杀害无辜者是对基本的但又是非道德的价值的破坏，我们就没有必要区分直接和间接杀人。杀害无辜者属于前道德的恶。而为了相称的善而意欲前道德的恶是合理的。因此，行为者为了一个相称的理由而意欲无辜者的死亡是合理的。这意味着，当这样的杀人比行为者的其它选择会产生更小的恶或更大的善时，行为者故意导致无辜者的死亡就是道德上正当的。不过，麦考密克又说，因为人的生命这一价值是如此的大，事实上没有相称的理由可以证明故意杀害无辜者是正当的。麦考密克的推理是结果主义性质的，因为禁止故意杀害无辜者可以由对该行为所产生的善和恶的评价来证明是正当的。

实际上，麦考密克并没有主张相称理由可以证明故意杀害无辜者是正当的。他接受的立场是，"人的生命，作为一种基本善和享有其他善和权利的基础，只有当考虑了所有的因素，这样做（剥夺）时是两种恶中的较小者，才应被剥夺。"[9]可以看到，麦考密克认为"生命"是一种非道德的价值，这样他的推理采取了评价在每一个选择中所产生的本体善和恶的形式，而行为者的义务就是选择会产生较大善或较小恶的选项。麦考密克此处的推理似乎不关心故意杀害无辜者与"允许"无辜者死亡这二者之间的区别。与传统神学的建立在义务论上的无例外地禁止故意杀害无辜者的禁令相反，麦考密克坚持认为，当人们说禁止直接杀害无辜者时，他的意思并不是说不管杀人者有任何理由杀人都是道德上错误的；他的意思是说，在这样的情景下，杀人的理由与所导致的损害不相称。也就是说，麦考密克并不简单地认为人们可以为了一个相称的理由而允许无辜者的死亡，相反他认为，行为者故意做某事与行为者允许某事之间的区别，与行为的对错是无关的。因此，传统的义务论应予抛弃，行为评价的重点应完全放在行为所产生的本体善和恶上。由此可以断定，麦考密克的伦理学是以结果判断行为道德性质的伦理学。

2. 堕胎案例

麦考密克应用其伦理最高标准"相称理由原则"去分析若干具体的个案。堕胎案例就是其典型个案。一个怀孕妇女面对这种困境：因子宫患严重疾病，但由于医疗条件的限制，她和她未出生的孩子注定要死去，但堕胎很可能会挽救母亲的生命。麦考密克不接受传统双重效果学说的分析。按传统分析，如果手术干预（即通过摘除患者子宫），是一个只以挽救母亲生命，而仅仅是无意地、间接地引起孩子死亡的行为，那么，就可以证明这种情况下的堕胎是正当的。据此可以认为，满足传统双重效果原则的所有四个条件（参看前面第一章的有关分析或下一节的叙述），都没有违背禁止故意杀害无辜者这一无例外的禁令，因为孩子的死亡是间接引起的，是挽救母亲生命这一行为的意外后果。麦考密克虽然也同意在这种情况下堕胎是正当的，但他发现，传

9　Richard A. McCormick, *How Brave a New World?*. New York: Doubleday, 1981, p.168.

统的推理，"在我看来，这根本不是证明。这只是解释我所做的恶如何不属直接的一个方式……也就是说，这种证明所赖以依靠的唯一前提是，意欲的意志必然涉及侵犯一种基本善……"[10]麦考密克指出，前面对允许堕胎之正当性的证明，不是证明人们可以偏爱母亲的生命甚于孩子的生命。我们面对的是两种抉择，即选择堕胎或选择不堕胎。这两种抉择都具有破坏性，但不堕胎的后果比堕胎的后果具有更大的破坏性。我们可以允许母亲和孩子都死去，或者我们可以挽救母亲的生命，而只让孩子死去。麦考密克认为，如果考虑所有的因素，堕胎则是一个较小的恶，因而堕胎就是相称的。堕胎是真正挽救生命的行为，因而不是一个侵犯基本善的行为。

我们看到，在其分析中，麦考密克从一个人死比两个人死是一种较小恶这一前提，推出有意引起一个人死是一种义务这个结论。这一分析所表达的一个重要规则是：在面对诸种抉择时，行为者在道德上有义务选择最小的本体恶或最大的本体善。因而，故意堕胎（本体恶）是正当的，因为"我们不允许母亲和孩子都死去"。在堕胎案例中，麦考密克强调的重点放在两种选择（堕胎或不堕胎）所实现或导致的本体善和恶的评价上：当抉择所产生的都是本体恶（失去两条生命）时，人们应该做较小的恶（剥夺一个人的生命）。这一判断在道德上具有决定性：如果不堕胎，母亲和胎儿都会死，但是堕胎至少会让母亲活下来，因为爱"总是由可能的东西所控制。如果通过我的牺牲不能给个人带来任何好处，也就没有真正的仁慈。爱的行为（如仁慈）不由纯粹欲望和意向（仁慈）来衡量。因此，在诸如此类的例子，堕胎或不尝试施救将要淹死的游泳者是基于相称理由的决定，这恰恰是因为此伤害不可避免，而对母亲和可能的施救者的伤害能够并应该避免。"[11]麦考密克甚至对这些情况下选择不堕胎进行强烈的谴责，认为这种情况下拒绝堕胎是道德上错误的。在这里，麦考密克相信，道德上具有决定性的东西，是由行为者每一个可能选择所产生的本体善和恶的数量，"在一定的处境下，剥夺一个人的生命而不是失去两个人的生命，是较小的恶。这就是证明人工干预（堕胎）之正当性的唯一依据。"[12]在母亲患重病的情形下，不管母亲作出何种选择，

---

10 Richard A. McCormick, "Ambiguity in Moral Choice", in *Doing Evil to Achieve Good*, p.27.

11 Richard A. McCormick, "Ambiguity in Moral Choice", in *Doing Evil to Achieve Good*, p.47.

12 Richard A. McCormick, "A Commentary on the Commentaries", in *Doing Evil to Achieve Good*, p.214.

孩子都必定会死亡（本体恶）。因而麦考密克同意堕胎选择，以挽救母亲的生命（本体善）。

麦考密克的分析表明，在某一特定处境下道德上正确的选择是由权衡在此处境下所产生的善和恶，人们只应选择产生最大善或最小恶的抉择，因而较大善/较小恶是评价选择行为的道德性质的唯一决定性因素。麦考密克关于堕胎案例的分析也表明，如果存在相称理由，就可以证明故意引起本体恶是正当的。也就是说，选择较小恶可以证明这种故意是正当的。由此麦考密克确立了相称理由原则为行为道德性质评价的最高标准：所有的选择都应根据最大善/最小恶标准来予以道德上的评价。

第二节　直接与间接

一、传统的区分：故意引起恶与仅允许恶

前面有关章节中我们已经论及，在天主教道德传统中，双重效果原则一直被用来区分某些牵涉冲突的行为中何为被直接意欲、何为被间接意欲。该原则首先假定，一个行为会产生至少一种善果和一种恶果。为了证明许可恶果的正当性，就必须满足四个条件：（1）恶由之而来的行为必须是善的、至少是中性的；（2）行为者必须意欲善的后果；（3）恶果不可以是善果的原因，或者，至少恶果和善果必须同时引起；（4）允许恶果必须有相称地重大的理由。如果这四个条件都得到满足，那么，由行为所引起的恶就会被判断为间接的，因而行为者就可去做此行为。直接意愿与间接意愿的区分，以及决定这一区分的双重效果原则，一般用于三类行为：牵涉他人之罪（丑闻）的行为、牵涉杀人的行为、牵涉性器官使用的行为。麦考密克指出，在历史上，直接/间接区分所想说明的是意愿与行为的复杂关系。但随着时间的推移，"直接"和"间接"这两个术语变成了附属于某些必然涉及意愿性的物理行为。因此，存在一些行为，如"直接杀人"或"直接绝育"，这些行为被视为总是道德上内在地恶的，因而总是错误的。[13]

在天主教道德传统中，说一个行为者"直接意欲"某一特定恶，就是说此行为者故意引起该恶；说一个行为者"间接意欲"一个不可避免的恶，就

---

13 参见 Richard A. McCormick, *How Brave a New World?*, p.433.

是说该行为者选择允许该恶产生，当然他并不是故意引起它。前者是意图不可避免的恶产生，后者是故意引起不可避免的恶作为达到另一个目的的手段。麦考密克用术语"在心理上意欲的"指传统的意义所说的"被间接意欲的"。

直接与间接的区分在传统天主教道德推理中的重要性，表现在传统的双重效果原则中。双重效果原则禁止故意（直接）作恶，禁止把作恶作为达到一个善的目的的手段。麦考密克向我们提供了一些例子。他指出，天主教道德传统坚持，如果堕胎干预被认为是被直接意图的话，就永远是不允许的。因为这牵涉直接剥夺人的生命。但如果胚胎的死亡，是旨在摘除患病器官手术（如患癌的子宫）的直接但不可避免的附带后果，那么堕胎就只是被间接意图的，若有真正相称的理由，就可以证明是正当的。这同样的论证被应用于许多其它领域，如战争行为、与他人一起作恶、绝育等等。[14]当代天主教教义有类似的表述：直接堕胎，即被意欲为目的或为手段的堕胎，不管出于什么动机，使用什么手段，都是严重违背道德律的行为。这表明，直接与间接的传统区分，在判断行为的道德性质方面具有决定性的地位：行为者故意引起某一本体恶会使选择成为道德上错误的选择。"传统的区分"为禁止某些种类的选择和行为提供了重要依据。

麦考密克批评了上述传统立场中所反映的对直接意图和间接意图的理解。在他看来，这样的理解"会公然无视词的含义。例如，当人们因为纯粹教育的动机而从肉体上惩罚一个倔强的小孩时，我们应称这一惩罚和痛苦为'间接的'吗？不。相反，它具有手段的性质；在涉及手段的地方，我们谈的是意欲的意志，直接的选择。"[15]他把直接意图和间接意图的传统理解描述为"狭隘的物理主义"。据他推断，只是因为在追求善时所引起的恶是"因为所引起的恶通常都是附带的，与一个允许意志（心理上的）有关，直接与间接区分就可以用独特的意图来确定。即，这一原则从作为服务于确定较小的恶的附属工具变成了这种决定的一个原则。对它广泛根源的认识让步于对行为以及行为的因果性，以及意志在解释双重效果观念时的心理作用等方面的强调。事实上，只要涉及非道德恶，直接意愿就只会表明一点：即，恶与善之间有因果关系，恶是作为手段被意欲的，这一点只有当意志影响了对较小

---

14 参见 Richard A. McCormick and Paul Ramsey, "Introduction", in *Doing Evil to Achieve Good*，p.5.

15 Richard A. McCormick, *How Brave a New World?*, p.438.

恶和较大恶的决定时，才变得有道德上的决定性。"[16]麦考密克认为，人类行为的一个共同事实，即行为者所引起的恶在心理上是未被意欲的，随着时间的过去，会获得规范性的力量；即"是"成了"应该"。麦考密克拒绝这一规范性的转向。他断言，在这些术语的传统意义上，直接与间接引起恶之间的区分，在道德上并不必然与行为评价有关。

需要指出的是，尽管麦考密克不认为直接/间接区分在天主教传统的道德推理中占有重要的地位，但他也不愿彻底拒绝传统把独特意图用作行为评价的标准。麦考密克表明，在对行为进行道德评价时，必须考虑某种与行为者相关的独特意向性。关于道德上正确的意图，麦考密克声称："即使在涉及基本善的地方，人们意向性的道德整体性也不能只是根据与作为可区分过程中的效果的恶有联系的心理间接性来定义。心理上未被意欲的恶的效果只是合法意图的一个例子。但如果是这样，且被意欲的手段可以是另一个例子的话，那么，似乎我们就可以明确这一点：整体意图性并不追溯到恶发生时的心理间接性，而只追溯到行为的相称理由；如果行为真有相称理由，行为者就能保持对善的秩序开放并趋向善的秩序，无论恶是作为不可分的效果还是行为中的手段产生。但是，既然作为手段的恶与作为效果的恶是不同的事实，它们可能要求不同的相称理由。允许恶的足够理由可能不足以证明在所有情形下都能选择恶作为手段。"[17]

麦考密克强调，直接与间接的区分，其实就是意欲与许可的区分。他指出，存在这样一些情况，在这些情况下，除非行为者故意引起某一特定的本体恶，否则他就无法实现某一特定的本体善。在这样的情况，本体恶会被故意引起，以此作为达到某一特定目的的必要手段，如前面堕胎案例所表明的那样。麦考密克又指出，在其它一些情况下，同样的一种恶是不可避免的，但在因果上并不是实现同样一种善的行为所必要的，如为保护孕妇的健康而摘除该孕妇的患癌子宫而导致的未出生婴儿的死亡这种情形。在第一个案例中，未出生的婴儿本身就是对母亲健康的威胁。除终止怀孕外，母亲的健康作为一种善是无法实现的。在第二个案例中，是患癌的子宫威胁着母亲的健康，胎儿的死亡不是被选择来作为使母亲健康的手段，而是作为切除子宫的

---

16 Richard A. McCormick, "Ambiguity in Moral Choice", in *Doing Evil to Achieve Good*, pp.38-9.

17 Richard A. McCormick, "Ambiguity in Moral Choice", in *Doing Evil to Achieve Good*, p.40.

不可避免的附带后果而出现的。因而在麦考密克看来，故意引起本体恶以作为达到某一目的的手段，与只是允许同一个恶产生作为实现同一个目的的行为的意外后果，这在心理上是对该恶的不同认识。故意引起的本体恶与仅仅许可的本体恶是有区别的，"在意向意志和允许意志中有着真正的差异"。[18]不过，这并不意味着麦考密克放弃了他对传统有关直接/间接区分的拒绝。他认为，心理上的区分不足以支持这一立场：人们有时候许可但不会意欲本体恶。他写道："关键问题是，心理意识这种单一的形式——与恶作为其一方面有关——是否或为什么对一个恰当的人类意图具有规范性呢？传统的回答是肯定的，至少在有关人类生活和性功能的例子中答案是肯定的。即，所涉及的恶在那样一种心理意义上一定是意外的。我相信，这种结论值得怀疑。"[19]

根据麦考密克，我们不应认为恶的行为因属于行为者故意引起而成为道德上错误的。对此他解释说，尽管意欲恶与许可恶可以在心理上作出区分，"因为有联系的恶的形式在我们的行为中是可区分的，所以，对'意图'的心理经验在每种情形中就多少有些不同。'不应该引起恶'（不管是被意欲还是被许可）这一普遍的反应在两种情形下是共同的。"[20]就是说，我们根本不应赞同引起恶，"因为仅'许可'和'意欲为手段'可以揭示同样的基本态度：'如果有可能实现善果而又不会导致恶果的话，我就不会这样做。'与许可和意欲作为手段相联系的同样的基本态度乃是不赞同。"[21]在麦考密克看来，对意欲恶或许可恶的这一态度，是道德上相关的，因为"我没有将这种普遍的反应认定是在决定直接（作为一种手段）与间接意图是否具有道德意义时的一种关键因素"，"意欲/许可的意义乃是在其与对于赞同或不赞同的基本道德态度的关系中发现的。"[22]在此，麦考密克以行为者是否赞同故意引起恶这一问题，来取代恶是否被行为者所故意引起这一传统问题。这一转变使他认为，"因此，根据赞同与不赞同的说法，在非道德恶的地方，作为手段的许可与意欲都能

18 Richard A. McCormick, "Ambiguity in Moral Choice", in *Doing Evil to Achieve Good*, p.36.
19 Richard A. McCormick, "Ambiguity in Moral Choice", in *Doing Evil to Achieve Good*, p.38.
20 Richard A. McCormick, "Ambiguity in Moral Choice", in *Doing Evil to Achieve Good*, p.38.
21 Richard A. McCormick, "A Commentary on the Commentaries", in *Doing Evil to Achieve Good*, p. 256.
22 Richard A. McCormick, "A Commentary on the Commentaries", in *Doing Evil to Achieve Good*, p.263.

够附属于相同的道德范畴（不赞同），而意欲为目的则必然蕴含着赞同。在这种分析中，直接意图（作为一种手段）与间接意图的传统道德决定性消失了。如果这是正确的，我们就得下结论说，传统的错误在于相信作为手段的意图必然意味着赞同。"[23]因而，按麦考密克的看法，传统对直接/间接区分的理解，以及传统对这一区分在行为的道德评价中所起作用的理解，忽视了在引起可预见的恶行中从道德上说最重要的东西，即行为者对所引起的恶的态度。也就是说，麦考密克认为行为者对所意欲的恶的赞同或不赞同的态度在道德评价中更具决定性作用。

由上我们可以看到，麦考密克对行为作出了限制，这一限制，尽管与传统禁止直接意欲恶有些不同，但仍然要求故意引起恶必须有恰当的意图，即行为者不可赞同故意引起恶以作为达到善的手段。为此麦考密克对如何对待故意引起的恶提供了一个标准："整体意向性并不追溯到恶产生时的心理间接性，而只追溯到行为的相称理由。如果行为有真正的相称理由，行为者就能保持对善的秩序开放并趋向善的秩序，无论恶是作为不可分的效果还是在行为中作为手段产生。但是，既然作为手段的恶与作为效果的恶是不同的事实，那么它们就可能要求不同的相称理由。允许恶的足够理由可能不足以证明在所有情形下都能选择恶作为手段。"[24]因此，麦考密克认为，所有引起恶的、道德上正当的行为均要求有恰当的意图，不过他视相称理由的存在为恰当意图的标准。关于传统所谓意欲/许可之区分的实践意义，麦考密克指出："例如，一种杀人之所以不是错误的，只是因为它在传统道德意义上乃是直接的。具体地说，一种堕胎可能是直接的，但仍是道德上许可的。"[25]因此，杀人的许可性，像所有做本体恶的行为一样，不取决于"意向的直接性或间接性，而取决于目的的善性和所选手段与该目的的相称性。"[26]

关于传统伦理学中的直接与间接的看法，麦考密克的结论是，"传统上对直接与间接的区分，既非我们先前所想的那样具有决定性，也不是最近的研

---

23 Richard A. McCormick,"A Commentary on the Commentaries", in *Doing Evil to Achieve Good,*p. 264.

24 Richard A. McCormick,"Ambiguity in Moral Choice", in *Doing Evil to Achieve Good,* p.40.

25 Richard A. McCormick,"A Commentary on the Commentaries", in *Doing Evil to Achieve Good,*p.263.

26 Richard A. McCormick,"A Commentary on the Commentaries", in *Doing Evil to Achieve Good,* p.241.

究所表明的那样是可有可无的。作为对朝向某一特定恶（不管是意欲的还是许可的）的意志趋向的描述，它仅仅有助于我们了解我们在做什么。被如此描述的行为是否更一般地呈现了整个意图，取决于在考虑了所有因素后它是否是在此情况下是更小的恶。这是一个无法被归结为对直接或间接意愿的单纯决定的评估。"[27]总之，麦考密克拒绝人们仅据直接/间接区分就能判断行为道德性质的看法。根据伦理神学传统，故意杀人的行为之所以是道德上错误的，是因为在这一行为中，行为者在心理上意欲一个被禁止的恶。麦考密克所持的立场是，人们不可以在道德上评价一个行为，除非他知道所追求的是什么、使用什么手段及当时的环境怎样。这表明"作为一个整体的行为在道德上究竟是正确的还是错误的，取决于这一意义；因为这一意义表明了有哪些其他价值处于危险之中，因而就表明了此时此地追求善的方式是否会毁灭该善。也就是说，这表明了，在作为一个整体的行为中，善是否多于恶，是否有真正相称的理由。正是这一理由的存在或缺乏，决定着行为者的态度是否恰当，决定着他的选择是正确的还是错误的，决定着他在追求另一种善时是对基本善开放还是对其中的一种关闭,决定着人们是否选择了违背一种基本善，或者用庇护十二世的话来说，决定着人们是否'犯了违背夫妻生活之真正意义的罪过'。"[28]在麦考密克的伦理思想中，较大善/较小恶或相称理由，是行为评价和意图评价的最高标准。

麦考密克的伦理学以相称理由概念为核心，明确地对传统直接/间接区分表达了拒绝的态度，其中的一个重大后果是，"那些涉及直接意图一种作为手段的负价值并因此产生义务论的规范而被认为是错误的行为，必须从目的论来予以解释。因此，我们唯一的问题，就是发现一种合理的对被认为是实际上无例外的规范为什么会如此的目的论分析。"[29]麦考密克对所有行为进行目的论的评价，就是以相称理由的标准为最高尺度。根据他的看法，"只有当行为规范规定一种不会与其他价值冲突的价值，或者如果会与其他价值冲突，但总是值得优先的价值时，该规范才是无例外地。总是值得优先只是这种说

---

27 Richard A. McCormick, "Ambiguity in Moral Choice", in *Doing Evil to Achieve Good*, p.50.

28 Richard A. McCormick, *Notes on Moral Theology, 1965 through 1980*. Washington, D.C.: The University Press of America, 1981,p.722.

29 Richard A. McCormick, "A Commentary on the Commentaries", in *Doing Evil to Achieve Good*,p.264.

法，即：（至少在我们的观点看来）它超过其他价值，比其他价值更紧迫，或不允许取决于特征的例外。就是说，选择其他价值会不相称，或者，超过这一价值不存在可设想或实际上可想象的相称理由。因此，总而言之，相称理由是对可以让我们下如下结论的行为的那些特征的一个泛称，该结论是，即使行为涉及非道德的恶，但当和与其唯一的可替代的选择（忽视）进行比较时，该行为仍然可以证明是道德上正当的。"[30]在麦考密克看来，故意引起恶的行为，属于牵涉非道德恶的行为。直接/间接区分在行为评价中不起关键作用。相反，相称理由才是行为评价的基础。

关于相称主义道德推理，麦考密克以故意轰炸平民为例子。他的论证反对以轰炸平民作为缩短持续很久的、花费巨大的战争的手段。支持轰炸平民的选择的一个通常理由或逻辑是，这选择可以挽救更多的生命。既然可以挽救更多的生命，那么该选择就是正当的。麦考密克拒绝此种道德分析，他声称："即使处于危险中的善在量上与损失相称或大于损失，但以这种方式保护它从长远看会损害这一善。"[31]需要指出的是，麦考密克自己的分析并不援用禁止故意伤害无辜者的义务论禁令，这一禁令所作出的结论是：无论轰炸可以挽救多少人的生命，这样一个选择总是道德上错误的。麦考密克不以这一禁令为依据，因为其相称主义不会支持这样一种对选择的限制。他的道德理论承认完全存在如下可能性：因为选择的环境或情况的缘故，由轰炸所预计产生的善与所引起的恶是相称的，所以，善就不会被轰炸行为所破坏。因此可以下结论说，轰炸平民的选择，是道德上正确的选择。正是由于无法先天地排除这样的选择，麦考密克才坚持认为，禁止轰炸平民这一规范"事实上是无例外的"。他解释说，"处在危险中的善很多。我们过去对人的缺陷、无常及脆弱的经验以及我们对长远后果的不确定性，都会使我们相信我们应该把某些规范视为事实上无例外的规范，相信这是在面临危险过大以至于无法容忍时谨慎的结论。"[32]

我们还需注意，尽管麦考密克拒绝传统的区分在行为评价中的关键作用，但他并不认为直接和间接意图是不可区分的、道德上无关的。在认为传统区

30 Richard A. McCormick,"A Commentary on the Commentaries", in *Doing Evil to Achieve Good,* pp.232-233.

31 Richard A. McCormick,"Ambiguity in Moral Choice", in *Doing Evil to Achieve Good,* p.45.

32 Richard A. McCormick,"Ambiguity in Moral Choice", in *Doing Evil to Achieve Good,* p.45.

分并不那么重要时，麦考密克仍然坚信，"既然直接和间接的意义与意欲和许可有联系，那么我就乐意承认，直接/间接的区别会像意图（作为一种手段）与许可之间的区别那样具有道德上的意义。"[33]因而很清楚，麦考密克发现，在许可恶与意欲恶作为一种手段之间的唯一道德上相关的区分，是在结果方面的区分。他相信，在那些意欲作为手段的恶比仅许可作为手段的恶所产生的结果不同的情况下，传统的区分才具有道德的意义。因此，麦考密克至少同意传统道德推理的这一结论：存在一些情形，直接意欲恶在道德上是不可接受的，而仅允许这同样的恶则是正当的。

二、对有关传统区分观点的回应

麦考密克对相称主义思想发展的一个重要贡献，是对舒勒论文"直接杀人/间接杀人"的回应。在论文中，舒勒认为，传统的直接/间接区分与确定引起本体恶的选择是道德上正确的还是错误的这一点无关。就是说，传统的区分无法确定人类行为的道德性质。他指出，在传统伦理神学中，这一区分一直用于对自杀、杀人、绝育、丑闻、在他人的罪中合作（共同犯罪）的评价。舒勒的主张是，除丑闻和在他人的罪中合作外，这些行为都是根据义务论的思考而被禁止的，即根据它们的被意欲的或可预见的后果，而不是根据行为本身或意志的态度而被禁止的。

根据舒勒，引导他人犯罪总是被视为一种绝对的负价值，因为其被意欲的后果是他人的罪，这是不论有何理由都不能证明为正当的。尽管据此前提而来的推论是，导致绝对负价值的所有行为都是被禁止的。但舒勒还是认为，这一禁令可能会导致一种荒谬的处境：如果可以预见某人在某个地方很可能会使用某一刑法去勒索破坏该法律的人，那么立法者就不再能够制定任何法律。舒勒指出，传统通过许可在意志的态度中的差别，即通过区分直接意图与间接意图，来解决这一问题。"罪这一绝对的非价值，只要求人们不可在任何情况下或以任何代价积极地渴求或意欲它；假如这样，人们若有相称地严重的理由而许可罪这一绝对非价值，就会与罪这一绝对非价值完全一致。"[34]所以，意欲的意志与仅仅许可的意志之间的区分，只有当人们处理道德恶

33 Richard A. McCormick, "A Commentary on the Commentaries", in *Doing Evil to Achieve Good,*p. 264.

34 Bruno Schüller, "Direct killing/indirect killing", in *Readings in Moral Theology, No. 1: Moral Norms and Catholic Tradition*, Charles Curran and Richard McCormick(eds.). New York: Paulist Press ,1979,p.142.

时，才是相关的。非道德的恶，如痛苦、疾病、过错、或死亡，是不可意欲的，因为它们只是相对的负价值。如果相对的负价值"不与另一相对但应优先选择的价值，或与一种绝对的价值，竞争性地同时出现"，那么它就应当避免。[35]例如，疾病应该避免，但不是以让全家都处于最惨境况的代价去避免。就有必要实现一个优先的价值而言，可以允许人们引起一个相对的负价值，并且有时候人们应该引起它。如有相称理由，人们可以许可一个道德恶，直接意愿和引起非道德的恶。而且，舒勒还坚持认为，当我们合理地在行为中引起一个相对的负价值时，我们不应该把它描述为间接的，因为在此例子中，"间接"这一术语与行为没有相关性，相关的东西是相称理由的存在或缺乏。

在麦考密克看来，舒勒的上述分析和结论是正确的，但他也认为舒勒并没有清楚地解决在涉及非道德恶时意欲的意志和仅许可的意志的道德意义这一问题。舒勒认为意志与其意欲的东西和它仅许可的东西有不同的关系。麦考密克断定，直接/间接区分是毫无意义的、专断的，因为在所有情形下（人们是许可或意欲非道德的恶），行为的道德正确性或错误性，只能由相称理由的存在与否来决定。

在麦考密克看来，间接行为的相称理由不可能是直接行为的相称理由。也就是说，直接/间接区分不仅会告诉我们做的是哪一类行为，"而且有巨大的不同的直接和长远的意义，因而会产生很不同的比例计算。"[36]麦考密克相信，他的观点可由战争中杀害平民的案例所支持。传统许可攻击敌人的武器，即使一些平民可能会在此过程中被杀害。同样，传统也禁止以攻击平民以作为达到使敌人投降的手段。尽管在这两种情况下都涉及平民的死亡，但在意愿的态度方面却存在差别。在前一种情形，意图是间接的。在后一种情形，意图是直接的。意愿态度方面的这一差别，在道德上是重要的，"区别不在于此时此地伤亡的数字。它们在数量上是一样的，例如，一百个平民被意外杀死，一百个平民被直接杀死。这些死亡作为死亡同样是令人遗憾的，是悲剧，在此意义上，死亡如何发生并不影响它们作为非道德恶的地位。但是，关于行为的当前意义、对行为者和其他人的影响、因而从长远看关于对生命的的保

35 Bruno Schüller,"Direct killing/indirect killing", in *Readings in Moral Theology, No. 1: Moral Norms and Catholic Tradition*,p. 143.
36 Richard A. McCormick, "Ambiguity in Moral Choice", in *Doing Evil to Achieve Good*, p.32.

护和安全，死亡发生的方式就有许多值得思考的东西。"[37]在此，麦考密克坚持认为许可的意志与意欲的意志之间存在差别：当后果属于意外时，许可的意志可以指意志的态度。在这种情况下，后果就不是被意欲的。也就是说，它不是被作为目的也不是被作为手段来意欲的。

对麦考密克的批评，舒勒作了回应。他始终认为直接/间接区分在行为评价时具有相关性。舒勒指出，杀害平民"'以杀死平民作为一种手段，可以彻底击败敌人，削弱敌人战斗的意志。'如果我正确地理解这个描述，我会毫不犹豫地承认，我觉得这种方式在道德上是应受谴责的。"之所以如此，并非因为该行为是直接的，而是因为它违背了正当防卫必须适度这一原则。人们不应该做超出自卫所必要的更多的伤害。[38]尽管舒勒并不完全忽视直接/间接区分的道德相关性，但他坚持认为，在作为手段的意欲道德恶与仅仅许可道德恶之间，并不存在道德上重大的区分。诱导他人犯罪的行为或者是被意欲的，或者是被许可的；即它或者被赞同，或者不被赞同。许可他人作恶，就是不赞成作恶但没有阻止作恶。只有在有相称理由的情况下，许可而没有阻止他人作恶才是道德上正当的。意欲一个行为意味着比不阻止行为更多的东西，即意味着赞同。所以"意欲他人做错误行为与许可他人做错误行为，是相互排斥的"。[39]人们不可意欲道德恶作为手段，但人们可以许可它，许可意味着不阻止。

在回应舒勒的上述观点时，麦考密克同意，理解直接/间接区分的关键是意图/许可。他指出，我们既不能诉诸行为的有害结果去证明直接/间接杀人的区别，也不能肯定这些结果仅仅因为它们源于行为的直接性而应受谴责。而且，禁止战争中直接杀害平民的规范，其在实践上的绝对性不能根据有害结果而从目的论上予以确立。相反，"这些杀人行为与所寻求的善是不相称的，因为它通过相关联的基本人类善而损害了生命这种善。"[40]也就是说，禁止战争中直接杀害平民的规范的绝对性，应从相称理由方面来予以确立。因而，

---

37 Richard A. McCormick, "Ambiguity in Moral Choice", in *Doing Evil to Achieve Good*，pp.31-2.

38 Bruno Schüller,"The Double Effect in Catholic Thought: A Reevaluation", in *Doing Evil to Achieve Good*,p. 181.

39 Bruno Schüller,"The Double Effect in Catholic Thought: A Reevaluation",in *Doing Evil to Achieve Good,* p.188.

40 Richard A. McCormick, "A Commentary on the Commentaries", in *Doing Evil to Achieve Good*, p. 257.

只有对于引起道德恶（引起道德恶仅被许可），直接和间接意愿之间的区分才具有道德相关性。在对引起非道德恶（如在战争中毁灭平民的生命）的道德评价中，相称理由是唯一相关的标准。

第三节　道德规范

一、道德规范的基础和表述

相称主义伦理学的一个重要内容，是有关道德规范的分析和阐释。在这个方面，麦考密克也作出了重要的贡献。主要表现在以下几点。

清晰地界定了相称主义有关道德规范的术语。麦考密克指出，有争议的道德规范不是形式规范（应公正、应贞洁、应诚实，等等），形式规范毫无疑问是绝对的道德规范。相反，有争议的道德规范指具体的行为规范或质料规范，特别是传统一直认为是普遍和绝对的禁止性行为规范。这类规范通常把物理行为从行为者的环境和意图中抽象出来加以表述，如不可撒谎、不可杀人、不可发生婚前性关系等等。

试图精确地解释质料规范的功能和含义。在麦考密克看来，质料规范的功能，是规定前道德的价值或禁止前道德的负价值，它们在关于行善避恶的一般道德义务方面给予人们具体指导。通常来说，质料规范与影响人类福祉和繁荣兴旺的价值（前道德的价值）有直接联系，即质料规范指导人们的行为朝向人类的幸福和繁荣。就人们会努力促进前道德的价值并避免前道德的负价值而言，质料规范只间接涉及到道德行为者的善。也就是说，质料规范关涉的是道德的正确性或道德的错误性，而不关涉道德的善或道德的恶。

麦考密克认为，对人类行为的意义的评价，必须以整全地、恰当地思考人的本质或本性为前提，人学是判断行为道德性的基础。因此，只有就其基础在于人的自然本性而言，具体道德规范才是有效的。具体道德规范适用于所有人，而只有人的理性才会理解这些规范的真理性和有效性。

麦考密克指出，在天主教传统中，行为规范通常是从目的论上来表述的。所谓"目的论的规范"，指的是这样一种规范，在此规范中，结果总是具有决定性但又不是唯一的因素。麦考密克认为，给道德规范奠定基础有三种进路：（1）绝对义务论（康德的形式主义义务论、天主教传统伦理学、格里塞等人的新自然法理论）；（2）绝对结果主义（基督新教的境遇主义、功利主义者）；

（3）温和目的论（福克斯、卡诺尔、舒勒、博客尔、库伦、麦考密克等人的相称主义）。所谓"温和目的论"，麦考密克的意思是说，结果对于决定行为的正确性和错误性是必要的但又不是充分的条件，要判断行为的道德性质，还需考虑其它的环境因素。简要地说，温和目的论的基本主张是，如果行为的正确性或错误性是某一规范规定或禁止的东西，并且关于正确性和错误性的确定总是牵涉到对结果的评价，那么行为规范的性质就是目的论的。

麦考密克也坚持认为，天主教道德传统一直想方设法缩小其目的论上的行为规范的范围。例如，传统并不禁止所有杀人行为，只禁止直接杀害无辜者。因此，禁止杀人的规范被缩小到禁止直接杀害无辜者，因为如果所有的杀人行为都被禁止，这将会导致灾难性的后果。此处麦考密克想表明，就其可以因相称理由而作出修改而言，道德规范是有例外的。例如，如果规定性的行为规范规定了原则上不会与其他价值发生冲突的一个价值，那么它就是无例外的。但如果在规范中所有呈现的价值会与另一个价值发生冲突，那么该规范就必定意味着一个价值优先于另一个价值。由于禁止性的行为规范只禁止前道德的恶，所以这些规范的例外就可以根据相称理由来予以确定。麦考密克前述有关相称理由的四个标准代表这样一些条件，在这些条件下，这些道德规范的例外可以在冲突处境下来作出。

最后，麦考密克强调，我们不能认为具体的行为规范在理论上是绝对的和普遍的，因为它们只推荐或禁止从环境中抽取出来的物理行为。人们评价某一行为的对错，必须考虑各种环境因素。然而，某些这样的规范能够在实践上被视为"事实上无例外的"。例如，禁止杀害无辜者的禁令（假如不禁止的话，就导致灾难性的后果），是"事实上无例外的"。虽然后来他放弃了这一关注长远后果的目的论，转而支持根据手段对目的的破坏来评价行为的道德错误性的目的论，但他仍然确信杀害无辜者总是被禁止的行为。

二、基本道德规范：不可侵犯基本善

在哲学—神学的人学讨论中，麦考密克的一个重要贡献，是确认了一系列基本人类善。基本人类善是人们在生活和行为中应该追求的一些根本的福祉，它们是人类繁荣昌盛的基本构成成分。他确定的基本人类善有：生命、健康、抚养孩子、知识、友谊、对艺术的欣赏以及游戏（娱乐）。可以看到，在这一方面，麦考密克的观点与新自然法学派的观点高度一致。麦考密克主张："所有人都会同意，否认或拒绝基本人类善（如生育儿女）是道德上错误的"，[41] "一种行为，如杀人，当它被认为是侵犯一种基本善时，就是道德上错误的。这种行为牵涉到意志对基本善（生命）的态度，一种内心的态度；这种态度被描述为对恶持赞同态度"。[42]这表明，麦考密克接受这一形式规范，即：人们不应该选择侵犯、否认或拒绝任何基本人类善。在他看来，这一规范是无例外的。任何反对或侵犯基本善的选择或行为，都是道德上错误的，应绝对予以禁止。

不过，麦考密克又指出，破坏或损害基本善的某一或某些实例，并不必然就是侵犯道德意义上的善。对此他解释说："相称理由的缺乏或存在才会决定我的行为……是否涉及我以道德上可谴责的方式侵犯基本善。"[43]可以看到，正是相称理由原则使麦考密克确信，在人们的选择中，阻止一种价值或优先一种价值，不能简单地等同于侵犯基本善。他反复声称，判断人们是否故意侵犯一种基本善的一个实例或某些实例，需由相称理由的存在或缺乏来确定，"在作为一个整体的行为中，善是否多于恶，是否有真正相称的理由。正是这一理由的存在或缺乏，决定着行为者的态度是否恰当，决定着他的选择是正确的还是错误的，决定着他在追求另一种善时是对基本善开放还是对其中的一种关闭，决定着人们是否选择了侵犯一种基本善。"[44]因而根据麦考密克，选择故意破坏或损害一个基本善的一个实例，只要该选择产生一种与故意引起的恶相称的善，就没有违背不可侵犯基本善这一规范。相称理由的存在或缺乏，是决定故意损害一个基本善的一个实例是否构成侵犯基本善的一个实例的唯一标准。由此麦考密克使禁止侵犯基本善这一规范附属于其最大化本体善/最小化本体恶原则。这一点再次证明，在麦考密克的道德理论中，道德上正确的选择或行为是产生使本体善最大化或使本体恶最小化的选择或行为。

麦考密克对特定的故意杀人行为的分析，提供了一个有关相称理由如何作为什么可算作侵犯基本善的原则的具体例子，此即前面讨论过的堕胎案例：

---

41 Richard A. McCormick, *Notes on Moral Theology, 1965 through 1980*, p.702.

42 Richard A. McCormick, "A Commentary on the Commentaries", in *Doing Evil to Achieve Good*，p.261.

43 Richard A. McCormick, "Ambiguity in Moral Choice", in *Doing Evil to Achieve Good*, p.29.

44 Richard A. McCormick, *Notes on Moral Theology*, 1965 through 1980, p.722.

必须在既允许母亲又允许婴儿死去与为了挽救母亲的生命而堕胎之间作为选择。在捍卫堕胎选择时，麦考密克以提问的方式写道："证明其正当性的理由——或相称理由——是什么呢？不是我们这里面临两种抉择（堕胎，或不堕胎）吗？这两种抉择都具有破坏性，但一种抉择的破坏力比另一种更大。我们可以允许母亲和孩子（孩子在任何情况下都会死亡）都死去；或者，我们至少可以挽救一条生命。这不是因为在这样悲惨的情况下，考虑了所有因素后，堕胎是较小的恶吗？那么，这不正是因此在这种情况下堕胎是相称的吗？这不是因此我们可以说堕胎是真正挽救生命吗？这不是因此在这些情况下堕胎并不涉及人们违背基本善吗？"[45]在这里，麦考密克通过一连串的提问向我们显明了一个坚定的判断：在诸抉择中，堕胎是既证明该选择正当又防止它成为侵犯基本善（生命）的实例的较小恶。他相信，相称理由对于证明故意引起死亡之恶是必要和充分的。在堕胎案例中，故意堕胎有相称理由（即挽救母亲生命这个善）。在麦考密克看来，堕胎在此情形下是道德上正确的选择，而不是侵犯基本善（生命）的一个实例，因为选择堕胎是产生最佳结果（较小恶）的行为。这表明，基督教道德推理的基本规则是：在两恶中，应该选择较小的恶。可以看到，在麦考密克的理论中，不可侵犯基本善的规范，其实际的意思是说，不应选择引起与所追求的善不相称的本体恶。

　　总而言之，只要所产生的善与所做的恶相称，人们就可以在追求本体善时故意引起本体恶，这是麦考密克的根本观点。因此，在麦考密克的道德理论中，是否存在相称理由是判断行为正确和错误的标准，而"相称性的标准是基督教所谓的善的秩序，因为正是善的秩序决定了人们应该试图去做的善，它是判断人的行为是否具有客观的爱的性质的标准。"[46]麦考密克举例说，在评价牺牲一个人以挽救另一个人的生命的选择是挽救此人生命的唯一途径时，基督教的"善的秩序"就显示关于相称的判断："我为了另一个人（或其他人）放弃自己的生命。在这个例子中，与我牺牲的生命相等的善会对另一个人有好处，并且这是保护此人的善的唯一方法。这是相称的，并不因为他的生命比我的生命更可贵（作为基本人类善他们都是同等有价值的），而是因为在冲突的情况下，不惜牺牲自己的生命保护邻人的善是人和基督徒的善。

45　Richard A. McCormick, "Ambiguity in Moral Choice", in *Doing Evil to Achieve Good*, pp.27-8.

46　Richard A. McCormick, "Ambiguity in Moral Choice", in *Doing Evil to Achieve Good*, p.47.

事实上，在其他因素相同的情况下，这种自我牺牲是人类爱的最终行为。"[47]因而，在麦考密克的看法中，这一案例并不仅仅是挽救一个人生命而以牺牲另一个人的生命的问题，他的理论比这更为复杂。在评价两种抉择时，他不仅认为生命本身是一种善，而且为挽救另一个人的生命而牺牲一个人的生命这一行为也是一种善。当考虑自我牺牲这一善时，就很清楚，为挽救另一个人的生命而牺牲自己的生命这一选择，体现了比让另一个人死去和不伤害自己这一抉择更大的善。可以看到，这一推理是结果主义的。这两种抉择是根据所产生的本体善和恶的性质和数量来加以评价的；本体善和恶的比较，是决定道德上正确的选择的最高标准。麦考密克主张，"人的生命，作为一种基本善和享受其他善和权利的基础，只有当考虑了所有因素后这样做时是两种恶的较小恶时，才应当牺牲。"[48]他解释道，生命是一种基本善，但不是绝对的善。生命是基本的，因为它是人的所有活动和所有社会存在的必要源泉和条件。但生命又不是绝对的，因为存在着生命可以为之牺牲的更高的善，如上帝的荣耀、灵魂的救赎以及服务他人等等。

三、基本道德规范：无例外地禁止道德恶

对于"无例外地禁止道德恶"这一基本道德规范，上文已经有所提及。这里我们再次强调麦考密克有关无例外地禁止故意引起道德恶（如谋杀）的主张。一般认为，道德恶有通奸、谋杀、撒谎、不忠诚、偷盗、种族灭绝等等。麦考密克是以其相称主义去定义这些被禁止的道德恶。他曾写道："当某一事情被描述为'通奸'或'种族灭绝'时，就没有任何东西能证明它是正当的；因为这些术语是道德上有限制的术语，意味着不公正的杀人、与不合适的人性交，等等。也就是说，它们是同义反复。当代神学家面临的问题是：什么（用描述性术语）是谋杀、通奸、种族灭绝？"[49]麦考密克指出，我们从传统伦理神学可以知道，并不是所有的杀人行为都是谋杀，因此，有些杀人，如果有相称理由，是可以证明为正当的。在他看来，相称理由是人们得以判断某一特定的杀人行为或谋杀是否正当，或与不是其配偶的人发生性关系是否构成通奸行为的标准。他认为"能经常正当做的事情不是不义，而是杀人；

47 Richard A. McCormick, "Ambiguity in Moral Choice", in *Doing Evil to Achieve Good*, pp.47-8.
48 Richard A. McCormick, *How Brave a New World?*, p.168.
49 Richard A. McCormick, *Notes on Moral Theology, 1965 through 1980*, p.700.

不是撒谎，而是不讲真话，在特定环境下不讲真话是对我们表达权的恰当使用，因为这保护了说真话意图去保护的价值；不是不忠实，而是不应该被归为不诚信的行为，尽管这涉及非道德的恶。"[50]

在这里，麦考密克只是以稍微不同的语言复述了其相称主义的基本立场：如果所追求的本体善与所故意引起的本体恶不相称，那么，该行为就应判断为道德上恶的，道德上错误的；但如果所追求的本体善与所故意引起的本体恶相称，那么做或导致本体恶就是正当的，该行为就不应被判断为道德上错误的。禁止道德恶，就是禁止无相称理由就选择非道德的恶。由此可见，在麦考密克那里，禁止故意选择道德恶这一无例外的禁令，不指禁止某些特定种类的行为的无例外的质料禁令，而指禁止故意选择不相称的行为（即不产生最大的本体善或最小的本体恶的行为）的无例外的形式禁令。

四、关于内在地恶的行为

内在恶概念涉及到某些行为不管环境和动机如何都是错误的这一信念。有关内在恶的问题，在当代天主教伦理神学中也是一个有争议的重要论题。麦考密克也表明了他有关这一问题的立场。他相信，我们无需考虑其结果，就可以知道某些种类的行为是内在地正确或错误的。不过我们还需了解麦考密克所谓内在恶或内在地错误是何意思。

按天主教官方立场，所谓内在地恶的行为，指某些不应该故意参与的物理行为，做这些行为在道德上是不正确的。《真理的光辉》通谕就支持这一立场。该通谕解释道："人类行为的伦理性，首先并基本上是看明知故意选择的'对象'而定……意志行为的对象，就是一个自由选择的行为……对象是故意选择的近目的，是在行为人方面决定意志的行为的。"[51]通谕继续写道："人的理性既然证明有'无法导向'天主的人行为的对象，因为它们彻底与人生为天主肖像的善相背。依据教会伦理传统，有些行为被称为'内在恶'。"[52]因此很清楚，存在着某些类型的人们不应该选择去做的物理行为，因为这些行为本性上根本违背人的善。自杀、堕胎都属于这些行为。禁止选择这些行为的禁令，所依据的不是使本体善最大化或使本体恶最小化的原则。人们先天

---

50 Richard A. McCormick, "A Commentary on the Commentaries", in *Doing Evil to Achieve Good,* p. 222.

51 《〈真理的光辉〉通谕》，台湾：天主教中国主教团秘书处出版，1994 年，第 106 页。

52 《〈真理的光辉〉通谕》，台湾：天主教中国主教团秘书处出版，1994 年，第 108 页。

就可以判断，任何杀人的选择，不管这一选择将会产生多大数量、哪些种类的本体善，都是道德上错误的。通谕拒绝这一命题：只要内在地恶的行为被用来作为达到一个善的目的的手段，人们就可以故意选择这些行为，"人类的行为，不能只以为能达到某项目的，或者因为行为人的意向是善的，就以为是善的。"[53]因此，凡是选择内在地恶的行为，不管此行为是否是为了实现善的目的，都不会改变这些行为的内在的道德错误性。选择这些内在地恶的行为是道德上错误的，"常是恶的，本身就是恶的，换言之，由于它们的对象本身，不管行为人的意向及环境如何，总是恶的。"[54]

对于《真理的光辉》有关内在恶的上述理解，麦考密克表示反对。他采纳的立场是，"只有当一种手段被引起而没有相称理由时，才能判断它是恶的。也就是说，人们不能孤立某些物理恶，说它们在任何环境下都是道德恶。"[55]在麦考密克看来，相称理由是判断行为道德性质的唯一决定因素，因而，行为评价必须把所有产生的本体恶与所追求的本体善进行比较。既然如此，故意选择本体恶就不可能先天地从道德上予以评价，因为先天评价忽视了决定这些选择之道德性质的相称理由这一决定因素。决定行为者选择行为之对错的是相称理由是否存在。在麦考密克的理论中，相称理由在所有的行为评价中占有最高的地位，而相称理由原则等同于较大善或较小恶原则。由此，麦考密克道德理论的核心主张是：在这个复杂的世界中，正确的行为是可以产生最大善或最小恶的行为，人们在道德上有义务去做这样的行为。

53 《〈真理的光辉〉通谕》，台湾：天主教中国主教团秘书处出版，1994 年，第 98 页。
54 《〈真理的光辉〉通谕》，台湾：天主教中国主教团秘书处出版，1994 年，第 108 页。
55 Richard A. McCormick, "Ambiguity in Moral Choice", in *Doing Evil to Achieve Good*, p.10.

第六章 相称主义的历史地位 及其意义：分析与评价

自 20 世纪中叶以来，经过三十多年的发展，天主教相称主义形成了比较系统的伦理学体系。由卡诺尔、舒勒、福克斯、詹森和麦考密克等为主要代表所发展的相称主义，以相称理由原则为核心，其思想广泛涉及义务论和目的论、人类行为、本体善（前道德的善）和本体恶（前道德的恶）、道德善和道德恶、较小恶、内在恶、行为手段和行为目的、直接行为和间接行为、直接意愿和间接意愿、道德规范、人的历史性与道德规范、绝对道德规范等等内容。可以说，当代天主教伦理学主要是由相称主义（和新自然法理论）占统治地位的。但从相称主义诞生时候起，它就一直面对严重的挑战和批判。

本章我们从天主教新自然法学派和美德伦理学者对相称主义的评判出发，以分析相称主义伦理学的历史地位及其意义。

第一节 新自然法学派对相称主义的批判

相称主义首先面对新自然法理论的激烈反对。新自然法伦理学（New Natural Law Ethics）也是当代西方颇有影响的天主教伦理学学派。该学派的主要代表人物有：美国圣玛丽山学院（Mount Saint Mary College）杰曼·格里塞（Germain G. Grisez，1929-2018），英国牛津大学、美国圣母大学（The University of Notre Dame）约翰·芬尼斯（John M. Finnis，1940-），加拿大多伦多大学圣米彻尔学院（St. Michael College University of Toronto）约瑟夫·博伊尔（Joseph J.Boyle，1942-2016），美国天主教大学若望·保禄二世婚姻与家庭研究所威廉·梅尔（William E. May，1928-2014）和美国普林斯顿大学罗伯特·乔治（Robert P. George，1955- ）。新自然法学派是在继承中世纪天主教神哲学家托马斯·阿奎那的有关学说，并在批判其它伦理理论的基础上形成的，他们的思想体现了梵二会议更新伦理神学的精神，所阐述的基本道德原理既忠实于圣经和天主教的传统，又吸收了当代学者的伦理洞见。本节主要考察格里塞和威廉·梅尔对相称主义的分析和批判。[1]

一、格里塞对相称主义的批判

在《基督教道德原理》和《在基督中圆满》等著作中，格里塞对相称主义的道德判断方法做了深入的批判，分析了相称主义的基本观点及其合理性，论述了相称主义的理论前提及其论证的荒谬性，认为相称主义误解了道德的性质，是一种不可接受的道德判断理论。

在格里塞看来，相称主义是当代天主教重要的伦理神学思潮，它是结果主义在天主教道德理论中的一种表现。结果主义和相称主义这两个概念虽有区别，但基本上是可以互换的，"有时候它称为'结果主义'，因为它强调选择和行为的后果——结果。但'相称主义'是一个更好的名称，因为它表达了拥护者声称是其有特色的方法的东西，即要求对在选择处境中获得的抉择中的善恶的相对比例进行比较。"[2]也就是说，一种伦理理论称为"结果主义"，是因为其侧重点放在随选择及执行选择而来的事实状态——行为的后果，而一种伦理理论称为"相称主义"，则是因为其核心是诉诸于行为所带来的善恶比例作为道德判断的基础。

格里塞从四个方面展开对相称主义的考察和分析，即：相称主义的基本原则、相称主义的理论预设、相称主义的论证、相称主义的困难。此外，他还特别讨论了绝对道德规范问题。

1. 对相称主义理论的分析和批判

（1）相称主义的基本原则

格里塞指出，相称主义是一种关于道德原则和规范的理论，其核心是"比较诸种抉择，并认为许诺最大益处的抉择（或者当没有好的抉择时，许诺最

---

1 本节的部分内容摘自拙著《当代西方天主教新自然法理论研究》第130-137页。
2 Germain Grisez and Russell B. Shaw, *Fulfillment in Christ,* p.60.

小害处的抉择）是应该选择的抉择。"[3]选择较大的善，或选择较小的恶，这是相称主义伦理学的基本原则。依这一原则，人们在行动时应该对诸种抉择进行比较和衡量，并选择可以带来最多好处或最少害处的抉择。

具体地说，根据相称主义的基本原则，道德判断是对各种行为所许诺的善恶（或好处和害处）进行比较性的评估。在作出某一道德判断前，人们必须考察每种行为会带来哪些好处、哪些害处。假设某一行为许诺较多的好处与较小的害处，而另一种行为许诺较小的好处与较多的害处，那么毫无疑问，人们就应该选择第一种行为，因为第一种行为有一个更令人满意的善与恶的比例，善更多而恶更小。在此意义上，相称主义是一种作道德判断的方法。根据该方法，人们应该选择许诺善对恶有更大比例的行为："相称主义者相信，对人类善的明智关注，要求人们对各种可供抉择的行为所涉及的所有善和恶作出评估。评估的目的是，在选择前决定哪一抉择许诺较大的善或较小的恶。这一决定告诉我们在道德上应该选择哪一抉择。"[4]

相称主义认为，如果某一行为所带来的总的善果多于总的恶果，该行为就是正确的。相反，如果某一行为所带来的总的善果少于总的恶果，该行为就是错误的。可以看到，相称主义理论关于道德判断的基本要求是，比较各种行为，并认为许诺最多好处的行为就是应该选择的行为，或者当没有好的行为时，许诺最少害处的行为就是应该选择的行为。许诺最多好处的行为或许诺最少害处的行为，就是道德上正确的行为。

（2）相称主义的理论预设

相称主义的理论预设是相称主义者分析其理论的重要前提。这些预设主要涉及人类善的观念、非道德恶与道德恶的区分、绝对道德规范问题等。

首先，人类善的观念。

在相称主义的理论体系中，人类善可比较是其一个重要的观点。大多数相称主义者拒绝过分简单地认为善就是快乐的体验或欲望的满足，他们认为除此之外还有其它的基本人类善，如生命、真理的知识、正义、审美的经验、娴熟的技能、良好的人际关系、友谊、宗教等等。例如，麦考密克就曾指出，在人的身上存在着一些基本的自然倾向及与这些倾向相对应的基本善。人的

3　Germain Grisez and Russell B. Shaw, *Fulfillment in Christ,* p.61.

4　Ronald David Lawler, Joseph M. Boyle and William E. May, *Catholic Sexual Ethics,* pp.79-80.

自然倾向有：维护生命的倾向、性结合和养儿育女的倾向、探索和提问的倾向、寻找其他人并获得他们赞同的倾向、运用理智指导行为的倾向、在娱乐中培养技艺和训练技艺的倾向等等。与这些自然倾向相对应的人类善则是生命、性、真理、友谊、技艺等。相称主义者特别强调，存在基本人类善是基督教信仰和传统所承认的一个根本观点。

不过，相称主义者也强调，我们必须根据具体的情况思考人类善。例如，他们承认，所有人的生命都是神圣的，但在特定处境下，仅仅承认这一点是不够的，他们还需知道谁的生命处在危险中，知道他存活的机会受哪些因素的影响。因而在相称主义者看来，人类善之所以重要，是从它们处于特定情形而言的。就是说，只有就生命属于这个人或那个人而言，生命才是重要的。对特定处境及具体情况的考虑，是相称主义者比较人类善时所强调的一个重要方面。

其次，非道德恶与道德恶。

在相称主义伦理学理论中，基本善往往被称为"前道德的善"、"非道德的善"、"本体的善"或"物理的善"，而缺乏基本善则被称为"前道德的恶"、"非道德的恶"、"本体的恶"或"物理的恶"。在此，相称主义严格区分了道德恶与非道德恶。非道德的恶指某种善的缺失，如疾病是应存在的健康的缺失，死亡是应存在的生命的缺失。因而，非道德的恶是本体论意义上的恶，它们与人的选择没有任何关系，因而其本身不属于道德的恶。道德的恶与人的自由选择相关，指道德上恶的行为。在这一意义上，相称主义者绝对不会同意人们使用他们的方法去证明已被确定属于道德恶的行为是正当的。

格里塞提出的问题是，故意引起非道德恶的行为是否是道德的恶。相称主义者对此问题的回答是，如果存在一个相称的理由，即如果引起非道德的恶是实现较大善或较小恶的手段，那么，选择非道德的恶就是道德上正确的。正如麦考密克说，"如果一种较高善处于危险之中，且保护它的唯一途径是选择非道德的恶，那么意志仍然会恰当地倾向于构成人类善的价值……这就是说，当人……意欲非道德的恶——如果这一选择有一个真正相称的理由——的时候，该意向就是善的。"[5]只要有相称的理由，人们就可以做引起非道德恶的行为，此时的行为就不再是道德上的恶行，而是实现较大善的正确行为。

---

5 Richard Mccormick, *Ambiguity in Moral Choice*. 转引自 Ronald David Lawler, Joseph M. Boyle and William E. May, *Catholic Sexual Ethics*, p.82.

最后，关于绝对的道德规范。

相称主义者承认，存在一些绝对的道德规范，如"决不可以诱使另一个人犯罪"。但他们声称，传统上甚至当今被天主教会认可的绝对道德规范并不总是有效的，例如，不是所有避孕行为都是不道德的，不是所有同性恋或通奸行为都是错误的，不是所有故意剥夺无辜者生命的行为都是绝对禁止的。之所以如此，是因为，有些行为，当以纯描述性的语言，即不包含道德评价的术语去表述时，并不总是错误的，或内在地恶的。例如，如果"谋杀"意味着不公正地杀害无辜者，那么相称主义者就会承认，每一种谋杀行为确实是错误的，因为杀人的不公正性就足以确定杀人行为的不道德性。然而，直接杀害无辜者并不都是绝对错误的，在所有可能的情形下都是不正确的。相反，在某些情形下，直接杀害无辜者会被认为是较小的恶。这意味着，杀人行为在某些情形下是道德上的善行，是人们应当去做的正确行为。

（3）支持相称主义的论证

相称主义者坚信，其理论是一种正确的伦理理论，为此提供了三个主要论证，它们是："选择较小的恶"这一基本原则是自明的，相称主义可以解释许多道德规范容许例外这一事实，基督教神学传统中有相称主义理论的例子。

首先，相称主义者认为，"选择较小的恶"这一基本原则是自明的、无法反驳的。"选择较小的恶"是自明的真理："如果不要求人们选择较大的善或较小的恶，那么可供选择的东西就是：人们只得选择较小的善或较大的恶。这一抉择是明显荒谬的。"[6]言下之意，选择较小的恶才是正确的。例如，麦考密克在为相称主义作辩护时指出，在冲突的处境中，"应选择较小的恶"是合理的，而"应选择较大的恶"则是荒谬的："……基督徒推理的规则……是选择较小的恶。这个一般的陈述似乎是不容争议的；因为唯一的抉择是，在冲突的处境中，我们应选择较大的恶，这显然是荒谬的。"[7]当然，麦考密克的意思并不是说，人们可以选择做道德上恶的事情，而是说，在冲突的处境中，假如有相称的理由，人们可以意欲非道德的恶。在麦考密克看来，在做某一行为时，如果所产生的善多于恶，那么此恶就称为较小的恶。做产生较小恶的行为是为了获得较大的善，这就是"相称的理由"。因此，相称主义的基本

---

6 Ronald David Lawler, Joseph M. Boyle and William E. May, *Catholic Sexual Ethics*, p.82.

7 Richard Mccormick, *Doing Evil to Achieve Good*. 转引自 Germain Grisez, *Christian Moral Principles*. p.146.

原则是，在没有善的抉择的情况下，我们应选择较小的恶，不应选择较大的恶。选择较小的善或选择较大的恶，这显然是荒谬的。[8]

其次，相称主义者认为，他们的理论能够解释许多道德规范容许例外这一事实。举例来说，"应遵守诺言"和"应把保管的东西归还主人"，这是两个一般的道德规范。但假设枪（被保管的东西）的主人在夜里醉了酒回来，那就不该把枪归还给他，这是一般道德规范的例外。相称主义者对此解释说，对朋友不守诺言，没有把枪还给他，是因为他喝醉了酒，如果把枪还给他，他也许会用枪去杀人。容许道德规范有例外是相称主义具有灵活性的重要标志，它可以为讨厌绝对道德规范的人提供一种理由。

最后，人们可以在基督教神学传统中发现存在相称主义理论的依据。相称主义者指出，以往的伦理神学就有"为了相称的理由而允许恶的后果"这一说法，并认为阿奎那是使用相称主义的一个例子。根据麦考密克的解释，阿奎那的道德理论有这样一种观点，即：尽管杀人属于不正当的行为，但在一个具体的情形下，杀人也能成为正确的行为。例如，在对犯人执行死刑这一情形下，杀人就是为了正义而做的行为。这意味着，杀人行为在某些情况下是道德上正确的行为。因而麦考密克把阿奎那的理论看作是一种相称主义的理论。于是相称主义者声称，其理论是植根于基督教传统之中的一种伦理理论。

（4）对相称主义的批判

格里塞指出，相称主义初看起来是一种颇有吸引力的伦理理论，但"经更仔细的考察，人们就会发现这种情况是骗人的"。[9]据他的分析，支持相称主义的论证是不能成立的，因而相称主义并非一种正确的伦理理论。

第一，相称主义的基本原则不是自明的真理。根据相称主义，人们能够评估、计量某一行为所带来的善或恶，并比较它们的比例，因而确定哪一行为在总体上有更好或更坏后果是可能的。但在格里塞看来，人们不可能对善恶进行合理的评估和计量，因为在评估和计量善时，人们会遇到诸如关于衡量标准是什么，如何决定后果以及多少后果、对谁的后果等等问题，这些都

8　相称主义者确信日常经验也可以支持他们的观点。他们指出，人们在日常生活中总会有这样的经验：在作选择时，人们会许诺有较多善的抉择或有较小害处的抉择，并依此解决问题；人们也往往认为，道德上善的选择就是做可以带来较大善或带来较小恶的选择。

9　Germain Grisez and Russell B. Shaw, *Fulfillment in Christ,* p.64.

是难以解决的问题。正因如此，格里塞才说道："没有办法在每一场合下都能够把所有在道德上相关的善与恶累加起来，并清楚地表明一种抉择比另一些抉择许诺较大的善或较小的恶。"[10]相称主义的基本原则显然是不能得到证明的。

至于人们在实际生活中会选择较小的恶而不会选择较大的恶这一点，格里塞认为，相称主义者断定是较小的恶并不一定确实就是较小的恶。例如，假若一位妇女正在考虑进行人工堕胎，那么，如果追随相称主义的话，她就会分别列出决定去堕胎或决定不堕胎的好坏后果。其中一个坏的结果是，该妇女将会故意选择杀死她自己未出生的孩子。而预期的好结果可能有：保持自己的身体健康，获得家庭的平安、和睦、完整，等等。而生命、家庭、平安等人类善是不可比较的价值。显然，该妇女不能确定杀人（杀死未出生的孩子）、失去健康等等哪一个才是较大的恶或较小的恶。既然如此，相称主义的基本原则就不是自明的真理。

第二，容许道德规范有例外并不说明道德规范本身不是绝对的。相称主义者认为，许多道德规范都容许例外，因此没有绝对的道德规范。对于这一点，格里塞指出，大多数道德规范确实都容许例外，但是，"这一非绝对性（容许例外性）不用接受相称主义，而是通过指出其它规范建基于其上的绝对规范，就可以作出解释"。[11]他举例说，金规则（"你愿意人怎样待你，你也应同样待别人"）既是人们应遵守诺言这一规范的基础，也证明了例外的正当性。但金规则本身却是一个绝对的道德规范，它不容许任何例外。在格里塞看来，相称主义关于许多道德规范都是非绝对的规范的观点，只是表明必定存在一些绝对的规范，而不是表明"总应选择较大的善"或"在冲突的处境下应选择较小的恶"是绝对的规范。

第三，神学传统中没有成系统的相称主义伦理学体系。相称主义者认为我们可以在基督教神学传统中发现相称主义理论。对此，格里塞承认以往某些伦理神学家偶尔也提出过看起来跟相称主义的论证相似的论证，但他又指出，还没有哪一个伦理神学家把相称主义系统地发展为一种理论体系。针对有人认为阿奎那是基督教神学传统中相称主义理论的支持者，格里塞指出，阿奎那从未提出过一种系统的相称主义理论。例如，阿奎那并没有说过死刑和在正义战争中杀人可以用"相称的理由"来证明是正当的，也没有说过诸

---

10 Germain Grisez and Russell B. Shaw, *Fulfillment in Christ*,p.68.
11 Germain Grisez, *Christian Moral Principles*,p.147.

如奸淫、通奸等行为因"相称的理由"就是可以去做的行为，相反他认为，这些行为是决不能做的，因为它们是道德上错误的行为。

总之，相称主义的基本观点既得不到逻辑上的证明，也得不到经验的验证。之所以如此，在格里塞看来，关键是因为相称主义者误解了道德的性质，他们误以为人类善是可以计算和比较的，从而错误地把道德的行为归结为带来好处、防止害处的行为。因而，相称主义作为一种道德判断的理论是有严重缺陷的，不能接受的。不过这里必须指出，相称主义跟新自然法理论一样，它们都是更新伦理神学的尝试，二者都试图避免任何形式的法律主义，以爱和人类善解释基督教的道德学说，并且也努力忠实于圣经和基督教传统的观点。[12]

2. 论相称主义对绝对道德规范之真理性的否认

天主教会训导一直坚持认为，不可手淫、不可通奸、不可行同性性行为、不可避孕、不可堕胎、不可直接杀害无辜者等等，均是无例外的道德规范。但据格里塞的考察，从 20 世纪 60 年代开始，相称主义神学家就对这些公认正确的规范提出了质疑，并提供了许多否认绝对道德规范之真理性的论证。

归纳起来，相称主义否认绝对道德规范之真理性的主要论证共有八个。[13]它们是：第一，大多数道德规范都容许例外。例如，"应当遵守承诺"就是一个容许例外的道德规范，人们如有充分的理由就可以不守诺言。有伦理学家认为"不应杀人"这一规范在某些情况下也是容许有例外的，如杀人是间接行为的时候，或者在执行死刑时或在正义战争中，就可以杀人。第二，人的本性和社会条件是会发生变化的。人的本性和社会条件是可变的，因而建立在人性基础上并根据社会条件来陈述的道德规范也会改变，所以道德规范不可能是永恒的真理。例如，教会曾经谴责高利贷（即获得利润），但今天并不谴责这种做法。第三，绝对道德规范涉及到那些通常有恶果的行为，但是有时候不选择做这样的行为会有更坏的结果，比如不使用人工避孕的穷困夫妇会怀上他们今后无法抚养的孩子。在这样的情况下，人们就应当选择较小的

---

12 参见 Ronald David Lawler, Joseph M. Boyle and William E. May, *Catholic Sexual Ethics,* pp.78-79.

13 这八个论证见 Germain Grisez, "Are There Exceptionless Moral Norms?", in Russell E Smith (ed.), *The Twenty-fifth Anniversary of Vatican II: A Look Back and a Look Ahead*, Braintree, Mass.: The Pope John Center, 1990, pp.118-119. 在该文中，格里塞称"绝对道德规范"为"有争议的规范（the disputed norms）"。

恶，因为选择较大的恶是荒谬的。第四，普遍的原则是清楚明晰的、确定的，但是当人们接触到具体的情况时，环境会使问题变得复杂起来。因此，正如阿奎那告诉我们的，审慎的判断可以对普遍的道德规范作出例外。第五，认为绝对道德规范是真理是不合理的，因为这等于说，不管环境如何，某些选择总是错误的。这种看法会导致在思考前就排除了某些可能性，而这样做是不合理的。第六，道德的基本原则是爱上帝、爱邻人。但违背绝对道德规范的行为（例如手淫）似乎不总是会违背爱上帝或爱邻人这一基本原则。第七，圣神在所有基督徒的心中工作，因而基督徒对信仰和道德问题的判断就构成了信仰的共识。今天许多天主教徒和其他基督徒都否认有绝对道德规范，这说明绝对道德规范并非基督徒道德的核心。第八，不允许绝对道德规范有例外过于苛刻，这不仅是对人没有同情心的表现，还会在牧灵实践上造成灾难性的后果，导致许多人离开教会。

现在我们看看格里塞如何答复上述这八个论证。首先，关于第一个论证，即：大多数道德规范都容许例外。格里塞提醒我们说，绝对道德规范并不直接涉及人们外在的行为，它们涉及的是人的意愿。否认绝对道德规范的神学家提出一个双重效果原则，目的是想确定在其中人们只意欲基本善但又偶尔会带来恶果的行为。因此，在承认会间接导致人死亡的行为能够是善的行为时，这些神学家并不容许"不应杀害无辜者"这一规范有例外的情况。死刑和在正义战争中杀害参战者并不是"不应杀害无辜者"这一规范的例外，因为该规范只涉及到无辜的生命，而被判死刑者和参加战争者不包括在无辜者之内。不可侵犯的生命只局限于无辜者的生命，这一点是圣经的重要教导。

关于第二个论证，格里塞解释道，"没有人曾经表明人性会以证明有争议的规范是错误的方式发生变化，甚至也没有人解释这样的变化是怎样的。"[14]他说，社会条件确实会发生变化，而且这些变化也会影响人类制度（如金钱）的性质。因此，早些时代曾被认为是不正当的获取利润在今天看来能够是正当的。可见，涉及人类制度的道德规范确实可以被证明是错误的，但必须注意的是，绝对道德规范并不涉及人类制度，它们涉及的是神的制度，是上帝的神圣安排，如性、婚姻和人的生命等等。涉及人类制度的道德规范和涉及神的制度的道德规范，是两类性质不同的规范，前者会因不同时代的不同情况而有变化的可能，而后者则是永恒不变的、不可更改的。

---

14 Germain Grisez, "Are There Exceptionless Moral Norms?", in Russell E Smith (ed.), *The Twenty-fifth Anniversary of Vatican II: A Look Back and a Look Ahead*, p.124.

关于第三个论证，格里塞承认，"选择人们认为是较大的恶是荒谬的"这一观点具有某种合理性。因为，如果人们发现某一东西比另一个东西有更多的善或有更少的恶，那么他就会被前者所吸引，而后者则会失去其吸引力，人们不再会选择它。但是，违背绝对道德规范的选择，并不是对被认为是比服从这些规范所带来的结果有更少恶的东西的选择。诚然，在某些情况下，服从绝对道德规范的人，在拒绝欲求某种恶的东西作为避免恶果的手段时，会接受这些恶的结果。还有这样一种情况：为了避免恶的结果，只欲求善的人有时候必须放弃某种善。例如，为了避免怀上孩子所导致的恶果，夫妇有时候就必须戒绝性交。然而，服从绝对道德规范所导致的恶果，是否会比违背该规范所导致的恶果更大，这一点对于我们来说还是不清楚的。之所以如此，是因为人类行为的结果会延伸到来世，只有上帝才知道行为的所有结果。例如，试图证明避孕在某些情况下是正当的人，他会比较可能有孩子和没有孩子的可能未来，但是他不可能预见到有或没有这个小孩的天国会是怎样一种情形。因而，格里塞说道："尽管只欲求善的人必须考虑他们可预见的善的和恶的结果，但违背某一个有争议的规范而意欲恶的东西的人，不可能根据一个替代的选择是较大的恶来证明其选择是正当的。"[15]

对于第四个论证，阿奎那确实说过审慎的判断有时候会对具有普遍性的规范作出例外，但是他也承认绝对道德规范的真理性。格里塞指出，其实这两个方面并没有什么矛盾之处，因为大多数道德规范都容许例外，审慎的判断在某些情形下会对这些规范作出例外，这都是合理的。不过，审慎的人是拥有所有美德的人，他不会欲求恶的东西。就此而言，在思虑开始的时候，审慎的人就排除了不符合绝对道德规范的各种可能性。

关于第五个论证，格里塞说道，假如考虑不周到，人们当然就会不合理地排除掉他可能会选择的行为，不过，他不考虑那些被绝对道德规范所排除的行为是合理的，因为故意选择这些行为就是欲求与爱上帝、爱邻人或在与上帝和邻人的共融中爱自我相冲突的东西。否认有绝对道德规范的人考虑问题时也会有不全面的时候，他们"会根据自己所预见的东西作出判断，但并不会考虑他们应当根据上帝的计划与其创造工作进行合作。"[16]

---

15 Germain Grisez, "Are There Exceptionless Moral Norms?", in Russell E Smith (ed.), *The Twenty-fifth Anniversary of Vatican II: A Look Back and a Look Ahead*, p.125.

16 Germain Grisez, "Are There Exceptionless Moral Norms?", in Russell E Smith (ed.), *The Twenty-fifth Anniversary of Vatican II: A Look Back and a Look Ahead*, p.125.

　　关于第六个论证，在格里塞看来，孤立的外在行为是完整的道德行为的看法，从根本上说是错误的。道德主要地不在于外在的表达，而在于内心，即在于故意的意愿。有时候违背一个绝对道德规范的行为（例如手淫），确实并没有违背对上帝或邻人的爱，但这并不意味着这样的行为在道德上是善的，而只意味着它不属于道德上重大的行为。但是如果人们故意手淫，他就是想象和意欲他人成为性的对象，而这在道德上是错误的。因此可以看到，我们判断某一行为的道德属性时，不可只看其外在的表现，而必须看该行为是否是行为者自愿选择的行为。

　　对于第七个论证，格里塞告诉我们，尽管有一些天主教徒拒绝绝对道德规范，但许多人仍然坚持认为努力按这些规范生活是重要的。圣神在所有信徒心中工作，因而信徒对信仰和道德问题的判断就构成了信仰的共识，但问题是，我们如何辨别哪些判断体现出圣神的行为。为此，格里塞区分了两类人。第一类人接受绝对道德规范，他们在信仰上的见解与先辈的见解一致，而正是先辈们把绝对道德规范一代一代地传递下来。第二类人拒绝绝对道德规范，他们的见解与放弃传统并形成今日无信仰世界的人的见解相一致。所以，格里塞断言，就信仰传统与当代无信仰世界是彼此对立的而言，认为是前者而不是后者体现出圣神的工作这一看法是合理的。

　　最后，关于第八个论证，据格里塞的看法，认为不允许绝对道德规范有例外过于苛刻，是没有同情心的表现，并会在牧灵实践上造成灾难性后果的观点，实际上隐含着这样一个假定，即：绝对道德规范如同人类社会实在法，教会可以实施、缓和或取消它们。这显然是法律主义道德观的一种体现。格里塞指出，绝对道德规范是属于上帝计划的真理，它们不是人类社会制定的法律，所以不断地教导它们对人来说就是有好处的，而不是苛刻的。向人们教导这些绝对道德规范，也是对人富有同情心的重要表现，因为它反对的是人类的大恶，如故意不繁衍生命的性行为、杀害未出生的婴儿等等。还有，教导绝对道德规范在牧灵实践上也是十分必要的，因为上帝已把它们写在人的心上，因而教导这些规范显然只会使人们更加容易地抵制俗世的各种诱惑。就此而言，接受绝对道德规范，是人们抵制世界日益世俗化的一个重要途径。

二、威廉·梅尔对相称主义的批判

　　威廉·梅尔和博伊尔等人合著的《天主教性伦理学》一书，把相称主义视为作好的道德选择的两种进路之一。该书阐述了相称主义的基本主张，分析了支持相称主义的关键论据，指出了相称主义的理论困难，并讨论了相称主义与新自然法理论的主要分歧，强调存在绝对的道德规范。威廉·梅尔的另一著作《道德神学导论》，则集中讨论了相称主义有关绝对道德规范问题上的看法，对相称主义否认绝对道德规范存在的立场的论证，一一作了驳斥，从而为道德绝对准则的存在作了充分的辩护。

1. 相称主义关于不存在绝对道德规范的论证

根据威廉·梅尔，相称主义伦理学家承认有三类道德原则是绝对的。第一，他们承认有"先验原则"意义上的绝对原则，如："人们总应该按照爱上帝和邻人去行事"、"人们总应该根据正确的理性去行事"，并认为拥有这些原则是人类超越其它物质受造物的标志。第二，他们认为被称为"形式的"规范是绝对的道德原则，如：我们应该公正地、勇敢地、纯洁地行动。这些形式的规范描述的是道德善良者的品质，"这些规范具体阐明我们的内在倾向和态度应该是什么"，"它们不涉及具体的人类行为和选择，而涉及行为者的道德的存在。"[17]第三，相称主义者承认，用具有道德评价性的语言去指称人们决不应该选择去做的行为的规范也是绝对的。例如，我们决不应该谋杀人，因为"谋杀人"从定义上说就是不公正地杀人。这类绝对规范的作用是，它们提醒我们已经知道的东西，并劝告我们要避免道德上错误的行为或做道德上正确的行为。

相称主义者虽然承认有上述三类绝对道德原则，但他们又否认新自然法学派所说的禁止不管环境或意愿如何都是恶的行为的绝对道德规范的存在。据威廉·梅尔的考察，对于不存在无例外意义上的绝对道德规范这一主张，相称主义伦理学家提出了许多论证，其中比较重要的论证有："优先性原则"或"相称理由的原则"的论证、作为一个整体的人类行为的性质的论证、人类存在的历史性的论证。

第一，优先性原则或相称理由的原则。

相称主义者把普遍禁止以非道德的评价性语言描述的、可具体说明的人类行为的规范这一意义上的绝对道德规范称为"质料的规范（material norms）"或"行为的规范（behavioral norms）"。"质料的规范以非道德的评价性语言描

---

17 William E. May, *An Introduction to Moral Theology*, pp.111, 112.

述我们应当做或不应当做的行为种类。"[18]他们认为，"质料的规范"或"行为的规范"虽然不是绝对的，但它们可以指导我们作选择，帮助我们区分正确行为和错误行为，及理解人类行为与人类善和价值有怎样的关系。因此，在具体阐明质料的规范（如不应当杀害无辜者、不应当与不是其配偶的人发生性关系、应当遵守承诺等规范）时，我们就有必要考虑人类善和价值受行为影响的方式。人类善和价值指对人来说是基本的善，如生命、真理知识、对美的欣赏等等。在相称主义者看来，这些人类善和价值（以及它们的缺乏或负价值）本身在性质上不是道德的，而是"前道德的"、"非道德的"或"本体的"。威廉·梅尔对此提出的问题是："关键的问题是，在阐述质料的规范及判断哪些行为是这些规范的合理例外时，我们应该如何确定哪些行为是道德上正确的、哪些行为是道德上错误的，即如何确定哪些行为会促进和增强这些非道德的善和价值、哪些行为不会促进和增强这些善和价值？"[19]也就是说，为了区分开道德上可接受的行为和道德上不可接受的行为，我们需要一个基本的道德原则或标准。

相称主义神学家指出，区分正确行为与错误行为的基本道德原则，是"优先性原则"或"相称理由原则"。所谓"优先性原则"，是指任何具体的道德规范都只是'较大的善应优先'这一普遍原则的个别应用。根据这一原则，如果一个非道德的恶——如无辜者的死亡——是"一个相称地较大的善"所要求的话，那么做意欲该恶的行为在道德上就是正确的。因此，"优先性原则"又称"相称理由原则"。所谓"相称理由"，指的是做某一个行为可以达到更大的善或更高的善。为了这一更大的善或更高的善，人们也就有"相称的理由"去做一个非道德的恶。不过，要注意的是，在相称主义神学家看来，"优先性原则"或"相称理由原则"，并不意味着一个善的目的能够确证道德上恶的手段是正当的，而是说，如果意欲和做某一非道德的恶的目的是朝向某一较大的非道德的善，那么意欲和做这一非道德的恶就可以被证明是正当的。因此，根据相称主义理论，任何质料的规范的存在都必然伴随着一个"除非"从句，如杀害无辜者、直接堕胎、说谎、与不是其配偶的人发生性关系是错误的，除非这样做是为了实现一个相称地更大的善。

18 William E. May, "'humanae vitae', Natural Law and Catholic Moral Thought", *Linacre Quarterly* 56(1989): 64. 转引自 Todd A. Salzman, *Deontology and Teleology: An Investigation of the Normative Debate in Roman Catholic Moral Theology*,p.464.
19 William E. May, *An Introduction to Moral Theology*,p.113.

威廉·梅尔指出，相称主义者所谓"优先性原则"或"相称理由的原则"，是他们否认有绝对道德规范的一个重要根据，"在这些神学家看来，当意欲和做绝对规范所禁止的（'非道德的'）恶是'优先性原则'的要求时，不意欲和做这样的恶就会是一种道德的缺点。"[20]对于相称主义来说，"优先性原则"或"相称理由的原则"是基本的道德原则，是人们在作道德判断时首先要考虑的原则。

第二，作为一个整体的人类行为之本性。

否认存在绝对道德规范的另一个论证，是对作为一个整体的人类行为之本性的认识。有相称主义神学家认为，要对意欲和做前道德的恶作出道德的判断是不可能的，之所以如此，是因为人类行为是有意愿的行为，如果不涉及行为者的意愿，我们就不可能对质料行为的道德善性或恶性作出判断。在判断人类行为的道德属性时，行为者的意愿是必须考虑的重要因素。在这里，相称主义者把他们否认的绝对道德规范等同于具体说明无需涉及行为者的目的就可描述的"物理行为"或"质料行为"的"质料的规范"或"行为的规范"。他们声称，肯定存在绝对道德规范的学说，把一个行为的某些因素专断地从其整体的、具体的实在中抽取出来，并根据这些抽取出来的因素而不是根据整个行为去作道德的判断。在他们看来，这样的判断显然忽视了作为一个整体的人类行为的本性。

根据相称主义的观点，如果人们是对整个行为而不仅仅是它的部分恰当地评价，那么他对该行为就会作出正确的道德判断。例如，避孕的性交，如果是已婚夫妇为了一个相称的善而进行的话，这性交就只是"负责任地培育对慷慨多产的爱情"这一整个行为的一部分。同样，如果一对已婚夫妇因为顾及到任何怀孕都有可能危及母亲的生命而采取避孕性绝育的话，那么从这对夫妇所做的行为的整体来看，选择绝育就是保持婚姻稳定的行为。因而在相称主义者看来，把禁止避孕和避孕性绝育的规范绝对化，就没有考虑到人的具体行为的整体性。也就是说，人们在对某一行为作道德判断时一定要考虑该行为的整体，甚至包括行为的各种后果。不考虑整体的行为就对其道德属性作判断，会导致不正确的结论。在相称主义者看来，这一点同样适用于其它被认为是绝对的道德规范，如禁止故意杀害无辜者、与不是其配偶的人发生性关系等等规范。相称主义的结论是："虽然这些质

20 William E. May, *An Introduction to Moral Theology*,p.115.

料的规范在大多数情况下是有用的和有效的，但是当作为一个具体的整体的行为要求如果为了达到一个更大的善而必须做这一行为时，就应当放弃这样的质料的规范。"[21]

第三，人类存在的历史性。

据威廉·梅尔的解释，相称主义者提出的一个重要观点是，质料规范是一些有用的规则，它们可以使我们认识到哪些行为是我们应该尽可能避免的行为。他们指出，只有通过在团体中一起生活并反思共同经验的人对人类智慧的合力运用，我们才会逐渐认识这些有用的规范。既然质料规范是以这种方式认识的，那么毫无疑问，它们就会受到人的历史性和人类经验的无止境性和发展性的影响。言下之意，在特定历史条件下陈述的具体的质料规范不可能是永远真实的、永恒不变的、普遍适用的。[22]

更具体地说，质料的规范是与它们禁止或规定的具体行为相对应的，而这些行为又与人的整个具体实在，与人们生活在其中的特定的、历史性的社会有关，因而这些以普遍的名义表述的行为规范，就一定包含着限制其普遍性的未被表达出的情形和条件。所以，既然与表述质料的规范有关的人类经验及对这些经验的反思本身是一个发展的、无止境的过程，那么就存在着这样一种可能性，即：未来的经验可能会把一个道德问题置于一种新的参照框架之中，这一框架会要求对原先未考虑新经验的规范做必要的修改。这表明，由于人类存在的历史性和人类经验的发展性，所有质料规范都必须视为是容许有例外的，它们需要根据新的历史条件和新的人类经验来作出修改。

2. 对否认存在绝对道德规范的观点的批驳

对于相称主义伦理学家提出的否认绝对道德规范存在的上述论证，新自然法学派进行了全面的批判和驳斥。这里我们讨论威廉·梅尔的批驳。

在威廉·梅尔看来，相称主义者有关绝对道德规范的描述，存在先入为主的偏见。这种先入之见是，他们称绝对道德规范为"质料的规范"或"行为的规范"，这些规范所表述的行为是"物理行为"或"质料行为"，而这些质料行为是可脱离行为者的任何目的或意愿来思考的物理事件或物质事件。然而，对于相称主义的这种看法，捍卫绝对道德规范之真理性的天主教神学家（包括阿奎那），却提出了一种截然不同的观点。他们认为，由绝对道德规

21　William E. May, *An Introduction to Moral Theology*, p.116.

22　参见 William E. May, *An Introduction to Moral Theology*, p.117.

范所确定并在道德上予以排除的人类行为，是不能独立于行为者的意愿而被说明的，相反，人类行为是由对象——行为者所选择的东西以及在执行选择时所追求的最近结果——来解释的。威廉·梅尔据此断言，存在着一些不管何种情况下由于其对象而总是错误的行为。他指出，描述此类行为的绝对道德规范与"自然种类的"行为无关，而与"道德种类的"行为有关。就是说，对质料事件的判断，是根据人的理智所选择的对象来作出的。例如，同一种物理的或质料的行为（自然种类的行为），如性交，由于它是理智所选择的对象，就它是一种婚姻行为而言，在道德种类上就是善的行为，而就它是一种乱伦或是通奸或奸淫的行为而言，在道德种类上就是恶的行为。下面我们就看看威廉·梅尔是如何对相称主义者为着否认绝对道德规范而提出的三个论证展开批驳的。

第一，关于优先性原则或相称理由原则。

上一节我们已经看到，按相称主义的观点，指导我们表述质料的规范和决定这些规范何时有例外的基本道德原则，是优先性原则或相称理由原则。根据这一原则，道德判断应该通过对各种不同选择会产生的非道德善（或恶）的比较性评估来作出，产生的非道德善对非道德恶有较大比例的抉择是道德上正确的行为，因而就是人们应该选择的行为。相称主义神学家认为，相称理由原则是自明的真理，因为假如这一原则不是真实的，那么就会出现"应该选择较大的恶"这一荒谬的结论。因而，道德推理的原则是选择较小的恶，这是一个不容争辩的真理。对于相称主义者来说，相称理由原则证明了为着较大善的缘故而故意作恶是正当的，"大多数修正主义者坦率地承认，当为了较大善的缘故而直接意欲恶时，'优先性'原则就为此行为提供了道德上的依据。"[23]在相称主义者看来，为了较大善而故意欲求较小的恶，是一种值得称赞的品质倾向，它表明人们对这一较大的善具有更多的热爱。

威廉·梅尔指出，尽管优先性原则具有某种合理性，但如果我们仔细地考察就会发现，这种合理性是建立在"善"一词的模糊性之上的。道德上正直的人自然会希望做在道德善意义上的较大善，但相称主义的原则认为，在作选择前，以某种方式权衡、评估或计算各种不同抉择中的非道德善或恶，从而决定哪一个行为在道德上是善的，这是可能的。据威廉·梅尔的观点，我们无法执行相称主义的这一基本原则，因为该原则预设了善或恶是可以公

---

23 William E. May, *An Introduction to Moral Theology*, p.119.

度的。事实上，不存在使这些善（如人的生命本身、健康、真理的知识、对美的欣赏、友谊等等）得以能够彼此比较、权衡或评估的共同尺度。每一种善都是基本的善，都是同样应该珍视的善。基本人类善彼此之间是不可比较的。因此，优先性原则所依赖的前提是错误的："人们不能在选择前就确定哪一个抉择确切地许诺'较大的'善。人们不能以非专断的方式确定哪些人类善较大或较小。它们都是不可比较地善的，是人的繁荣兴旺和福祉的不可归约的组成方面。"[24]既然优先性原则或相称理由原则不能成立，那么毫无疑问，以此原则为前提而否认绝对道德规范的论证就是错误的。

第二，论作为一个整体的人类行为的性质。

相称主义者声称，除非我们对一个给定行为的整体作考虑，否则我们就不能判断该行为在道德上是善的还是恶的。也就是说，只有据一个整体行为（包括行为的环境和行为的目的），我们才能对该行为作道德的判断。在考虑一个行为时，如果不涉及行为者的目的或意愿，我们就不可能对该行为的道德性质作出恰当的判断。

事实上，在威廉·梅尔看来，捍卫绝对道德规范之真理性的神学家，并没有像相称主义者所说的那样，忽视行为者的目的或意愿。相反，他们认为，在对某一行为作道德判断时，我们既要考虑该行为的较远目的，也要考虑该行为的最近目的，即既要考虑为其自身的缘故而做该行为的目的，也要考虑作为达到该目的的手段而被选择的行为。诚然，如果一个行为要在道德上是善的，那么它在整体上就必须是善的。但是，如果不考虑某一行为的所有因素我们就不能判断它是善的还是恶的这一看法却是错误的，因为如果知道它的任何一个因素是恶的，我们就会知道整个行为就是恶的。因此，即使行为的环境或行为的目的都是善的，但由于其对象而被认为是恶的行为，在道德上仍然是恶的。威廉·梅尔指出，在其建基于人类行为的整体性之上的论证中，相称主义者特别强调行为者的"较远的"目的或意愿，即行为者希望通过选择做某一行为而实现的善或避免的恶，但是"他们没有认真考虑——甚至忽视了——被选择来实现该目的的行为的道德意义，没有认真考虑——甚至忽视了——行为者是自由地意欲这行为作为被选择的手段这一事实，因为正是其意愿行为的'最近目的'和'当下的意愿'塑造其道德的存在。"[25]就

---

24 William E. May, *An Introduction to Moral Theology*, p.121.
25 William E. May, *An Introduction to Moral Theology*, p.124.

此看来，相称主义者是依据其希望的结果去描述人的行为。所以，他们不是把避孕性的婚姻行为描述为避孕行为，而是描述为"培育负责地朝向慷慨多产的爱情"的行为。同样，他们把选择避孕性的绝育描述为"使婚姻保持稳定的"行为。威廉·梅尔对此说道，这种做法是错误地根据所期望的结果来描述行为本身，因而"就隐藏了而不是展示了人们正在做的事情"，[26] "就没有展示并且有时候隐藏了道德行为者事实上正在选择和做的事情"。[27]正因为如此，建立在人类行为的整体性之上的否认绝对道德规范存在的论证是错误的。

第三，论人类存在的历史性与绝对道德规范。

前文说过，相称主义的一个重要观念是，只有通过生活在社会团体中并一起反思共同经验的人的合作努力，我们才会逐渐认识质料的规范，但人类经验是无止境的、发展的，这样我们就永远不能排除这种可能性，即：未来的经验可能会把一个道德问题置于一种新的参照框架之中，这一框架要求我们对原先未考虑新经验的规范做必要的修改。这种观念实质上是一种历史的或文化的相对主义，它认为所有的具体道德规范是相对于偶然的、不断变化的社会或文化现实而言的，只要历史或文化条件发生变化，它们也会发生变化。威廉·梅尔承认，人是历史性的存在，"道德在某些方面是相对于偶然性的社会和历史现实而言的。因此，像个人一样，社会也会作出既产生又限制道德责任的选择；随着社会和技术的发展，会出现新的抉择；更好的事实判断往往会对道德责任产生新的洞见；文化的偏见常常会阻碍道德判断，道德判断会因变化了的条件而必须予以调整。"但他强调，"这并不意味着所有的具体道德规范都是相对于不断变化的社会和历史现实而言的。"[28] 社会和历史会发生变化，但这不表明不存在适用于任何时代任何社会的绝对道德规范。

相称主义神学家声称，具体的道德规范是建立在具体人性的基础之上的，而具体的人性是会变化的，因而建立在具体人性之上的具体道德规范不可能是绝对地、普遍地真实的。但另一方面，相称主义者又认为属于绝对道德规范的形式规范是建立在与具体人性相对立的超验人性之上的。威廉·梅尔指出，相称主义者没有清楚地解释关于人性会变化的主张如何与人类具有统一性相一致，没有解释与超验人性相对立的具体人性的含义，也没有表明他们的主张如何能够与天主教信仰的基本真理（如所有人都拥有相同的本性和同

26 William E. May, *An Introduction to Moral Theology*, p.124.
27 William E. May, *An Introduction to Moral Theology*, p.125.
28 William E. May, *An Introduction to Moral Theology*, p.125.

一来源，拥有共同的本性、同样的呼召和命运）相符合。因而，我们不能根据具体人性会发生变化这一观点，就断言否认绝对道德规范的存在。

威廉·梅尔的结论是，"修正主义者对绝对道德规范之真理性的攻击，被表明是建立在有严重缺陷的论证的基础之上的。修正主义者未能通过推理的论证来支持其对绝对道德规范的否认这一点本身就是存在绝对道德规范的证据。"[29]事实上，有些道德规范是绝对的、无例外的，因为它们所阐述的行为是这样的行为，在这些行为中，人们不可能选择去损害、破坏或阻碍真正善的东西。就是说，损害、破坏或阻碍真正善的行为永远都是错误的行为，任何环境的改变或善良的目的都不可能使这些行为成为正确的行为。

第二节 美德伦理学对相称主义的评判

相称主义，由于它只研究人类行为及其规范而忽视美德在伦理学中的地位，也受到来自天主教美德伦理学者的强烈批判。天主教美德伦理学理论研究的起点是重新解读阿奎那的伦理思想及批判相称主义伦理学。宾凯尔斯在"梵二会议后修正主义对行为的理解"这篇重要论文中，把相称主义伦理学称为"相称理由的体系"，阐述了该体系有关内在恶的行为与双重效果原则、善与恶的前道德的层面、形式规范和具体规范等方面的基本观点，分析了其结果主义和功利主义倾向，并对相称主义作了总体的评价，指出了其重大的实践意义及其潜在的危险，认为应该以一种强调义务的美德伦理学来代替相称主义。另一位美德伦理学家阿什利在其一系列著作和论文中，对相称主义理论也作了批判，他阐释了其功利主义和结果主义的性质，讨论了其有关相称理由原则和有关绝对道德规范等方面的观点，重点分析了相称主义的重大缺陷和错误。在批判相称主义（和新自然法理论）的基础上，阿什利提出了其自己的伦理学构想——审慎的位格主义。

一、宾凯尔斯对相称主义的批判

宾凯尔斯（Servais-Théodore Pinckaers，1925 -2008），天主教美德伦理学的重要代表人物。其代表著作有《基督宗教伦理学的来源》、《道德：天主教的观点》和《宾凯尔斯读本》。他的一个重要伦理学贡献，是对相称主义提出了严厉批判。

---

29 William E. May, *An Introduction to Moral Theology*, p.125.

1. 对相称主义基本原则的分析

（1）关于本质上恶的行为与双重效果原则

相称主义提出的核心问题是，是否存在本质恶或本身是恶的行为，即在任何情况下，为了任何目的都决不可做的行为。对这一问题的回应，可以为一些具体问题（如人工避孕方法、堕胎、绝育、撒谎、酷刑和死刑等）提供解决方案。如果某些行为是本质上恶的，那么，任何目的、意图或动机都不能证明它们是正当的，禁止这些行为的原则不允许有任何例外。为了解决疑难案例，并为实践原则的例外提供依据，相称主义对传统伦理神学所阐述的本质恶学说提出了挑战。

传统伦理神学家一直试图使用双重效果原则去解释上述有争论的问题。他们认为，当某一行为产生两种后果（一为善恶、一为恶果）时，如果满足四个条件，尽管有恶果，实施此行为也是合法的：（1）行为本身必须是善的，至少在道德上是中性的。（2）行为者的意图必须是正直的，也就是说，必须直接引起善果，这样恶果就是在意图之外的。（3）恶果必须随善果而来，至少是善果的伴随物，即恶果不是达到善果的手段（做善会随之而来的恶是不合法的）。（4）在实施此行为时，与恶果相联系，动机必须相称地重大。宾凯尔斯指出，双重效果原则一直被应用于所有疑难的个案中。它表明，存在一些本身是恶的行为，它们不能是达到目的的手段。相称主义则对此提出了疑问：存在本身是善或恶的行为吗？

在宾凯尔斯看来，特利腾（Trent）大公会议后的天主教伦理学主要是想建立一种严格地基于理性的道德，因理性的普遍性而对所有人都有效的道德。相称主义道德学家同样关注普遍主义，但他们也会遇到这一本质上恶的行为的问题：存在禁止某些本质上恶的行为，因而存在对于所有人来说是普遍禁止的行为的普遍道德律吗？由于在任何时间和空间上都有效，这些道德律应该是不可改变的，独立于文化处境的。挑战本质上恶的行为的存在，从逻辑上说，就会修改关于普遍的、不可更改的道德律的学说，并质疑以之为基础的一整套自然法。

（2）卡诺尔的进路

宾凯尔斯指出，卡诺尔"通过双重效果原则来确定道德善和恶"，他提出了一种解释双重效果原则的新思路，这种新解释给予双重效果原则在伦理神学中以特别的重要性。

　　根据宾凯尔斯，卡诺尔对双重效果原则的重新解释，是以该原则的第三个条件开始的。为了保证第一个条件应是直接意愿的善，而第二个条件是间接意愿的善，传统道德要求在物理上善果先于恶果。对于卡诺尔来说，道德行为形成一个整体的结构，在此结构中，主体的动机就在行为对象的本身中，行为的对象是行为者所意愿的东西。所以，如果恶的东西进入了行为者意愿或意图中，此时恶的东西就会成为道德恶。至于在行为的物理层面，恶的东西是间接的还是直接的，这对卡诺尔来说则是次要的。

　　在此卡诺尔进到了问题的核心，即如何确立将导致整个行为的善性或恶性的善果与恶果之间的关系。对于这一问题，行为是否有相称理由是决定性的：如果某一行为有相称理由，善果多于恶果，那么恶果就是间接的，该行为就是正当的；如果没有相称理由，恶果就是直接的，该行为就是恶的。因此，相称理由的存在与否，是作道德判断的根本标准。但问题是如何确定相称理由。卡诺尔指出，最重要的是行为与其目的的相称。当行为与其所追求的价值相称时，就存在相称理由。因此，手段与所追求的目的或价值之间的关系，决定着道德判断。在某一行为中，目的与所追求的价值之间不相称，该行为就是恶的。

　　由此看来，对行为道德性质的判断，主要看行为有无相称理由来确定。这可以用合法自卫、死刑、在有需要时的偷盗以及撒谎的情形来说明。任何时候，如果有相称理由的话，恶就是被间接意愿的，做此恶就是可接受的；如无此相称理由，这些恶就是被直接意愿的，此行为就是恶的。因此对于卡诺尔来说，相称理由是伦理神学的关键术语。通过相称理由，人们能确定什么是被直接或间接意愿的，什么是行为的目的或行为的对象，并由此判断行为的善或恶的性质，表明行为的正确性或错误性。

　　根据宾凯尔斯，卡诺尔的上述观点，构成了被称为"'新道德'的东西的模型（model），向我们展示了其本质的特征。这的确是一种新的道德体系，它将确立一个新的学派。"[30]这一新的道德体系，展示了不同于传统道德体系的深刻转型：从一种取决于行为与其对象的关系（这种关系赋予行为本身道德性质，而不管主体的目的如何）的道德，转到一种取决于主体的目的的道德，主体的目的通过相称理由而成为对象本身的一个因素。"双重后果原则，

---

30 Servais Pinckaers, *The Pinckaers Reader*. Washington, D.C. : The Catholic University of America Press, 2005, p.243.

在传统决疑论中对于解决某些疑难案例只有有限的作用，现在成了道德的普遍范畴。它不再根据其第一个条件和为了获得善人们不可作本身是恶的事情这一原则来解释，而是根据其最后一个条件，即相称理由，来解释。相称理由可以确定什么是善的、什么是恶的。因此，我们正在经历一种在特利腾大公会议后的天主教伦理神学中的革命。"[31]这一革命引发了对传统道德的挑战：在应用相称理由原则之前，不存在本质上恶的行为，只存在本体论上的善和恶，"从传统道德的角度看，这意味着，既不存在本质上恶的行为，也不存在绝对恶本身。因此，这是对道德的普遍性和不可改变性的挑战，也是对道德判断的客观性的挑战。"[32]

2. 论相称主义的发展

（1）相称主义与结果主义

由卡诺尔阐述的道德体系，因其赋予相称理由原则以关键的重要性，而获得"相称主义"的名称。用来代表"相称主义"的另一个名称是"结果主义"。双重效果原则的广泛使用，导致人们对行为后果或结果予以特别思考。作道德判断，首先需要对行为的善果与恶果进行比较，权衡哪些结果占优势。如果善果占优势，行为就是善的；如果相反，就是恶的。根据宾凯尔斯，相称主义的观点是相当清楚的，那就是，道德判断在于根据相称理由来评价善或恶的结果。因而可以肯定，相称主义是结果主义的一种表现形式。作道德判断需优先考虑最终结局、结果，这是相称主义的根本立场之一。与此不同，传统伦理神学则根据行为对象来作道德判断，行为结果只是次要的因素，它在行为道德性质判断中占次要地位。

在宾凯尔斯看来，判断行为的结果有很大难度，因为有长远的和短期的结果，有些结果是直接可预见的，有些结果则要求熟练的见识才能辨别。还有，此时此地对个人有利的行为（如偷盗），随着时间的推移，因社会的反应，可能证明对他是不好的。由此可见，对结果的评价有社会的、政治的、历史的维度。从不同的维度或综合的维度看，对行为的评价也就有所差别。卡诺尔及其他持相同立场的人，他们坚持需要考虑行为的整体情况，而不仅仅考虑其对象，这会使他们很难限定判断的因素，但为了避免无穷尽的对可能的情况和结果的考虑，限定判断的因素就很有必要。

---

31 Servais Pinckaers, *The Pinckaers Reader*, p.244.

32 Servais Pinckaers, *The Pinckaers Reader*, p.244.

宾凯尔斯指出，从各个方面看，一种伦理学，如果优先考虑结果，就不会是义务论，而是一种目的论的道德观。义务论道德的特点是肯定一些行为，如撒谎，其本身是恶的，因而不论在何种环境下都是被禁止的。义务论强调行为与对象的关系，在思考环境和结果之前对象就决定了行为的根本道德性质，而结果对行为道德性的确定只属于偶然的因素。相反，目的论道德则通过考虑结果来确定行为的道德性质。在宾凯尔斯看来，相称主义的立场属于目的论。根据相称主义，人的行为是一个具体的整体。为了确立相称理由，为了对某一行为作出恰当的判断，人们必须考虑整体现实情况，考虑行为的诸因素，不仅考虑其对象，而且也考虑其环境、目的和结果。虽然所有这些因素对判断行为的道德性都占有一定的地位，但目的、结果起着最主要的作用。宾凯尔斯指出，这种对整体性的考虑，在判断行为道德性质时给予结果以首要性，还考虑其它因素的观点，是合理的。但即使如此，我们还是会碰到很大难题。某一特定行为有诸多环境，这些不同的环境使得每一个行为最终都是独特的。假若如此，既然我们无法预见所有的情形或所有的环境，那么我们如何确立禁止本质上恶的行为的普遍道德律呢？既然没有一个行为与别的行为完全相同，那么存在适合一切环境的普遍性道德判断，这是不可能的。

（2）前道德的善和恶

相称主义的一个基础和特征是，它把善、恶区分为两个层面：本体论秩序中的善和恶（本体的、前道德的、非道德的或物理的秩序层面）与道德的善和恶。本体善是正面的价值，如健康、生命、财富、真理的知识等等，而本体恶则是这些本体善的缺乏，是负价值，如疾病、死亡、无知等等。作为正面价值的本体善，是人的完美的构成部分，它们有助于人的发展和圆满，不过它们尚未具有道德的性质。只有通过意志的介入，道德的秩序才会产生。道德的善和恶在于经由直接的意图，为自己或他人而意愿或拒绝本体的善或恶。根据相称主义，本体善和恶是道德判断的基础，人们需首先认识行为善恶结果的比例，之后才能对行为的道德性质作出恰当的判断。因此，作道德判断的关键问题是：什么时候、以什么尺度，我们可以证明引起或许可本体恶是正当的。

宾凯尔斯指出，相称主义作道德判断的方式与阿奎那的方式截然不同。阿奎那不认为道德行为源于其作为行为的善性，也不认为源于其前因，而是直接源于具有目的（行为的对象）的内在的意志行为。在他看来，内在行为（意愿、欲求、希望、选择），连同其独特对象一起，构成了道德的首要本质，然后此本质又把自己传递给外在的行为及其对象。所以根据阿奎那，对内在的意志行为的判断，从逻辑上和结构上，先于关于外在行为、关于其目的和结果及环境的判断。

（3）形式规范与具体规范

根据宾凯尔斯，相称主义者对本体善恶与道德善恶的区分，有助于我们理解他们如何讨论本质上恶的行为的问题。在阐述行为的规范时，他们区分了超验秩序（关于信和爱）的规范或绝对秩序（关于具体美德，如公正）的规范与具体的质料规范。第一类规范处理的是本质上恶的行为，如仇恨、不公或放纵。它们是形式的规范，包括行为表述中就蕴含的道德含义，如谋杀和撒谎，但仍在抽象的、一般的层面。为了把握一个道德行为的现实情况，规范就必须是具体的、质料的，必须在前道德的或本体的性质上命名该行为（如剥夺人的性命），即必须给予行为以恰当的道德评价。正是在此层面上，关于决定本质上恶的行为和不允许有例外的普遍有效的规范的存在这一问题才会产生。因而我们可以不考虑超验或绝对层面的美德，而只考虑与本体或前道德层面相对的具体质料规范。

宾凯尔斯指出，这正是相称主义的新的判断范畴所应用的地方。为了确立一个普遍的具体规范（该规范把某一行为确定为本质上恶的，即总是、任何时候、毫无例外被禁止的），除行为对象之外，人们还必须考虑行为的目的和所有的环境因素。也就是说，为了给一个规范的普遍性提供恰当的基础，人们就必须预见在其他环境下以及在其他文化和时期可能出现的所有可能的情况。根据这一观点，从理论上说，确立毫无例外地禁止被认为是本质上恶的具体行为的规范的存在，这显然是不可能的。不过这并不会妨碍相称主义者承认存在实际上总是恶的行为，如酷刑。因此，关于具体行为的道德律，不再能被称为绝对意义上的普遍的或不可改变的原则，而只是相对地普遍的或不可更改的原则，它们在绝大多数情形下适用。除例外外，行为的道德性质将根据相称理由原则来加以判断。

3. 对相称主义的总体评价

宾凯尔斯高度评价了相称主义的实践意义，"相称主义在当代道德神学中的成功，源于把这种与现代技术、与其方法及巨大成就、也与它在今天引发的人类问题有联系的结果应用于道德中"，"这些道德学家完全正确地讨论让我们时代的人们思考和忧心的问题，并以比前世代的道德学家所做的更宽广、更明智的方式来处理它们。"[33] 但宾凯尔斯也指出了相称主义所潜伏的危险，把结果"应用于道德的危险首先是，它会使人们忽视某些无法归结为手段与目的的严格关系的性质，会使某一行为本身成为恶的，全然不顾主体的目的。"[34] 这就会把相对主义导入道德中，因为关于手段与目的的关系一直会处于变化中，未来总是会向新的结果开放。同时，在相称主义道德中，人们不可能预先决定某一个行为总是恶的，因为人们总是能够认为，该行为朝向如此重要的目的和后果，以致于它们会使作为必要手段的该行为成为善的。相称主义无法捍卫自己的观念，而对抗这种相对主义。

总之，相称主义"仍然固守在义务问题上，它无法适合地处理主要的'最终的'问题。它冒着把自己封闭在非常有限的结果的危险，限制了主体和单个行为的意图的范围，这样不可避免地会有主观主义和相对主义的危险，威胁着人的良知。"[35] 宾凯尔斯提倡一种强调义务的美德伦理，"一方面，我们有关于良心的法律和规范的道德，强调义务；另一方面，我们有关于真福、美德和法律的道德，强调真理和善的吸引力。"[36] 发展一种美德伦理学，是今后天主教伦理神学的首要任务。

二、阿什利对相称主义的批判

本尼迪克特·阿什利（Benedict M.Ashley, 1915-2013），天主教美德伦理学的代表人物之一。其主要伦理学著作有《在爱中活出真理：道德神学的圣经导论》、《健康关怀伦理学：导论性教科书》)、《健康关怀伦理学：天主教神学的分析》。阿什利在论述传统伦理学方法论的基础上，对相称主义理论进行了分析和批判。

1. 论传统的伦理方法论

与传统的看法一致，阿什利把科学分为理论科学与实践科学两类。理论科学，包括自然科学、数学、形而上学等，它们探讨关于事实的真理。实践科学不同于理论科学，它们讨论关于应做行为或应避行为的真理。在

---

33 Servais Pinckaers, *The Pinckaers Reader*, p.265.
34 Servais Pinckaers, *The Pinckaers Reader*, p.266.
35 Servais Pinckaers, *The Pinckaers Reader*, p.270.
36 Servais Pinckaers, *The Pinckaers Reader*, p.270.

阿什利看来，实践科学奠基于理论科学之上，"应当"建立在"事实"之上。伦理学作为一门实践科学，必须回答这一"应当"问题：我应当做什么？我应当成为怎样的人？回答这个问题有两个基本进路或方法，即义务论和目的论。

（1）义务论

对"应当"问题的第一种回答是义务论（deontology）。义务论伦理学把道德归结为对权威意志的服从，"对于义务论者来说，关于道德正确和道德错误的问题，总是归结为对因某一立法权力的权威而对我们有约束力的某些法律、习俗或公认规范的服从或不服从，那种权威能够通过恰当的制裁而强制实施其意志。"[37]义务论的基本原则是，当某一行为符合由合法权威制定的法律或规则时，它就是正确的；当其违背这些法律或规则时，就是错误的。因而，人有责任或义务服从权威者的命令、法律或规则。由此可以看到，义务论伦理学一方面是是意志主义的，因为它植根于立法者的意志，特别强调服从，而不是理智。权威的命令、法律、规则是立法者意志的表达。坚持义务论的人相信，只有权威的意志才使得某一行为成为正确的或错误的行为。另一方面，义务论又是法律主义的体系，因为区分正确行为与错误行为的最终标准是法律。符合法律或规则的行为是应做的正确行为，而违背法律或规则的行为则是应避免的错误行为。

在阿什利看来，义务论伦理方法论既有优点，也有弱点。其优点是：第一，对于我们的许多生活和大多数人来说，道德决定是根据从先辈或生活于其中的文化所获知的法律或规范来作出的，要求每个人都亲自提出一个必须遵从的伦理系统，这在现实中是不可能的、不现实的。第二，义务伦理学提供了一套连贯的、受理性指导的行为模式，在此模式中，人们可以作出特定的决定以切合不断变化的环境或具体情况。义务论的根本弱点是，"它使道德取决于立法者的意志，而不是取决于被规定的行为的内在性质。"[38]经验表明，义务论的危险在于，它会鼓励伦理的简约主义（minimalism），即认为道德仅是对法律的服从。而伦理的意志主义也会产生一种细致的严格主义，根本不

---

37 Benedict M. Ashley, *Health Care Ethics: a Theological Analysis*, fourth edition. Washington, D.C.: Georgetown University Press ,1997,p.145.

38 Benedict M. Ashley, Jean deBlois and Kevin D. O'Rourke, *Health Care Ethics: a Theological Analysis*, fifth edition. Washington, D.C.: Georgetown University Press ,2007,p.14.

考虑在成文法中不可预见的情形。总之，"关于道德律是应严格应用（严格主义，rigorism）还是宽松应用（宽纵主义,laxism），所有形式的意志主义都会产生不可解决的争论。"[39]

（2）目的论和功利主义

阿什利指出，"对于我们的伦理决定来说，法律是有用的和必要的指南，但在我们能够在伦理上遵守它之前，我们必须问一项法律是否真是公平的。如果我们信任地遵守这项法律，正如我们有时候需要这样做，那么我们就至少必须认识到立法者在道德上值得信赖。所以，更深刻的伦理学类型是这样的：它不是建立在立法者的意志所制定的法律的基础之上，而是建立在法律的动机及其遵守之基础上的。这被称为目的伦理学。"[40] 目的论（teleology）是伦理学的第二种基本方法。

在阿什利看来，目的论方法更多地植根于理智，而非意志。根据目的论方法，法律就不仅仅是意志的表达，也是立法者智慧的体现。"目的论者把关于正确和错误的规范不追溯至任何权威的意志，而是追溯至某种智慧（理智），智慧能够看到达到目的的可供选择的手段并选择最有效的手段。他们是理智主义者，而不是意志主义者。"[41]因此，如果法律不体现智慧，它就是无效的；如果它背离智慧，人们就不应该遵守它。在此意义上，目的论伦理学把法律视为道德的指导，而不是视为道德或道德判断的最终依据。

目的论通过问"什么是目标或目的"及"我如何实现这目标或目的"来回答"应当"问题："伦理学中的目的论方法，试图通过确定某一行为是达到在共同体中的人的真正圆满这一目标或目的的有效手段还是无效的手段，来证明该行为的正当性或拒绝此行为。"[42]目的论根据被视为手段的行为与作为人生真正目标的幸福的关系，来判断某一行为的道德性。一个行为之所以是道德上善的或恶的，并不是因为立法者制定了关于此行为的法律，而是因为他们认识到，什么种类的行为（作为达到人生的目标或真正幸福的手段）有益于人或伤害人，"伦理学中的目的-手段方法论试图证明某一行为正当或抵制

39 Benedict M. Ashley, Jean deBlois and Kevin D. O'Rourke, *Health Care Ethics: a Theological Analysis*, p.14.

40 Benedict M. Ashley, Jean deBlois and Kevin D. O'Rourke, *Health Care Ethics: a Theological Analysis*, p.6.

41 Benedict M. Ashley, *Health Care Ethics: a Theological Analysis*, fourth edition,p.145.

42 Benedict M. Ashley and Kevin D. O'Rourke, *Ethics of Health Care: an Introductory Textbook* ,2nd ed.. Washington, D.C.: Georgetown University Press, 1994,p.32.

此行为，不是仅仅通过某一公认的关于正确和错误的准则，而是通过确定这一行为是否是达到人的真正实现这一目的或目标的有效或失败的手段。"[43]

目的论者认为，法律不可能是行为道德性的最终标准，因为法律要成为合理的并具有约束力的规则，就不能是专断的，而必须建立在人性及人的需要之基础上。如果是一个智慧的、爱人的上帝创造了我们，那么他必定会意愿我们根据他起初赐给我们的本性行动。国家制定法律，必定会考虑其公民天生的需要。如果我为我自己的行为制定法律，我就必须考虑我的本性、我是谁、我是什么。因此，在阿什利看来，目的论比义务论更符合逻辑："目的论奠基于这一确信之基础上：从我们对人类及其行为的经验观察中，我们能逐渐理解普遍的人性及人的基本需要。"[44]

功利主义（Utilitarianism）是目的论中最重要、最有影响的一种现代形式。功利主义者相信人生的目标是使人的快乐或幸福最大化，或至少是达到一种令人满意的结果比令人不满意的结果多的状态。例如，穆勒（John Stuart Mill）所捍卫的功利主义，其最高原则就是，"使最大多数人获得最大善（幸福）"。边沁（Jeremy Bentham）认为，我们是通过评估某一东西可以带来多少快乐或痛苦来确定它是善或恶的。

在其当代的形式中，功利主义常被称为结果主义（consequentialism）。结果主义伦理学建立在对作为达到目的的手段的行为之后果的评价之基础上的。结果主义对正面的和负面的满足和不满足进行计算，认为满足和不满足是可以从数量上加以比较的东西，"结果主义并不试图为关于什么是正面价值或负面价值提供特定的标准，而只是说，如果某一行为的正价值超过其负面价值，那么，此行为就应被判断为善的行为。"[45]

功利主义和结果主义都试图根据行为的正面价值和负面价值的权衡来确定道德规范，即它们提供普遍规范（如"不许杀人"）的规则伦理学，这些规则具有普遍的约束力，但在某些情况下容许例外。不过也有一些结果主义伦理学家，他们否认任何普遍的伦理规则，坚持认为每一个行为都必须根据其独特的处境来加以判断，倡导一种纯粹的行为伦理学。

---

43 Benedict M. Ashley, Jean deBlois and Kevin D. O'Rourke, *Health Care Ethics: a Theological Analysis*, p.14.

44 Benedict M. Ashley, *Health Care Ethics: a Theological Analysis*, fourth edition,p.157.

45 Benedict M. Ashley, Jean deBlois and Kevin D. O'Rourke, *Health Care Ethics: a Theological Analysis*, p.14.

根据阿什利，功利主义伦理学的特点是其实用主义，在判断行为的对错时以经验上的实际效果作为检验的标准。这一点，对那些生活在讲究实效的美国文化中的人来说，极具吸引力。另一方面，功利主义的弱点在于，除了给予的快乐或满足（幸福状态）外，它并没有提供任何客观的方法去衡量某一行为的善、恶后果，这样就可以巧妙操纵它们以证明大多数行为的正当性，"功利主义的弱点是，它能被用来证明几乎任何行为的正当性，因为它并没有提供衡量行为的善与恶果的客观方法。"[46]然而，具有最大快乐效果的东西，也有可能会导致很大的痛苦。这一悖论通过包括长远满足和短期满足也无法排除，因为我们无法预期和确定有待获得的长远满足到底包括哪些东西。

2. 论相称主义

在阿什利看来，相称主义是梵二会议后由某些天主教伦理神学家发展出来的一种颇有影响的新目的论伦理学体系，该体系常被认为是功利主义或结果主义的一种形式。

（1）关于相称理由原则

作道德判断会牵涉到一些难以解决的困境。针对这种情况，天主教伦理神学发展出一个著名原则，即"双重效果原则"。该原则要处理的问题是，我们常常发现自己会处于可以预见在做某一善行时也牵涉到一些恶果（附带后果）的处境中，针对这种情况的问题是："我能够做此善而又不用对有害的附带后果负道德责任吗？"为了解决这一涉及责任冲突情形而广泛使用的是传统的双重效果原则。根据这一原则，当某一个行为既牵涉善果又牵涉恶果时，要判断其道德性质，就必须满足某些条件：（1）它本身不是本质上恶的行为；（2）人们只意欲善的行为，并不意欲（尽管可以预见）恶的附带后果；（3）恶果不是获得善果的手段；（4）有害的后果不超过善果。相称主义者拒绝前三个条件，只接受最后一个条件，这条件成了他们的相称理由原则，该原则是他们整个道德体系的最基本原则。

对于相称主义来说，相称理由原则是作道德判断的单一的基本原则："只做那些偏好它们具有相称理由的行为"，即只做那些其正面的前道德的价值超过其负面的前道德价值的行为。相称主义特别强调，权衡价值和负价值是"前

---

46 Benedict M. Ashley and Kevin D. O'Rourke, *Ethics of Health Care: an Introductory Textbook* ,2nd ed, p.33.

道德的"（本体的），也就是说，是在道德判断前进行的。因此，只有当作出决定要选择已经被判断为正面价值多于负面价值（或相反）的行为时，该行为才会成为道德上善或恶的行为。据此，相称主义者否认他们是功利主义者或结果主义者，因为他们并不权衡某一行为的善恶后果，而只是权衡其所有的价值和负价值及其比例。在他们看来，道德判断的基本原则是，为了确定某一具体行为是否是道德的，就需权衡此行为中所包含或会产生的正面价值和负面价值。接着，如果做此行为有相称的理由，即如果可以确定正面价值大于负面价值，就可判断此行为是善的，相反的情况则说明行为是恶的。

（2）绝对道德规范问题

阿什利指出，天主教传统的道德理论认为，一方面，肯定性的具体道德规范总是容许例外，因为总存在一些情况，执行肯定性的命令是不合适的。另一方面，一些否定性的具体道德规范是"绝对的"，即不管环境或行为者的意图是什么都具有约束力，如"不可杀害无辜者"。相称主义者不否认存在一些绝对的（即无例外的）、抽象的道德规范，如"应行善避恶"，"爱你的仇敌"。他们也不否认一些具体的道德规范也是绝对的，如"不可谋杀人"、"不可奸淫"。相称主义的创新之处，在于否认以价值中立的措辞来表述的否定性的具体规范是绝对的，如"不可杀害非战人员"、"已婚男人不可与不是其妻子的人发生性关系。"

在阿什利看来，相称主义根据某一行为的正、负前道德价值的比例来确定此行为的道德性质，因此就否认了某些否定性具体规范的绝对性（如违背他人意志的性交总是错误的）。其理由是，绝对的、无例外的具体道德规范是建立在这一事实之上的：某些手段违背人性的目的，因而是不能由任何环境或次要意图证明为道德的（如与不情愿的情侣性交，违背了表达相互爱慕的人的性的真正目的）。可以看到，相称主义者拒绝这个重要的传统观点：存在一些具体行为，它们决不能作为达到真正幸福的手段，从性质上说，它们是本质上恶的行为，是被道德规范绝对禁止的。相称主义者不承认有这样的绝对规范，因为他们认为，如果人们做某一恶的行为有善良的意图，他们就可以证明此恶的行为是正当的。例如，在某些情况下，人工避孕、堕胎，在道德上是善的，因为做这些事情有善良意图，做这些行为的正价值超过负价值。

根据相称主义，如果我们一起考虑行为的所有三个因素，即对象、意图和环境，那么我们就能够作出更加客观的道德判断。这意味着，道德对象本身的性质不会使行为成为本质上恶的，因而不可能存在绝对的、无例外的否定性具体规范。阿什利说道，这一立场背离了天主教道德传统。天主教道德传统一直认为，某些种类的行为，如直接杀害无辜者，不管在什么环境下或有怎样的意图，总是错误的。天主教会也声称，相称主义不符合天主教有关存在无例外的具体道德规范的传统。传统肯定有一些行为是本质上恶的，道德上错误的，不管谁做这些行为，不管情况是什么。例如，直接杀害无辜者、仁慈杀害病人、直接终止妊娠，都是本质上恶的行为，任何目的或环境都无法证明它们在道德上是正当的。

（3）相称主义的缺陷

20 世纪 70-80 年代，相称主义理论在欧洲和美国均受到广泛支持，但也遭到一些天主教神学家和哲学家的批判。阿什利试图从美德伦理学的角度，对这些批判作一总结，以深刻地揭示作为道德理论的相称主义的内在缺陷。

第一，作为一种作道德判断方法的相称主义是不可行的、专断的，因为该方法完全取决于衡量行为的短期和长期后果，而这些后果是无限多的、不可预期的。因此，尽管相称主义者声称因其考虑了牵涉道德判断的所有因素而是最客观的方法，但实际上，它是极其主观的、个人主义的方法。阿什利指出，没有人会怀疑作道德判断必须考虑独特行为在独特情形下的可预见后果，但这是审慎美德（prudence）的任务。

第二，根据相称主义而作出的道德判断依赖于对行为后果的计算，这会把道德判断归结为技术的而非伦理的判断。技术性判断涉及到达到目标的具体手段，只关注行为的外在后果，而道德判断关乎人的自由选择，更关心个人内在品质的培育和塑造，道德的主要问题是探讨人们通过行为会成为怎样的人。

第三，相称主义是自相矛盾的，因为它要求人们在判断某一行为的道德性质前权衡该行为的价值和负价值。然而，只有行为是达到人生真正目的的恰当或不恰当的手段时，这些价值才会得到衡量。如果某一价值是有效的手段，它就是正面的；如果它是无效的或有害的手段，就是负面的。一旦人们把某一行为视为与人生目的有关的手段，他对行为的判断其实就是道德上的判断。例如，相称主义要求正打算终止妊娠的妇女在作道德判断前对不再妊娠所涉及的价值与怀孕的价值进行权衡。但她只能根据人的尊严和真正人性的生活去权衡，而这已经是一种道德评价，她实际上已经作了道德思考。

第四，相称主义反映着前道德的价值与道德的价值的二元论。相称主义谴责天主教会有关性道德的学说犯了"物理主义"的错误。在相称主义看来，在根据其道德对象来解释一些行为（如手淫）本质上为恶时，教会过分强调行为的物理方面，而甚少注意行为的更加人性的、人格的意义（如通过性快乐来缓和紧张）。阿什利对此指出，一，身体属于人的本质方面，所以人们使用身体的方式有很重要的道德意义。二，说教会混淆了人类行为的物理对象和其道德对象，这显然是不正确的。不应该把道德对象视为单纯的物理行为，而应视为实现人的真正目标的手段。按阿什利的看法，正确的伦理学认为，精神的心灵是人的深处，身体是其仆从。伦理学坚持身心的统一性和相互依赖性，身心二者都进入每一个行为中，因此善良行为必定在生理和精神两方面都与真实的人性相符合。

第五，相称主义是一种具有功利主义倾向的道德体系。相称主义的捍卫者否认他们相信为实现某一善的目的而作恶（不道德的行为）是许可的。他们接受"本体的"或"前道德的"恶与道德恶之间的区分。例如，杀人（罪）是一种否定性的本体恶，根据行为者的行为环境和意图，它能成为负面的道德价值（谋杀），或者成为正面的道德价值（死刑、自卫、为挽救母亲的生命而堕胎）。在判断行为的道德性时，应权衡的本体价值或负价值本身不是道德的或不道德的。只有根据价值与负价值的比例，人们才能判断行为的善恶性质。对于相称主义而言，在作道德判断时这一比例是首要的、唯一的决定因素。但问题是，如何确立价值与负价值的比例？"它要求实际上是无法进行的准确的和无穷尽的计算；这样会为功利主义留下余地"。[47]

最后，相称主义错误地否认一些行为是本质上不道德的这一观点。相称主义者也承认，对邻人的仇恨是本质上恶的，总是错误的。但他们否认这是一个具体的规范，认为该规范并没有准确地说明"仇恨"在不同环境下的具体含义。在阿什利看来，如果恨邻人是本质上错误的，那么，本性上严重伤害我们邻人的行为，就不可能通过使用它们作为获得我们自己或他人的利益的手段，来证明是正当的。阿什利指出，相称主义者之所以不承认某些具体行为是本质上错误的，其根本理由在于他们的历史主义，此种历史主义否认认识具体事物的普遍性质的可能性。他们坚持认为他们的道德体系体现了与"古典意识"相对立的"历史意识"。"古典意识"认为宇宙是静止的。但据

---

47 Benedict M. Ashley, *Theologies of the Body*. The Pope John Center, 1985, p.368.

阿什利，这一二元区分是不必要的，甚至是错误的，人生命的历史性与人性的普遍性和连续性其实并无矛盾。[48]

阿什利根据阿奎那的有关观点考察相称主义的错误。很长时间来，阿奎那的伦理学在天主教会中及天主教学术界占有权威地位。为此相称主义者也力图把自己的理论描述为其学说的合理发展。跟阿奎那一样，相称主义者也认为，从道德上说，行为是由其对象、环境和意图加以规定的。但跟阿奎那不同，相称主义者认为，在考虑其环境或除对对象的意图外的其它意图之前，我们不能判断某一行为是本质上恶的，因而总是不道德的。相反，他们坚持认为，只有考虑了其道德对象及其环境和意图，我们才能判断行为是善的或恶的。因此，在应用相称理由原则说明行为的道德性质前，我们首先必须权衡该行为牵涉到的所有可预见的前道德价值。因而相称主义者认为，如果谴责他们会赞同"做善会随之而来的恶"或"目的证明手段的正当性"，那是不公平的，因为某一行为所牵涉的负面价值并不是道德的，而是前道德的。由相称理由原则证明为正当的道德行为，尽管它牵涉到负面的前道德价值，在道德上说并不是部分善的，部分恶的，相反从整体上看是道德上善的。例如，一个妇女，她想终止怀孕（对象），由于其年龄（环境），由于她想要更健康（意图），因而在客观地、理性地权衡所有这些价值后，她觉得终止怀孕这一前道德的正面价值大于胚胎死亡这一负面价值；该妇女接着应用相称理由原则，下结论说此行为（终止怀孕）是道德上正当的，因而就这样做了。根据相称主义，该妇女所做的行为不是道德上恶的，而是道德上善的，尽管她的行为涉及到某一前道德的负面价值（胚胎的死亡）。

阿什利根据阿奎那有关"道德对象"的理解来分析相称主义的谬误。他指出，据阿奎那的看法，如果道德对象（即被直接意欲去做的事情）是本质上恶的，那么任何环境、甚至某一比对道德对象本身的意图更好的意图，都不能证明此事情是正当的。对于阿奎那来说，道德对象是判断行为道德性的本质因素，而环境和间接性的意图只是对这一本质规定的偶然因素。因此，在阿奎那看来，环境和间接性的、次要的意图，虽然有时候可以偶然地减轻或加重某一行为的本质善性或恶性，永远都无法使一个本质上恶的行为成为本质上善的行为，但它们会使一个真正是善的行为成为恶的。因此，直接终

48 参见 Benedict M. Ashley,*Living the Truth in Love*. Staten Island:Alba House, 1996, p.137.

止怀孕能够因环境或善良意图而成为较小的恶，但一个善行，如施舍，能够因环境或间接的、次要意图而成为较小的善。又如，谋杀者，出于对受害者的怜悯（善的动机），可能会选择使用较不痛苦的方式去结束其生命（对恶的道德对象的意欲）。另一方面，恶的次要动机（如报复、贪婪）会使谋杀变得更坏。但任何次要的善良动机都不可能使杀害无辜者成为道德上善的。

阿什利指出，相称主义的错误，在于忽视了作为行为首要动机的对道德对象的意图与其他次要动机或意图之间的根本区别。相称主义者声称，道德对象只是不充分地从道德上规定了行为，必须由环境和不是行为对象的其它意图来予以补充。在阿什利看来，相称主义强调意图在道德判断中的核心地位，认为善的意图能够使一个恶的行为成为善的，从而人们就可以"做善可以从中而来的恶"。相称主义者对此作了回应。他们解释说，在意欲某一行为前，必须先对该行为的正面价值和负价值作权衡，以确定正负价值的比例。只有确定行为拥有的正面价值多于负面价值后，才可以选择该行为。因此，人们真正的意图是做一个善行，而不是做一个部分是恶的行为。然而，在阿什利看来，相称主义的这一论证存在很大困难。对于阿奎那而言，道德善和道德恶是由手段与人生目的的关系来决定的。人生的最高目标衡量所有较小目标的价值，也衡量达到这些目标的所有手段的价值。如果某一手段导向这一目标，它就是善的，否则就是恶的。

4. 审慎的位格主义

阿什利声称，他自己的伦理思想体系综合了各种不同伦理学的优点，且克服了其弱点。这一伦理体系，就是"审慎的位格主义（Prudential Personalism）"。审慎的位格主义，是"'位格的'，因为它把道德规范奠基于人的尊严和基本善之上，而不仅仅是建立在立法者的意志之上。它又是'审慎的'，因为它充分考虑了行为的环境和其结果的比例。"[49]

（1）人性及人的需要

阿什利指出，作为一种伦理学理论，审慎的位格主义建立在人的本性之基础上。人性只在作为位格的人身上才存在。"位格"意味着一种赋有独立性的存在，他有理性和自由，这存在就是目的本身。从信仰的角度看，人，作

---

49 Benedict M. Ashley, and Kevin D. O'Rourke. *Ethics of Health Care: an Introductory Textbook*, 2nd ed., p.34.

为位格，其身体有一个逐渐发展并成熟的过程，随后身体会死亡，但精神会继续存在，并命定会肉身复活。

按阿什利，审慎的位格主义会充分考虑人性的这些因素：（1）人性在我们每个人中是以独特的方式赋有身体的，有一个独特的历史，处于特殊的文化和传统处境中；我们每一个人都是独特的位格。（2）人是理智的、自由的，理智和自由决定着个人在生命过程中会成为什么，承担什么角色。（3）人们不是孤独地生活，而是生活在一个在共同体中，在此共同体，具有不同性格、经历、世界观和价值体系的人组成一个具有内在关系的发展网络，他们也总有冲突和紧张。

人性的事实决定了人会有一些基本的需要。阿什利把人的基本需要等同于阿奎那提出的基本善：生命、生儿育女、与他人一起过社会生活、认识真理（特别是关于上帝的真理）。阿什利称这四种基本善为"生命、繁育、真理和社会"。有时他作了扩展，把生命分为食物和安全，并补充了对创造性的需要。这样人类一共就有六种基本需要：食物（适宜的营养、水和空气）、安全（即免受自然力量、动物和其他人的伤害）、性（即繁殖和与异性婚姻的需要）、信息（包括感觉和理智知识、以及传递知识的需要）、社会（为满足我们的需要以及在友谊中分享善而交往的需要）、创造性（即为了推进文化而在艺术和科学中具创造力的需要，也包括寻求终极统一性的需要）。对于这些需要，阿什利解释说，我们需要生命，以能够追求其他目标。我们需要人类的繁殖，因为如果没有人类，我们就不可能维持人类共同体的存在。我们需要共同体，因为没有它，我们就无法实现其他目标，也无法与他人一起分享我们的成功。我们需要真理，因为它对于指导我们的生活，并给予生活以最终的意义是必要的。所有其它善都朝向的人生最终目标是与上帝的友谊。阿什利指出，人的基本需要是好生活的首要条件，它们的满足就是人的幸福。

（2）"审慎的"：位格主义伦理学是审慎的

"审慎"，一般指谨慎、小心。阿什利介绍，在源于亚里士多德和阿奎那的美德理论传统中，审慎（实践智慧）的含义是指深思熟虑、精明、敏锐。审慎植根于人的自由和自主性，而非单纯的服从，它是理智的，而非唯意志的。阿什利把自己关于作道德判断的目的论方法论称为"审慎的"，意指其实践的、追求目标的、关注处境的性质。因而，"对于审慎的伦理学来说，道德最终不只是一个服从规则的问题，而是肯定生活的智慧，这种智慧理智地寻求恰当的具体行为，通过这些行为就可实现人个人的和公共的目标。然而，这种智慧也尊重法律、规则或原则的价值；这些法律、规则或原则之所以有约束力，只是因为它们有助于指导我们的自由行为朝向'人的整体实现'。"[50]

在阿什利看来，审慎与道德判断紧密相关。在作道德判断时，人们必须考虑三点：第一，我是否是为了一个正确目标而行动。第二，我正在考虑的行为是否是达到该目标的有效手段。我可能会发现该行为是本质上恶的，即直接违背由人性确立的基本目标。例如，堕胎、杀害无辜者，就直接侵犯了共同体其他成员的生命权利。第三，如果行为本身是实现目标的恰当手段，我就必须考虑，在我的环境中，在我的次要动机（意图）中，此时此地，该行为的恰当性是否会受到破坏，如果受到破坏，道德上善的行为就会成为恶的行为。所以，审慎的位格主义提出，人类行为的正确性或错误性应通过问这一问题来加以判断，该问题是，"这一行为在其处境中如何有助于共同体中的人的发展？"阿什利强调，不应根据直接的痛苦和快乐来评价人类行为，这样的评价是表面的、注重结果的评价。对人类行为的评价，应关注行为者本人及其他人的基本需要的满足。如此而作的评价才是完全考虑人性及基于人类需要的客观评价。

具体地说，作为一种目的论伦理学，审慎的位格主义从人生的最终目标开始分析道德行为。人生的终极目标是与上帝、与其他人、与世界有关系的人的自我实现。人们都想获得幸福，但人们渴望的幸福有不同的体现（如快乐、名誉或与上帝的友谊）。况且没有任何东西能完全满足我们所有的需要。因此，在作决定时，人们必须清楚地知道造物主为所有人及为每一个独特的人所确立的人生目标。但伦理学并不仅仅讨论人生的目标，它也讨论对达到目标的恰当手段的自由选择。当人们可以预见不仅会产生善果也会产生恶果的行为而必须作决定时，他们就需要作伦理上的推理。在阿什利看来，"结果"通常指随行为本身而来的后果；而自由行为以行为者自身的改变为其首要的后果，是行为者道德品质的改变，"基督教伦理学的一个伟大洞见是，道德不起源于人的外在行为，而源于人的内在动机。在行为时，人们实际上不会实现他们所意欲的善或遭受被预期的伤害，但自由行为的首要后果存在于其本身之中，不可避免地随之而来的是道德品质的增强或失去。"[51]

---

50 Benedict M. Ashley, *Health Care Ethics: a Theological Analysis*, fourth edition, p.169.
51 Benedict M. Ashley, *Health Care Ethics: a Theological Analysis*, fourth edition, pp.170-171.

阿什利的审慎位格主义伦理学是一种目的论。人生目的是人的幸福，它以人的需要为依据。因而，我们可以说，审慎位格主义伦理学体系避免了绝对主观主义，而提供了客观的道德规范。同时，这一理论又跟义务论伦理学体系不同，它使人的自由最大化，允许有不同的手段达到同一目标或目的。义务论则强调对意志的服从，因而会导致一种无自由的人的观念，即人缺乏自主性和自我决定。正如阿什利本人所说的，审慎的位格主义"把道德决定直接与人的基本需要联系起来，这些需要是能从客观上加以决定的，而不会陷入处境论的主观性中，或对功效、后果、价值的专断计算中。不过，对于关于所有这些立场的道德洞见，对于在美德伦理中品质培育的强调，它仍然是开放的。"[52]

---

52 Benedict M. Ashley, Jean deBlois and Kevin D. O'Rourk, *Health Care Ethics: a Theological Analysis*, fifth edition,p.18.

参考文献

1. Aquinas, Thomas. *Summa Theologica*. Translated by The Fathers of the English Dominican Province. New York:Benziger Brothers, 1947.

2. Ashley, Benedict M.. *Theologies of the Body*. The Pope John Center,1985.

3. ——"What is the the End of the Human Person", in *Moral Truth and Moral Tradition: Essays in Honour of Peter Geach and Elizabeth Anscombe,* Luke Gormally（ed.）. Dublin and Portland, OR: Four Courts Press, 1994, 68-96.

4. ——*Living the Truth In Love*. Staten Island:Alba House, 1996.

5. ——*The Way toward Wisdom*. Notre Dame: University of Notre Dame Press, 2006.

6. Ashley, Benedict M. and Kevin D. O'Rourke. *Ethics of Health Care: an Introductory Textbook* ,2nd . Washington, D.C.: Georgetown University Press, 1994.

7. ——*Health Care Ethics: a Theological Analysis*, fourth edition. Washington, D.C.: Georgetown University Press ,1997.

8. Ashley, Benedict M., Jean deBlois and Kevin D. O'Rourke. *Health Care Ethics: a Theological Analysis*, fifth edition. Washington, D.C.: Georgetown University Press ,2007.

9. Berkman, John. "How Important is the Doctrine of Double Effect for Moral Theology? Contextualizing the Controversy", *Christian Bioethics* 3 （1997）: 89-114.

10. Biggar, Nigel, and Rufus Black（eds.）. *The Revival of Natural Law: Philosophical, Theological and Ethical Responses to the Finnis-Grisez School*. Burlington, Vt.: Ashgate, 2000.

11. Black, Rufus. *Christian Moral Realism: Natural Law*. New York: Oxford University Press, 2000.

12. ——"Introduction:The New Natural Law Theory", in Nigel Biggar and Rufus Black（eds.）, *The Revival of Natural Law: Philosophical, Theological and Ethical Responses to the Finnis-Grisez School.* Burlington, Vt.: Ashgate, 2000, 1-28.

13. Brody,Baruch. "The Problem of Exceptions in Medical Ethics", in *Doing Evil To Achieve Good: Moral Choice in Conflict Situations,* Richard McCormick and Paul Ramsey（eds.）. Chicago: Loyola University Press, 1978, 54-68.

14. Cahill, Lisa Sowle. "Teleology, Utilitarianism, and Christian Ethics", *Theological Studies* 42（1981）: 618-24.

15. ——"Contemporary Challenges to Exceptionless Moral Norms", in *Moral Theology Today: Certitudes and Doubts*, Donald G. McCarthy（ed.）. Saint Louis: The Pope John Center, 1984, 121-135.

16. Carney,Frederick. "On McCormick and Teleological Morality", *The Journal of Religious Ethics* 6（1978）: 81-86.

17. Cavanaugh, Thomas Anthony. *Double-Effect Reasoning: Doing Good and Avoiding Evil.* Oxford University Press, 2006.

18. Cessario, Romanus. "Casuistry and Revisionism: Structural Similarities in Method and Content", in *Humanae Vitae: 20 Anni Dopo. Atti del II Congresso Internazionale di Theologia Morale*, Vol. III. Milano: Edizioni Ares, 1990, 385-409.

19. Christie, Dolores L.. *Adequately Considered: an American Perspective on Louis Janssens' Personalist Morals*. Peeters Press, 1990.

20. Connery, John R. "Morality of Consequences: A Critical Appraisal", in *Readings in Moral Theology, No.1: Moral Norms and Catholic Tradition,* Charles Curran and Richard McCormick（eds.）.New York: Paulist Press ,1979,244-266.

21. —— "Catholic Ethics: Has the Norm for Rule-Making Changed ? ", *Theological Studies* 42（1981）: 232-250.

22. ——"The Teleology of Proportionate Reason", *Theological Studies* 44（1983）: 489-496.

23. —— "The Basis for Certain Key Exceptionless Moral Norms in Contemporary Catholic Thought", in *Moral Theology Today: Certitudes and Doubts*, Donald G. McCarthy（ed.）.Saint Louis: The Pope John Center, 1984,182-192.

24. —— "Review of The Way of the Lord Jesus 1: Christian Moral Principles by Germain Grisez", *Theological Studies* 45（1984）:754-756.

25. Curran, Charles E.. "Absolute Norms and Medical Ethics" ,in *Absolutes in Moral Theology?*. Washington, D.C.: Corpus, 1968.108-53.

26. ——*A New Look at Christian Morality* .London: Sheed and Ward , 1969.

27. ——*Ongoing Revision in Moral Theology*. Notre Dame, Fides / Claretian, 1975.

28. —— *Moral Theology, a Continuing Journey*. Chicago, Illinois: University of Notre Dame Press, 1982.

29. ——*Directions in Fundamental Moral Theology*. Notre Dame: University of Notre Dame Press,1985.

30. —— （ed.）. *Moral Theology: Challenges for the Future*. New York: Paulist Press, 1990.

31. —— *History and Contemporary Issues: Studies in Moral Theology*. New York: Continuum, 1996.

32. —— "Absolute Moral Norms", in *Christian Ethics: An Introduction*, Bernard Hoose（ed.）.Collegeville: Liturgical Press, 1998,72-83.

33. ——*The Catholic Moral Tradition Today: A Synthesis*. Washington, D.C.: Georgetown University Press, 1999.

34. —— *Moral Theology at the End of the Century*. Milwaukee, WI: Marquette University Press, 1999.

35. —— "Notes on Richard A. McCormick", *Theological Studies* 61（2000）: 533-542.

36. —— *The Moral Theology of Pope John Paul II* . Washington, D.C.: Georgetown University Press, 2005.

37. —— *Catholic Moral Theology in the United States: A History*. Georgetown University Press , 2008.

38. Curran, Charles E. and Richard A. McCormick（eds.）. *Readings in Moral Theolog, No. 7: Natural Law and Theology*. New York: Paulist Press, 1991.

39. Fagan, Seán. *Does Morality Change?*. Collegeville, Minn: Liturgical Press, 1997.

40. Frankena,William. "McCormick and the Traditional Distinction", in *Doing Evil To Achieve Good,* Richard McCormick and Paul Ramsey(eds.). Chicago: Loyola University Press, 1978, 145-164.

41. Fuchs, Joseph. *Human Values and Christian Morality*. Dublin: Gill & Macmillan, 1970.

42. —— *Christian Morality: The Word Becomes Flesh*. Washington, D.C.: Georgetown University Press ,1981.

43. —— *Personal Responsibility and Christian Morality*. Washington, D.C.: Georgetown University Press, 1981.

44. —— *Christian Ethics in a Secular Arena*. Washington, D.C.: Georgetown University Press, 1984.

45. —— *Moral Demands and Personal Obligations*. Washington, D.C.: Georgetown University Press,1993.

46. Gallagher, John A.. *Time Past, Time Future: An Historical Study of Catholic Moral Theology*. New York: Paulist Press, 1990.

47. Graham, Mark E.. *Josef Fuchs on Natural Law*.Washington, D.C.:Georgetown University Press ,2002.

48. Grisez, Germain. *Contraception and the Natural Law*. Milwaukee: Bruce Publishing, 1964.

49. —— "Man, Natural End of", *The New Catholic Encyclopedia*. Vol.9. New York : McGraw-Hill, 1967. 132-138.

50. —— "The First Principle of Practical Reason: A Commentary on the Summa Theologiae, 1-2, Question 94, Article 2", *Natural Law Forum* 10（1965）: 168-201.

51. —— "Toward a Consistent Natural Law Ethics of Killing", *American Journal of Jurisprudence* 15（1970）:64-96.

52. —— "Against Consequentialism", in Christopher Robert Kaczor（ed.）, *Proportionalism: For and Against*. Marquette University Press, 2000. 239-294.

53. —— *Christian Moral Principles*. Chicago: Franciscan Herald Press, 1983.

54. —— "A Critique of Russell Hittinger's Book *A Critique of the New Natural Law Theory*", *The New Scholasticism* LXII（1988）:438-65.

55. —— "A Contemporary Natural-Law Ethics", in William C. Starr and Richard C. Taylor（eds.）, *Moral Philosophy: Historical and Contemporary Essays*. Milwaukee: Marquette University Press,1989. 125-143.

56. —— " Are There Exceptionless Moral Norms?", in Russell E Smith（ed.）, *The Twenty-fifth Anniversary of Vatican II: A Look Back and a Look Ahead*. Braintree, Mass.: The Pope John Center, 1990. 117-135.

57. —— "Legalism, Moral Truth and Pastoral Practice", in T. J. Herron（ed.）, *The Catholic Priest as Moral Teacher and Guide*. San Francisco: Ignatius Press, 1990. 111-121.

58. —— *Living a Christian Life*. Quincy, Ill: Franciscan Press, 1993.

59. —— *Difficult Moral Questions*. Quincy, Ill: Franciscan Press, 1997.

60. —— "Natural Law, God, Religion, and Human Fulfillment", *American Journal of Jurisprudence* 46（2001）: 3-46.

61. Grisez, Germain, and Joseph M. Boyle. *Life and Death with Liberty and Justice*. Notre Dame: University of Notre Dame Press. 1979.

62. Grisez, Germain, and Joseph M. Boyle, "Response to Our Critics and Our Collaborators", in Robert P. George （ed.）, *Natural Law and Moral Inquiry: Ethics, Metaphysics, and Politics in the Work of Germain Grisez*. Washington, D.C.: Georgetown University Press, 1998. 213-237.

63. Grisez, Germain, Joseph M. Boyle and John Finnis, "Practical Principles, Moral Truth, and Ultimate Ends", *American Journal of Jurisprudence* 32 （1987）: 99-151

64. Grisez, Germain, and Russell B. Shaw. *Beyond the New Morality*. Notre Dame: University of Notre Dame Press, 1980.

65. Grisez, Germain, and Russell B. Shaw. *Fulfillment in Christ*. Notre Dame: Notre Dame University Press, 1991.

66. Gula, Richard M. *What Are They Saying About Moral Norms?*. New York: Paulist Press, 1982.

67. —— *Reason Informed by Faith: Foundations of Catholic Morality*. New York: Paulist Press, 1989.

68. —— "Normative Methods in Ethics: Surveying the Landscape of Ethical Pluralism", in *Method and Catholic Moral Theology: The Ongoing Reconstruction*, Todd A. Salzman（ed.）.Creighton University Press, 1999,3-20.

69. Hallett, Garth. *Christian Moral Reasoning: An Analytical Guide*.Notre Dame: University of Notre Dame Press, 1983.

70. —— "The 'inconmensurability' of values", *Heythrop Journal* 28（1987）: 376-381.

71. —— "The Place of Moral Values in Christian Moral Reasoning", *Heythrop Journal* 31（1990）:129-149.

72. —— *Greater Good: the Case for Proportionalism*. Washington, D.C.: Georgetown University Press, 1995.

73. Hibbs,Thomas S.. "Interpretations of Aquinas' Ethics since Vatican II", in Stephen J. Pope（ed.）, *The Ethics of Aquinas*. Washington, D.C.: Georgetown University Press, 2002. 412-425

74. Hill, T. Patrick. *Reproductive Technologies Confront Traditional Ethics*, Ph.D. thesis. University of Chicago, 2002.

75. Hoose, Bernard. *Proportionalism: The American Debate and Its European Roots*. Washington D.C.: Georgetown University Press, 1987.

76. —— "Proportionalists, Deontologists and the Human Good", *Heythrop Journal* 33 （1992）: 175-191.

77. ——"Basic Goods: Continuing the Debate", *Heythrop Journal* 35（1994）: 58-63.

78. —— "Circumstances, Intentions and Intrinsically Evil Acts", in *The Splendor Accuracy: an Examination of the Assertions*, Joseph A. Selling and Jan Jans （eds.）. Grand Rapids: Eerdmans, 1994, 153-168.

79. —— "Natural Law, Situation Ethics: Is There Another Way Forward?", *Dialogue*, April（1996）:17-21.

80. ——"Proportionalism: A Right Relationship Among Values", *Louvain Studies* 24（1999）:40-56.

81. —— "Natural Law, Acts and Persons",in *Method and Catholic Moral Theology : The Ongoing Reconstruction*, Todd A. Salzman（ed.）.Creighton University Press, 1999,44-67.

82. Hull, Michael F. "Schools of Thought in Contemporary Moral Theology", http://www.clerus.org/clerus/dati/2002-02/28-999999/04MoIN.html.

83. Janssens,Louis. "Norms and Priorities in a Love Ethics", *Louvain Studies* 6（1977）: 207-238.

84. —— "Ontic Evil and Moral Evil", in *Readings in Moral Theology, No. 1: Moral Norms and the Catholic Tradition,* Charles Curran and R. McCormick（eds.）. New York: Paulist Press, 1979, 40-93.

85. —— "Saint Thomas Aquinas and the Question of Proportionality", *Louvain Studies* 9（1982-1983）:26-46.

86. —— "Ontic Good and Evil, Premoral Values and Disvalues", *Louvain Studies* 12（1987）:62-82.

87. —— "A Moral Understanding of some Arguments of Saint Thomas", *Ephemerides Theologicae Lovanienses* 63 （1987）: 354-360.

88. —— "Teleology and Proportionality : Thoughts About the Encyclical *Veritatis Splendor*", in *The Splendor Accuracy: an Examination of the Assertions*, Joseph A. Selling and Jan Jans（eds.）. Grand Rapids: Eerdmans, 1994, 99-113.

89. —— "Particular Goods and Personalist Morals", *Ethical Perspectives* 6（1999）:55 - 59.

90. Johnstone, Brian. "The Meaning of Proportionate Reason in Contemporary Moral Theology, " *The Thomist* 49（1985）: 223-47.

91. —— "The revisionist project in Roman Catholic Moral Theology", *Studies in Christian Ethics* 5（1992）: 18-31.

92. Kaczor, Christopher Robert（ed.）. *Proportionalism: For and Against.* Milwaukee: Marquette University, 2000.

93. —— "Proportionalism and the Pill", in *Proportionalism: For and Against,* Christopher Robert Kaczor（ed.）. Milwaukee: Marquette University, 2000, 466-476.

94. —— *Proportionalism and the Natural Law Tradition.* Washington, D.C.: The Catholic University of America Press, 2002.

95. Kalbian, Aline H.. "In Due Measure", *The Review of Politics* 65（2003）: 462-464.

96. —— *Challenges to a Tradition: Proportionalism and Feminist Theology in Catholic Moral Thought*, Dissertation.University of Virginia, 1996.

97. —— "Where Have All the Proportionalists Gone?", *Journal of Religious Ethics* 30（2002）:3-22.

98. Kanniyakonil, Scaria. *Fundamentals of bioethics: Legal perspectives and ethical approaches*. India: Vadavathoor, 2007.

99. Keane, Philip S.. *Sexual Morality: a Catholic Perspective*.Dublin: Gill & Macmillan, 1977.

100. —— "The Objective Moral Order: Reflections on Recent Research", *Theological Studies* 43（1982）: 260-278.

101. Keenan, James F.. "The Function of the Principle of Double Effect?", *Theological Studies* 54（1993）: 294-315.

102. —— "Josef Fuchs at Eighty, Defending the Conscience while Writing from Rome", *Irish Theological Quarterly* 59（1993）: 204-210.

103. —— "Josef Fuchs and the Question of Moral Objectivity in Roman Catholic Ethical Reasoning", *Religious Studies Review* 24（1998）: 253-58.

104. —— "The Moral Agent", in *A Call to Fidelity*, James J. Walter, Timothy E. O'Connell and Thomas A. Shannon（eds.）. Georgetown University Press, 2002, 37-53.

105. Kelly, David F.. *Contemporary Catholic Health Care Ethics*. Washington, D.C.: Georgetown University Press, 2004.

106. Knauer, Peter. "The Hermeneutic Function of the Principle of Double Effect", in Christopher Robert Kaczor（ed.）, *Proportionalism: For and Against*. Milwaukee: Marquette University, 2000, 25-59.

107. —— "A Good End Does Not Justify an Evil Means-Even in a Teleological Ethics", in *Personalist Morals: Essays in Honor of Professor Louis Janssens*, Joseph A. Selling（ed.）.Leuven: Leuven University Press, 1988, 71-85.

108. Latkovic, Mark S.. "Moral Theology: A Survey", http://www.archdioceseofdetroit. org/aodonline-sqlimages/shms/faculty/latkovicmark/unpublishedwritings/Mor altheologyasurvey2005.pdf.

109. Lawler, Ronald David, Joseph M. Boyle and William E. May. *Catholic Sexual Ethics: a Summary, Explanation and Defense*. Huntington, Ind: Our Sunday Visitor, 1985.

110. Levy, Sanford S.. "Richard McCormick and Proportionate Reason", *Journal of Religious Ethics* 13（1985）:258-78.

111. Lowery, Mark. "A New Proposal for the Proportionalist / Traditionalist Discussion ", *Irish Theological Quarterly* 61（1995）: 115-124.

112. Mangan, Joseph T.. "An Historical Analysis of the Principle of Double Effect", *Theological Studies* 10（1949）: 40-61.

113. May, William E.. "The Natural Law and Objective Morality: A Thomistic Perspective", in William E. May（ed.）, *Principles of Catholic Moral Life*. Chicago: Franciscan Herald Press, 1980, 151-192. Reprinted in Charles E. Curran and Richard A. McCormick（eds.）, *Readings in Moral Theology. No. 7: Natural Law and Theology*, New York: Paulist Press, 1991, 333-368.

114. —— *An Introduction to Moral Theology*. Huntington, Ind.: Our Sunday Visitor, 1994.

115. —— "Germain Grisez on Moral Principles and Moral Norms: Natural and Christian", in Robert P. George（ed.）, *Natural Law and Moral Inquiry: Ethics, Metaphysics, and Politics in the Work of Germain Grisez*. Washington, D.C.: Georgetown University Press, 1998. 3-35.

116. —— *Catholic Bioethics and the Gift of Human Life*. Huntington, Ind.: Our Sunday Visitor , 2000.

117. ——（and）Ronald David Lawler, Joseph M. Bogle, *Catholic Sexual Ethics*. New Haven, CT: Catholic Information Service, Knights of Columbus Supreme Council, 2001.

118. —— "Contemporary Perspectives on Thomistic Natural Law", in John Goyette, Mark Latkovic and Richard Myers（eds.）, *St. Thomas and the Natural Law Tradition*. Washington, D.C.: The Catholic University of America Press, 2004. 138-184.

119. McCormick, Richard A. "Human Significance and Christian Significance", in *Norm and Context in Christian Ethics*, Gene H. Outka and Paul Ramsey （eds.）.New York: Charles Scribner's Sons, 1968,252-254.

120. —— "Ambiguity in Moral Choice", in *Doing Evil to Achieve Good,* Richard McCormick and Paul Ramsey（eds.）.Chicago: Loyola University Press, 1978,7-53.

121.—— "A Commentary on the Commentaries", in *Doing Evil To Achieve Good,* Richard McCormick and Paul Ramsey（eds.）.Chicago: Loyola University Press, 1978,193-267.

122. —— "Reflections on the Literature", in *Readings in Moral Theology, No. 1: Moral Norms and Catholic Tradition*, Charles Curran and Richard McCormick（eds.）. New York: Paulist Press ,1979, 294-340.

123. —— *How Brave a New World?.* New York: Doubleday, 1981.

124. —— *Notes on Moral Theology, 1965 through 1980.* Washington, D.C.: The University Pressof America, 1981.

125. —— *Notes on Moral Theology, 1981 through 1984*. Washington, D.C.: The University Press of America, 1984.

126. —— "Notes on Moral Theology", *Theological Studies* 46（1985）:50-64.

127. —— "Notes on Moral Theology", *Theological Studies* 47（1986）:68-88.

128. —— *Health and Medicine in the Catholic Tradition*. New York: Crossroad, 1987.

129. —— *The Critical Calling: Reflections on Moral Dilemmas since Vatican II*. Washington, D.C.: Georgetown University Press, 1989.

130. —— "*Veritatis Splendor* and Moral Theology", *America* 169（1993）: 8-11.

131. —— "Killing the Patient", in *Considering Veritatis Splendor*, John Wilkins（ed.）.Pilgrim Press, 1994, 17.

132. —— *Corrective Vision: Explorations in Moral Theology*. Kansas City: Sheed & Ward, 1994.

133. —— "Some Early Reactions to *Veritatis Splendor*", *Theological Studies* 55（1994）: 481-506.

134. —— "Moral Theology 1940-1989: An Overview", in *The Historical Development of Fundamental Moral Theology in the United States: Readings in Moral Theology* No.11, Charles Curran & Richard McCormick（eds.）.New York & Mahwah,NJ: Paulist Press,1999, 46-72.

135. McCormick,Richard and Paul Ramsey（eds.）. *Doing Evil to Achieve Good*. Chicago: Loyola University Press, 1978.

136. Melchin, Kenneth R.. "Revisionists, Deontologists, and the Structure of Moral Understanding", *Theological Studies* 51（1990）:389-416.

137. Milhaven,John Giles. "Moral Absolutes and Thomas Aquinas", in *Absolutes in Moral Theology*, Charles Curran（ed.）.Washington, D.C.: Corpus Books, 1968,154-85.

138. —— "Objective Moral Evaluation of Consequences", *Theological Studies* 32（1971）:407-30.

139. Mullady,Brian Thomas. *The Meaning of the Term "Moral" in St. Thomas Aquinas*. Pontificia accademia di S. Tommaso e di religione cattolica, 1986.

140. O'Connell, Timothy E.. *Principles for a Catholic Morality*.New York: Seabury, 1978.

141. —— "The Moral Person: Moral Anthropology and the Virtues", in *A Call to Fidelity*, James J. Walter, Timothy E. O'Connell and Thomas A. Shannon. Georgetown University Press, 2002, 19-35.

142. Odozor, Paulinus Ikechukwu. *Richard A. McCormick and the Renewal of Moral Theology*. Unviersity of Notre Dame Press, 1995.

143. —— "Proportionalists and the Reinterpretation of the Principle of Double Effect - A Review Discussion", *Christian Bioethics* 3（1997）:115-130.

144. —— *Moral Theology in an Age of Renewal: A Study of the Catholic Tradition since Vatican II*. Notre Dame: University of Notre Dame Press, 2003.

145. O'Leary, David M.. *A Study of Joseph Fuch's Writings on Human Nature and Morality*. University Press Of America ,2005.

146. Paul II, John. *Veritatis Splendor,*Encyclical Letter. August 6, 1993.

147. Pinches,Charles R.. *Theology and Action*. Grand Rapids: Eerdmans, 2002.

148. Pinckaers, Servais. *The Sources of Christian Ethics*. Edinburgh: T&T Clark , 1995.

149. —— *Morality: the Catholic View*. South Bend: St. Augustine Press, 2003.

150. —— *The Pinckaers Reader: Renewing Thomistic Moral Theology.* Washington, D.C. : The Catholic University of America Press, 2005.

151. Pope,Stephen J.. "Love, Moral Values and Proportionalism", *Heythrop Journal* 31（1990）: 199-205.

152. —— "Natural law and Christian ethics", in Robin Gill(ed.), *The Cambridge Companion to Christian Ethics*. Cambridge University Press, 2000. 77-95.

153. —— （ed.）.*The Ethics of Aquinas.* Washington, D.C.: Georgetown University Press, 2002.

154. —— "Natural Law in Catholic Social Teachings",in *Modern Catholic Social Teaching: Commentaries and Interpretations,* Kenneth R. Himes（ed.）. Washington D.C.:Georgetown University Press, 2004.

155. Porter, Jean. "Moral Rules and Moral Actions: A Comparison of Aquinas and Modern Moral Theology", *Journal of Religious Ethics* 17（1989）: 123-49.

156. —— *Recovery of Virtue*. John Knox Press, 1990.

157. —— "Basic Goods and the Human Good in Recent Catholic Moral Theology", *The Thomist* 47（1993）: 27-41.

158. —— "The Natural Law and the Specificity of Christian Morality: A Survey of Recent Work and an Agenda for Future Research", in Todd A. Salzman （ed.）, *Method and Catholic Moral Theology: The Ongoing Reconstruction*. Omaha, NE: Creighton University Press.1999.126-146.

159. Quay, Paul M.. "Morality by Calculation of Values",in *Readings in Moral Theology, No. 1: Moral Norms and Catholic Tradition*, Charles Curran and Richard McCormick（eds.）. New York: Paulist Press ,1979, 267-293.

160. —— "The Disvalue of Ontic Evil", *Theological Studies* 46（1985）: 262-286.

161. Quirk, Michael J.. "Why the Debate on Proportionalism is Misconceived", *Modern Theology* 13（1997）:501-524.

162. Ramsey, Paul. "Incommensurability and Interdeterminancy in Moral Choice", in *Doing Evil to Achieve Good: Moral Choice in Conflict Situations,* Richard McCormick and Paul Ramsey（eds.）. Chicago: Loyola University Press, 1978,69-144.

163. Richardson, Henry. "Incommensurability and Basic Goods: A Tension in the New Natural Law Theory", in David S. Oderberg and Timothy Chappell （eds.）, *Human Values*. Basingstoke: Palgrave MacMillan, 2004, 70-101.

164. Salzman, Todd A.. *Deontology and Teleology: An Investigation of the Normative Debate in Roman Catholic Moral Theology*. Leuven: Leuven University Press, 1995.

165. ——（ed.）, *Method and Catholic Moral Theology: The Ongoing Reconstruction*. Creighton University Press, 1999.

166. —— "The Basic Goods Theory and Revisionism: A Methodological Comparison on the Use of Reason and Experience as Sources of Moral Knowledge", *The Heythrop Journal* 42（2001）:423-450.

167. —— *What are They Saying about Roman Catholic Ethical Method?*. Mahwah, NJ: Paulist Press, 2003.

168. Schüller, Bruno. "The Double Effect in Catholic Thought: A Reevaluation", in *Doing Evil to Achieve Good,*Richard McCormick and Paul Ramsey（eds.）. Chicago: Loyola University Press, 1978,165-192.

169. —— "Various Types of Grounding for Ethical Norms", in *Readings in Moral Theology, No. 1: Moral Norms and Catholic Tradition*, Charles Curran and Richard McCormick（eds.）. New York: Paulist Press , 1979, 184-198.

170. —— "Direct killing/indirect killing", in *Readings in Moral Theology, No. 1: Moral Norms and Catholic Tradition*, Charles Curran and Richard McCormick（eds.）. New York: Paulist Press ,1979,138-157.

171. —— *Wholly Human*, Peter Heinegg（tr.）. Washington, D.C.: Georgetown University Press, 1986.

172. Selling, Joseph, "The Problem of Reinterpreting the Principle of Double Effect", *Louvain Studies* 8（1980）:47-62.

173. —— "The Development of Proportionalist Thinking", *Chicago Studies* 25 （1986）:165-175.

174. —— "*Veritatis Splendor* and the Sources of Morality", *Louvain Studies* 19 （1994）: 3-17.

175. —— "The Context and the Arguments of *Veritatis Splendor*", in *The Splendor Accuracy: an Examination of the Assertions,* Joseph A. Selling and Jan Jans（eds.）.Grand Rapids: Eerdmans, 1994, 11-70.

176.—— "Louis Janssens' Interpretation of Aquinas", *Louvain Studies* 19(1994): 65-74.

177. —— "The Fundamental Polarity of Moral Discourse", in *Method and Catholic Moral Theology : The Ongoing Reconstruction*, Todd A. Salzman （ed.）.Creighton University Press, 1999,21-43.

178. —— "Proportionate Reasoning and the Concept of Ontic Evil: The Moral Theological Legacy of Louis Janssens", *Louvain Studies* 27（2002）:3-28.

179. Simpson, Peter and Robert McKim. "Consequentialism, Incoherence and Choice: A Rejoinder to a Rejoinder", A*merican Catholic Philosophical Quarterly* 66（1992）:69-74.

180. Smith, Janet E.. *Humanae Vitae: A Generation Later*. Washington, D.C.: The Catholic University of America Press, 1991.

181. Traina,Cristina L. H.. *Feminist Ethics And Natural Law.* Georgetown University Press, 1999.

182. Tully,Patrick. *Richard McCormick's Proportionalism: A Consequentialist Ethical Theory*, Dissertation.Marquette University, 2001.

183. Ugorji, Lucius.*The Principle of Double Effect*. Frankfurt am Main: Peter Lang, 1985.

184. Vacek, Edward. "Proportionalism: One view of the Debate", *Theological Studies* 46 （1985）:287-314.

185. —— "Contraception Again - A Conclusion in Search of Convincing Arguments: One Proportional ist's [Mis?]understanding of a Text", in *Natural Law and Moral Inquiry: Ethics, Metaphysics and Politics in the Work of Germain Grisez*, Robert P. George（ed.）.Washington, D.C.: Georgetown University Press, 1998.50-81.

186. Van Der Poel, Cornelius. "The Principle of Double Effect", in *Absolutes in Moral Theology?,*Charles E.Curran（ed.）.Washington, D.C.: Corpus, 1968. 186-210.

187. Walsh, J. Leo. "Intending Directly, Intending Indirectly, Permitting", *Irish Theological Quarterly* 61（1995）: 83-86.

188. Walter, James J.. "Proportionate Reason and Its Three Levels on Inquiry : Structuring the Ongoing Debate" , *Louvain Studies* 10（1984）:30-40.

189. —— "Response to John C. Finnis: A Theological Critique", in *Consistent Ethic of Life*, Thomas G. Fuechtmann(ed.). Kansas City, MO: Sheed & Ward, 1988, 182-195.

190. —— "The Foundation and Formulation of Norms", in *Moral Theology: Challenges for the Future*, Charles E. Curran(ed.). New York : Paulist Press, 1990,125-154.

191. Walter, James J. Timothy E. O'Connell and Thomas A. Shannon. *A Call to Fidelity.* Georgetown University Press, 2002.

192. 《天主教梵蒂冈第二届大公会议文献》（上、下），上海：天主教上海教区光启社，1998。

193. 《天主教教理》，石家庄：河北天主教信德室，2000。

194. 吴智勋，《基本伦理神学》，上海：天主教上海教区光启社，2000。

195. 《〈真理的光辉〉通谕》，台湾：天主教中国主教团秘书处，1994。

196. 多玛斯·阿奎那著，周克勤等译，《神学大全》，台湾：中华道明会、碧岳学社，2008。

197. 林庆华，《当代西方天主教新自然法理论研究》，香港：香港中文大学天主教研究中心，2008。

198. 《圣经》（思高本），中国天主教主教团教务委员会。